Beltz Taschenbuch 762

Über dieses Buch:
In dieser kurz vor ihrem Tod 1988 dem Freund Alain Manier erzählten
Autobiographie berichtet Françoise Dolto von ihrer eigenen Kindheit,
vom Beginn ihrer eigenen Psychoanalyse noch zu Lebzeiten Freuds und
schildert die persönlichen Motive, die für ihre später außergewöhnlich er-
folgreiche Behandlungsmethode maßgeblich waren. Aber auch wenig be-
kannte Details aus ihrem persönlichen Leben werden angesprochen sowie
ihre sozialpolitischen Vorstellungen, die sich mit der Gründung spezieller
Eltern-Kind-Einrichtungen, den »maisons vertes«, verbanden. Die Auseinandersetzung mit der orthodoxen Psychoanalyse und mit der Psychoanalyse Jacques Lacans macht das Buch darüber hinaus für alle diejenigen
lesenswert, die sich für ihre Methode der Psychoanalyse interessieren.

Die Autorin
Françoise Dolto wurde 1908 geboren und fand als eine der ersten Frauen
zur Kinderpsychoanalyse. Inzwischen gilt sie als die bedeutendste Kinder-
therapeutin Frankreichs des letzten Jahrhunderts. Auch bei uns wurde
Françoise Dolto durch eine Reihe von Veröffentlichungen bekannt. »All-
tagsprobleme mit Kindern«, das auf einer mehrmonatigen Rundfunksen-
dung beruht, bei der besorgte Eltern der Psychoanalytikerin Fragen stellen
konnten, wurde in Frankreich und in Deutschland zu einem der meistver-
kauften Bücher über Erziehungsprobleme. Bei Beltz erschien außerdem
»Kinder stark machen – Die ersten Lebensjahre«.

Françoise Dolto

Selbstporträt
einer Psychoanalytikerin

Aus dem Französischen
von Sylvia Koch

Biographie & Kontext
Herausgegeben von Sabine Andresen und Claus Koch

Titel der französischen Originalausgabe:
Françoise Dolto: Autoportrait d'une psychanalyste
© 1989 Éditions du Seuil

Besuchen Sie uns im Internet:
www.beltz.de

Beltz Taschenbuch 762
2004 Beltz Verlag · Weinheim und Basel

1 2 3 4 5   08 07 06 05 04

© 1991 Quadriga Verlag, Weinheim, Berlin
Umschlaggestaltung: Federico Luci, Köln
Umschlagabbildungen: © C. Cabrol-KIPA (Vorderseite);
Privatbesitz (Rückseite)
Satz: Media Partner Satz- und Reprotechnik GmbH, Hemsbach
Druck und Bindung: Druckhaus Beltz, Hemsbach
Printed in Germany

ISBN 3 407 22762 0

Inhalt

Vorwort

Am 29. Mai 1988 führen verschiedene Umstände und gemeinsame Freunde Alain Manier und Françoise Dolto für ein letztes Gespräch zusammen. Sie hatten sich, nachdem sie zwei Jahre ein für beide Psychoanalytiker sehr spannendes Kontrollseminar miteinander besucht hatten, lange nicht gesehen. Manier arbeitet über die Psychose und ist gerade dabei, eine eigene Theorie zu entwickeln. Er möchte wissen, wie Françoise Dolto Analytikerin werden konnte, da sie auf Grund des Platzes, den sie in ihrer Familie einnahm, ebenso hätte psychotisch werden können.

Kann man verstehen, was sich da abgespielt hat? Was die Ursache dafür war, daß sich für dieses kleine Mädchen, das seiner Familie so viel Sorgen bereitet hatte, dann doch alles zum Guten wendete? Lassen sich auf der Basis dieser persönlichen Geschichte theoretische Schlüsse ziehen? Françoise Dolto selbst gibt uns eine Antwort auf diese Fragen. Aber das Gespräch verläuft anders als vorgesehen. Die vertrauensvolle Beziehung, die sich zwischen beiden einstellt – so verschieden sonst, aber in wesentlichen Punkten doch so nah, wenn es darum geht, das menschliche Leiden zu erörtern –, führt sie dazu, dieses Buch miteinander zu teilen, das auch das letzte sein wird, in dem Françoise Dolto von ihrem Leben als Psychoanalytikerin erzählt.

Alain Manier war mit theoretischen Fragen gekommen, sie aber wird zunächst auf Umwegen antworten und ihm ihr Leben erzählen. Das tat sie schon einmal, aber anders; was sie jetzt sagt, ist deshalb anders, weil er es ist, weil sie es ist, und weil beide genau wissen, daß sie bald sterben wird. Man könnte meinen, daß sie sich der theoretischen Auseinandersetzung entzieht, d. h. einen anderen

Weg der Mitteilung sucht; jeder mag dem Text seine eigene Interpretation geben.

Wir haben uns mit diesem Text sehr intensiv beschäftigt und als wir uns in der Stille nach ihrem Tod noch intensiver mit ihm auseinandersetzten, haben wir den Eindruck gewonnen, daß sie ganz im Gegenteil sehr klar auf die Fragen Alain Maniers einging, sicherlich auf ihre ganz eigene Art.

In ihrer Erzählung begegnen wir einer viereinhalbjährigen »Klinikerin« mit sehr ausgeprägter Beobachtungsgabe, die sie in bezug auf ihre Familie und bei sich selbst einsetzt. Dem Wirbel der dramatischsten Ereignisse ausgeliefert – Trauer, Krieg, Familienneurose –, rettet sie ihre Haut, indem sie die »Klinikerin« in dieser Familiengeschichte wird. Die Psychoanalyse war für sie, bevor sie überhaupt ihren Namen kannte, eine Frage, die über Leben oder symbolischen Tod entschied. Da sie nicht in einer Zeit lebte, in der Kinder, die ihre Umgebung mit Fragen überfordern, zum Psychotherapeuten geschickt werden, mußte sie sich selbst zu helfen wissen. So war sie, als sie im Krankenhaus zu arbeiten anfing, den anderen, was die klinische Praxis betraf, um Jahre voraus.

Auf der anderen Seite lebte sie in bezug auf das Gesellschaftliche und Politische »auf dem Mond«. Sie wuchs im Schoße einer Familie auf, die sie gegen die Außenwelt abschirmte, in der sich soziale Konventionen und Familienneurose zusammentaten, um die Mauer noch höher zu ziehen, die ein junges, zu verheiratendes Mädchen vor äußeren Einflüssen schützen sollte.

Diese zwei Seiten, eine Mischung aus Weisheit, Offenheit gegenüber anderen durch Beobachtung und Naivität, wird sie ihr Leben lang beibehalten. Sie war stets von dem tiefen Bedürfnis getragen, in jeder Situation das Positive hervorzuheben. Sie war auf der Suche nach Möglichkeiten, »im Sinne des Lebens« zurechtzukommen, statt auf einer Idee oder einem Prinzip zu verharren. Das wird ihr manchmal einige Unannehmlichkeiten bereiten. Ihre Kraft bestand in ihrer Fähigkeit, zu sagen, was sie für richtig hielt, ohne Scheu, dabei lächerlich zu wirken; davor hat sie sich nie gefürchtet. Gleichzeitig konnte sie alle Kritiken, die ihr entgegengebracht wurden, mit ehrlichem Interesse entgegennehmen. Die ungewöhnliche Beziehung, die sie zu ihrem Narzißmus hatte – wie sie es gleich am

Anfang des Gesprächs erwähnt – verlieh ihr eine unglaubliche Freiheit.

Sie war, glaube ich, eine große Psychoanalytikerin, aber vielleicht kann ich mir nicht anmaßen, darüber zu sprechen, da ich selbst keine bin. Sie war auch eine Persönlichkeit, die ihre Epoche und das Leben ihrer Zeitgenossen sehr stark geprägt hat. Dieses kleine Mädchen, das seine Familie so sehr störte, dessen Zukunft seinen Eltern so düster erschien war, sollte Millionen von Briefen voller Anerkennung von den einfachsten bis zu den gebildetsten Leuten bekommen. Über dreißig Schulen, Krippen, Freizeiteinrichtungen tragen seit ihrem Tod ihren Namen, ebenso ein Versammlungsraum im Krankenhaus Trousseau und eine Straße in einer neuen Siedlung in der Bretagne. Außerdem soll 1990 eine Medaille mit ihrem Bildnis von der »Monnaie de Paris« geprägt werden.

Ob man sie mag oder nicht, sie läßt sich nicht ignorieren. Was mich nicht daran hindert, zu sehen, wo sie sich geirrt haben könnte, bzw. ihre Fehler zu erkennen. Es gab bei ihr sicherlich welche. In welchem menschlichen Leben gibt es keine? Sie war auch die erste, die es zugab.

Als sie uns verließ, vertraute sie uns diesen Text an, den sie nicht noch einmal gelesen hat, da sie weder die Kraft noch die Lust dazu hatte. Während des Gespräches war sie unglaublich präsent, aber gleichzeitig doch schon woanders. Manche Zielsetzungen waren nicht mehr ihre eigenen, ihre Sorgen waren schon nicht mehr die unsrigen.

Einige Tage nach der zweiten Aufnahme vom 14. Juli schob ich sie im Rollstuhl bis zu ihrem Arbeitszimmer – ein Ort, der fünfzig Jahre lang von ihrer Präsenz und ihrer Arbeit sehr stark geprägt war. »Es ist ein hübsches Arbeitszimmer«, sagte sie, sich umschauend, »ein freundlicher und sehr angenehmer Raum… aber er ist nicht mehr meiner«, fügte sie amüsiert hinzu, etwas erstaunt über diese Entdeckung.

Hier werden wir mit einer Frau konfrontiert, die noch eine erfrischende Jugend ausstrahlt, obwohl sie kurz davor ist, einen alten, verbrauchten Körper zu verlassen – diese »Form«, wie sie ihn nannte –, der sie nicht mehr sehr weit tragen kann.

Sie wird an Ateminsuffizienz sterben und damit den Kreis ihres Lebens in erstaunlicher Weise wieder schließen: schon mit achtzehn Monaten wäre sie durch eine doppelte lobuläre Pneumonie an Liebe und Sehnsucht fast gestorben, als sie plötzlich, ohne eine einzige Erklärung zu bekommen, von ihrem irischen Kindermädchen getrennt wurde. Sie zahlte den Preis dieses durch Atemnot gestreiften Todes, um das zärtliche Säuseln der Stimme ihrer Mutter wiederzufinden, die sie achtundvierzig Stunden an ihrer Brust behielt. Françoise war zu allem bereit, um dem Leben einen Sinn zu geben.

Sie hat sich immer »untypisch« gefühlt, und ich glaube, daß sie es tatsächlich war. Sie war Psychoanalytikerin, aber auch mehr, dennoch hat sie nie versucht zu wissen, was sie wirklich darstellte. Alles, was sie tat, tat sie sehr ernst und gewissenhaft, aber sich selbst nahm sie niemals richtig ernst; das machte den Umgang mit ihr leicht, und dies bis zum Schluß. Sie erzählte gern über sich, einer der letzten Wünsche ihres Lebens war, uns diese Erzählung zu hinterlassen.

Alain Manier, der ursprünglich mit ein paar Fragen gekommen war, sah sich mit der seltsamen Aufgabe konfrontiert, diesen posthumen Text zu verfassen. Ich danke ihm, daß er in aller Demut diese Schicksalsveränderung akzeptiert hat.

Colette und Alain Manier haben mir durch ihre sorgfältige Überarbeitung dieses Textes ermöglicht, meiner Pflicht als Tochter Françoise Doltos nachzukommen und diesen Text, so wie er ist, heute vorzustellen.

Was mich betrifft, sehe ich in diesem Text eine letzte Botschaft voller Hoffnung an alle anderen »Untypischen« und ihr Umfeld, denn sie hatten einen priviligierten Platz in ihrem Herzen.

Catherine Dolto-Tolitch

Wenn ich sprach, sagte mein Vater immer: »Aber Françoise, eine Phantasie, wie du sie hast, ist gefährlich! Gefährlich! Was wirst du damit anfangen wollen?«
Und ich wußte nicht, daß es Phantasie war. Ich antwortete: »Warum nennst du das Phantasie? Es ist vielleicht wahr.«
Françoise Dolto

Ich möchte wie ein Kristall leben, vielleicht werde ich dabei zerschellen.
Françoise Dolto, Briefwechsel, 1940

1
Der Rahmen der Kindheit

Françoise Dolto: Sie sind also heute zu mir gekommen, um mir Fragen über meine »Bekloppheit« zu stellen?

Alain Manier: Ich möchte Sie eher darüber befragen, was sich in Ihrem Leben hinter der »Bekloppheit« verbarg, denn das scheint mir interessanter zu sein.

Es ist sehr höflich, das als ein »Sich-dahinterverbergen« zu bezeichnen...

Überhaupt nicht! Es ist alles andere als höflich.

Wie dem auch sei, ich finde zum Beispiel sehr schade, daß wir die Geschichte des Lebens von Lacan nicht kennen. Ich bin der Meinung, daß er in dieser Hinsicht seiner Pflicht als Psychoanalytiker nicht nachgekommen ist. Denn es ist wirklich die Pflicht eines jeden Psychoanalytikers, möglichst viel von sich zu verraten, selbst wenn seine Geschichte durch seinen Narzißmus oft beschönigt wird – durch einen... ich würde sagen... betrügerischen Narzißmus.

Muß er es sein?

Nein, nicht unbedingt. Ich glaube, der Narzißmus ist eine lebenswichtige Kraft, so etwas wie die Lebenskraft Gottes in uns, die nicht geleugnet werden kann. Aber manchmal trägt er auch zur Verkleidung bei, für das eigene Spiegelbild, das kann ich nicht vermeiden. Das gehört zu den Dingen, die andere analysieren werden.

Gut. Wie Sie wissen, wollte ich Sie seit langem in bezug auf ihr Leben befragen. Meine Neugier wurde durch die Lektüre Ihres Buches »Enfances« geweckt. Denn ich fand in der Geschichte Ihrer Kindheit, so wie Sie sie beschreiben, fast alle Elemente wieder, die ich als Analytiker sehr häufig bei Psychotikern beobachtet habe, weil sie zu dieser psychischen Struktur gehören. Ich möchte folgende drei wesentliche Punkte erwähnen:
– ein Vater, der auf Grund seiner Arbeit, aber vor allem sprachlich abwesend war; von dem man vermuten kann, daß er im psychischen Leben seiner Kinder – zumindest in den ersten Jahren ihrer Existenz – keinen großen Einfluß hatte;
– eine »monströse« Mutter, die Ihnen verbal ihre eigene Monstrosität auferlegt hat, um sie Ihnen vorwerfen zu können, d.h. um Sie auf die wildeste Art und Weise als Psychoanalytikerin – ihre Psychoanalytikerin – mißbrauchen zu können;
– schließlich ein sehr frühreifes kleines Mädchen, lebendig und intelligent, das alles wissen will, das Antworten verlangt, aber keine bekommt, die ihm ermöglicht hätten, das, was es fühlt, einzuordnen; ein Mädchen also, bei dem die Sprache nicht die symbolisierende Funktion erfüllt, die ihm ermöglicht hätte, sich spontan über sie auszudrücken.

Was Sie mit der »monströsen Mutter« beschreiben, ist die Mutter, die fest daran glaubte, sie sei häßlich, dumm und gemein, weil ihr Vater, den sie abgöttisch liebte, es ihr gesagt hatte. Die Überzeugung, im Leben etwas Minderwertiges darzustellen, war für sie entscheidend.

Es war recht kurios. Zum Beispiel hielt sie sich für klein – sie war einen Meter fünfzig groß. Es ist vielleicht klein, ich weiß nicht. Aber ich finde es nicht klein; meine Tochter Catherine ist auch einen Meter fünfzig groß und ich finde sie nicht klein, ich finde sie sogar groß. Ich war sehr erstaunt, wie wichtig das Körperliche für meine Mutter war; sie glaubte, daß sie klein war, sie glaubte, daß sie häßlich war.

Und dann glaubte sie noch, daß sie dumm und gemein war; und das vertrat sie auch. Denn sie war sehr leidenschaftlich und auch aggressiv. Sie sagte: »Ich bin nun mal gemein«. Es ist seltsam, daß man so sprechen kann.

Sie hatte also das Bedürfnis zu sprechen und zu analysieren, aber konnte es mit niemandem tun, außer mit Ihnen?

Doch, doch. Sie sagte es allen Leuten. Sie war uns gegenüber aggressiv, weil sie sich dauernd selbst gegenüber aggressiv war.

Aber Sie scheinen mehr Zielscheibe ihrer Aggression gewesen zu sein als die anderen. Vielleicht deshalb, weil Sie eine Tochter bzw. die zweite Tochter waren?

Ja, ich glaube, ich wurde zu ihrer Zielscheibe, weil meine Schwester gestorben war, und in den Augen meiner Mutter eigentlich ich diejenige war, die hätte sterben sollen. Ich sah meiner Mutter ähnlich.

Meine Schwester war blond mit blauen Augen, wie der Vater meiner Mutter, und sie hätte leben müssen, weil sie für meine Mutter die Tochter des Inzests[1] war.

Aber Sie waren schon relativ alt, als Ihre Schwester starb. Auf der psychischen Ebene war für Sie damals schon einiges abgeschlossen.

Vor diesem Ereignis hatte sich meine Mutter mehr oder weniger nie um mich gekümmert. Sie war mit den ältesten Kindern zu sehr beschäftigt gewesen. Ich hatte von daher ein tolles Leben. Ich führte innerhalb dieser großen Familie mein eigenes Leben, da ich der Meinung war, daß die anderen viel zu viel Zeit damit vergeudeten, sich zu streiten, während ich nie Zeit dazu hatte, mich mit jemandem anzulegen.

Ich war immer mit irgend etwas beschäftigt.

Das war die besondere Charakteristik meiner Person innerhalb dieser großen Familie: ich war immer damit beschäftigt, etwas zu tun, was mich daran hinderte, meine Zeit mit Streitereien zu verschwenden.

Das heißt, daß Sie Ihre Sprache anders gebrauchten und dem Anderen gegenüber eine andere Beziehung hatten, als die übrigen Familienmitglieder.

Ja, sicherlich. Ich betrachtete sie wie Leute vom Zirkus in der Manege, die immer in Bewegung sind. Währenddessen war ich damit beschäftigt, etwas zu sticken oder zu malen, Puppenmöbel zu basteln oder irgend etwas zu tun, was auf jeden Fall dringender war, als sich mit dem Nachbarn herumzustreiten..., der mir inzwischen die Schere weggenommen hatte! »Wo ist meine Schere? Wo hast du sie hingetan? Also gut, ich hole sie schon.« Man macht keine große Geschichte daraus, denn sonst gibt es Streit, und die gute Stimmung ist dahin.

Das hat mir übrigens in der Psychoanalyse sehr geholfen. Es ist, glaube ich, ein besonderer Zug von mir als Psychoanalytikerin: die Polemik hat mich nie sonderlich interessiert. Vielleicht haben Sie auch recht. Ich will meine Zeit nicht verlieren, denn ich kann mit Ihren Worten im Moment nichts anfangen.

In dieser Hinsicht gingen Sie also ganz in Ihrer Familie auf...

Ja, ganz und gar.

... und gleichzeitig waren Sie irgendwie Zuschauerin.

Ja, ich war sehr früh Zuschauerin.

Sehr früh, daß heißt in gewisser Weise also unfähig, die Probleme, die sich stellten, zu lösen.

Überhaupt nicht!

Aber klar genug, um sie zu sehen.

Genau, und das amüsierte mich auch sehr.

Sie flüchteten sich also äußerst früh in eine Art von Humor, in geistige Lebhaftigkeit und in eine bestimmte Art von Durchblick?

Ja, mag sein. Ich erinnere mich an ein kleines Detail. Es war am Anfang des Krieges. Der Mann unserer Köchin, der nicht bei uns arbeitete, schlief oben im Haus; man sah ihn kaum. Dann wurde er wie alle Männer eingezogen.

Damals hatten wir Pfauen im Garten[2]. Ich sehe sie noch vor mir, sie sahen bei gutem Wetter mit ihren bunten Schwanzfedern wunderschön aus. Natürlich schrien sie oft, und es hörte sich an wie »léon-léon«.

Der Mann unserer Köchin hieß zufällig Léon. Und ich fand, daß es sich sehr gut traf, daß diese Frau, während sie die Suppe kochte oder das Gemüse putzte und dabei ständig an ihren Mann dachte, sagen konnte: »Léon, die Pfauen rufen dich!« Ich war noch ein kleines Mädchen und dachte mir: »Aber wer ruft ihn denn? Denn die Pfauen hatten schon immer ›léon‹ gesagt, auch als er noch nicht im Krieg war, und sie hatte es nie zur Kenntnis genommen. Jetzt, da er im Krieg ist, sagt sie, daß die Pfauen ihn rufen, aber vielleicht riefen sie ihn schon vorher.«

Und ich dachte darüber nach. Ich fand zwar keine Antwort, war aber belustigt darüber, daß sie erst merkte, daß die Pfauen ihren Mann riefen, als er eingezogen wurde. Vorher war er auch den ganzen Tag weg, und sie sah ihn nur abends, wenn sie nach oben in sein Zimmer ging.

Es scheint, als ob Sie schon als kleines Kind alle Aspekte der Realität sehr aufmerksam verfolgten und die kleinste Veränderung registrierten.

Ich fragte mich immer...

... warum die anderen bestimmte Aspekte der Realität, die sich verändert hatten, nicht bemerkten?

Ja, genau! «Woher hat sie denn das?« Wenn ich sprach, sagte mein Vater immer: »Aber Françoise, eine Phantasie, wie du sie hast, ist gefährlich! Gefährlich. Was wirst du damit anfangen wollen?« Und ich wußte nicht, daß es Phantasie war. Ich antwortete: »Warum nennst du das Phantasie? Es ist vielleicht wahr.«

In »Enfances« erwähnen Sie übrigens, daß es auf Sie schon als Kind eine nachhaltige Wirkung ausübte, daß viele Leute beunruhigt, irritiert oder ängstlich auf das reagierten, was sie Ihre Verrücktheit, Ihre Originalität, Ihre Phantasie oder Ihre Ideen nannten... Ich denke zum Beispiel an diese Geschichte mit dem Priester!

Ach, ja! Der Priester... Der war sehr beunruhigt! »Wer hat Ihnen das bloß in den Kopf gesetzt?« Während mir das Ganze einfach in den Sinn gekommen war, als ich das tat, was er von allen anderen Kindern verlangt hatte: »Lernt das Matthäus – Evangelium auswendig.« Ich hatte es auswendig gelernt und wurde nachdenklich. Ich hatte mit niemandem darüber gesprochen. Als er dann fragte: »Habt ihr irgendwelche Fragen, womit ihr nicht klarkommt?«, habe ich mich gemeldet, da ich eine Frage hatte, die mich beschäftigte. Es ging um Judas. Warum macht man dem Judas so viele Vorwürfe und warum sagt man, daß er ein Schuft wäre? Ohne ihn wäre die Passion doch gar nicht in Gang gekommen. Christus hatte ihm gesagt: »Tue, was du zu tun hast.« Und zum Johannes hatte er gesagt: »Wer mich verraten wird, der lege die Hand mit mir auf die Schüssel.« Und das war Judas. Christus reichte Judas ein Stück und sagte ihm: »Tue, was du zu tun hast!« Judas, der Christus liebte, war von Christus, der ihn liebte, auserwählt worden und wollte erreichen, daß alle Leute wissen, daß Christus der Sohn Gottes sei. Die Ratsversammlung glaubte aber nicht daran. Judas sagte sich: »Wenn er zur Versammlung geht, und sie ihn dort leibhaftig vor sich sehen und hören, werden sie verstehen, daß es Gott ist, der da spricht.« Er mußte sich also irgendeinen Trick ausdenken, damit Jesus zu der Versammlung ging, und man endlich die Wahrheit erfuhr. Er dachte, er wäre sehr schlau gewesen, sich diese Geschichte ausgedacht zu haben, als er den Römern sagte: »Ich

18

verkaufe sie Euch für dreißig Heller.« So würde Jesus zu ihnen sprechen können. Das Tragische war, daß es nicht geklappt hat. Aber das Tragische kam von daher, daß Judas alles aufs Spiel gesetzt hatte. Und jemand, der seine ganze Liebe verschenkt, der kann nur ein Heiliger sein.

Ich habe mit meiner Erzählung einen ungeheuren Eindruck hinterlassen. Die ganze Gruppe um mich herum war wie ein Ameisenhaufen, in den man einen Stein wirft. Alle kleinen Mädchen und Jungen – es war ein Tag vor der ersten Kommunion – sagten: »Ja, das stimmt!« Ich wirkte offensichtlich sehr überzeugend. Worauf der Priester R. – er ist später Bischof geworden und war dumm wie Bohnenstroh! –, als er die Unruhe sah, die meine Rede hervorgerufen hatte, sagte: »Hört mal zu, Judas hat sich erhängt. Aber man darf sich nicht erhängen, weil man sich nicht selbst geboren hat.« Ich habe meinen Mund gehalten.

Als wir hinausgingen, sagte er dann: »Françoise Marette, kommen Sie zu mir.« Ich gehe zu ihm, und er sagt: »Wer hat Ihnen das in den Kopf gesetzt? Wer hat Ihnen diese Gedanken beigebracht?« – »Niemand.« Und ich erzählte noch einmal alles, was ich davor zum besten gegeben hatte, aber diesmal noch ausführlicher. Er sagte mir nur einen Satz, der für mich wunderbar war, der mich aber auch sehr beschäftigte: »Ich sehe trotzdem keinen Grund, Ihnen die allgemeine Beichte noch einmal abzunehmen.« Es war also keine schwere Sünde; es war verbohrt, aber keine schwere Sünde. Dann fügte er hinzu: »Ich möchte Sie um noch etwas bitten: wenn Sie morgen Jesus empfangen – an dem Tag, an dem man Jesus zum ersten Mal empfängt, bekommt man von Ihm alle möglichen Gnaden –, werden Sie zu Ihm beten, damit er Ihnen die Gnade erweist, daß Sie nicht mehr denken: denn wenn Sie denken, geht es schief. Sie werden also zu Jesus beten, daß Sie nicht mehr denken.«

Und ich habe es wirklich getan! Ich glaubte fest daran, daß ich nicht mehr denken durfte, denn ich hatte schon so oft gedacht und das war immer danebengegangen …!

Wenn Sie eine solche Geschichte erzählen, also … diese kannte ich nicht …

19

Sie machte meinem Mann so viel Spaß!

... aber ich kenne viele andere, die sie während des Kontroll-
seminars, in ihren Büchern oder irgendwo schon einmal erzählt
haben. Mir fällt es auf, daß es im Grunde sehr ernste und sehr
bedeutende Geschichten sind, in denen einiges auf dem Spiel
steht...

Ja, es stand tatsächlich einiges auf dem Spiel.

... einiges, das ohne großen Abstand unmittelbar erlebt wurde.
Mir fällt Ihre Art auf, daß Sie alles, was Ihnen gesagt wird,
wortwörtlich nehmen...,

Aber absolut!

... um dann mit einem ungeheuren Ernst und mit Hilfe einer
großen intellektuellen Anstrengung alle möglichen Schlüsse dar-
aus zu ziehen, um eine ganze Logik mit den gegebenen Ele-
menten zu entwickeln.

Ja, weil ich sehr unglücklich war, marginal zu sein.

Aber vielleicht waren Sie es gerade, weil Sie so vorgingen. Sie
haben mir einmal gesagt, daß Sie Ihre wesentlichste Qualität
nicht darin sehen, genial zu sein, wie viele Leute von Ihnen
behaupten, sondern vielmehr darin, debil zu sein...

Stimmt.

... das heißt, daß Sie die Worte des anderen voll und ganz
ausschöpfen, um sie mit einer Art von logischer Naivität in eine
andere Richtung funktionieren zu lassen.

Ich höre anders zu, das stimmt.

So, als ob Sie es nicht schaffen würden, eine gewisse sprachliche

Gerissenheit zu besitzen, als ob vielleicht, um es mehr mit psy-
choanalytischen bzw. Lacanschen Begriffen auszudrücken, eine
bestimmte Dimension der Metapher bei Ihnen nicht richtig
funktionieren würde, als ob Sie die Worte für bare Münze neh-
men?

Ja, ja.

Das ist tatsächlich, wie Sie sagen, marginal. Es fehlte nicht viel,
und diese Art von Denken würde so seltsam werden, daß sie sich
vom anderen völlig loslöst; man könnte auch sagen, das sei
»verrückt«, aber lassen wir das…

Aber ich glaubte fest daran, daß die Erwachsenen recht hatten. Das
ist das Entscheidende gewesen.

Das hat Sie auch gerettet: denn auf diese Art und Weise gab es
für Sie den Anderen.

Ich erinnere mich an folgende Begebenheit: Wir fuhren oft nach
Deauville, da wir dort alle unsere Ferien verbrachten. Die Erwachsenen sagten oft einen Satz, den ich seit frühester Kindheit immer
wieder hörte: »Die Krabben wollen lebendig gekocht werden.« Es
gab dauernd Krabben. Ich sagte mir: »Wie haben die Erwachsenen
verstanden, was die Krabben wollen?« Und wenn ich die Frage
stellte, sagte man: »Meine Güte, ist sie doof!« Aber man gab mir
keine Antwort. Man sagte mir nicht, daß es nur so eine Redensart
ist. Darum zog ich daraus den Schluß, daß die Erwachsenen sehr
schlau sein mußten, um zu verstehen, was die Krabben sagen.

In dieser Hinsicht waren Sie als Kind ein bißchen wie diese
typische bäuerliche Figur, die in manchen Fabeln vom Mittel-
alter immer wieder vorkommt. Sagte man zu dieser Person:
»Wenn du deinen Prozeß gewinnen willst, mußt du dem Richter
die Hand schmieren«, fuhr sie zum Justizgebäude mit Gänse-
fett… Eine bestimmte Funktion der Metapher ist hier blok-
kiert.

Das ist es, ganz genau. Dann gab es auch das Problem des Verstehens im nachhinein. Ich denke z. B. an diese Erzählung, in der ein Mann gebeten wird, viele Sensen zu transportieren. Er kommt sehr müde an, denn er hatte die Sensen, obwohl er den Karren dabei hatte, auf seinem Rücken getragen. Man sagt ihm: »Aber du hättest sie auf das Heu legen sollen!« Da sagte er sich: »Wie dumm, daß ich nicht daran gedacht habe!« Das nächste Mal wird er von seinem Herrn zu dessen Geliebten geschickt. Er soll ihr ein paar Nadeln für ihre Stickerei bringen. Also legt er die Nadeln auf den Heuwagen, und wenn er ankommt, sagt man ihm: »Wie dumm du bist! Man kann sie nicht mehr finden, da sie jetzt im Heu sind!«

Eine Erklärung, die in einem bestimmten Fall gilt, muß nicht in einem anderen Fall gültig sein... Ich erinnere mich ganz genau, daß ich so war; ich war oft wie vor den Kopf geschlagen auf Grund einer Logik, die darin bestand, daß ich prinzipiell alles glaubte, was man mir sagte. »Ich werde es mir merken. Und das nächste Mal werde ich es so machen!« Aber beim nächsten Mal hätte man wiederum anders denken müssen! Also mußte Ich schnell lernen, mich zu verteidigen. Und das habe ich geschafft, als ich verstand, daß die Erwachsenen völlig unüberlegt redeten, daß sie nicht wußten, was sie sagten. Ab diesem Moment fing ich an, Mitleid mit den Erwachsenen zu haben, so daß ich ihnen nicht mehr glauben konnte. Ich stellte fest, daß ich genauso dumm war wie die Erwachsenen, weil ich nach ein paar Tagen ebenso handelte wie sie und weil ich so wie sie gut leben konnte, ohne zu wissen, wohin das Leben uns führt. Und ich habe mir gesagt: »Sie sind nicht dümmer, wir sind im Grunde alle dumm.«

Ab diesem Zeitpunkt sind Sie dann besser klargekommen?

Ja, viel besser!

Das Wort »Mitleid« scheint mir sehr wichtig zu sein. Denn es zeigt, daß Sie ab diesem Moment versuchen wollten, etwas für die anderen zu tun.

Ja, aber ich fühlte es noch nicht. Ich fühlte nur, daß wir alle arm dran waren, und daß man sich damit abfinden mußte. Der Ausdruck »sich abfinden« ist meines Erachtens sehr wichtig. Akzeptieren, wie es ist, und nicht versuchen, das Schiefe gerade zu biegen. Man ist so, wie man ist.

Sie haben also als kleines Kind schon die Erfahrung der Verrücktheit der Sprache, der Verrücktheit in der Sprache gemacht.

Wie Sie vorher sagten, sicherlich dadurch, daß ich die Metapher nicht verstand. Handelt es sich eigentlich um eine Metapher zu sagen: »Wenn es Sensen sind, muß man sie auf das Heu legen?«

Nein, ich glaube nicht, daß das eine Metapher ist. Eher der Ausdruck »jemandem die Hand schmieren« oder »die Krabben wollen lebendig gekocht werden«.

Ja. In diesem letzten Fall mußte man eben praxisbezogen denken, wie die Erwachsenen. Aber ich brauchte meine eigene Auffassung, da ich die Erfahrung gemacht hatte, daß es meist schief ging, wenn man sich nach den Ratschlägen der Erwachsenen richtete.

Es gab außerdem etwas, was mich unwahrscheinlich beeindruckt hat, als ich jung war. Nämlich abends festzustellen, daß der Tag manchmal furchtbar gewesen war, obwohl ich mir morgens beim Aufwachen fest vorgenommen hatte: »Es ist ganz einfach, ich brauche nur den Erwachsenen zu gehorchen, und alles wird gut sein.« Ich hatte zwar stets das Ziel vor Augen, »den Erwachsenen zu gehorchen«, aber es gab trotzdem Momente, in denen dieses Gehorchen nicht mehr klappte, weil ich eine eigene Idee im Kopf hatte, die die typische Frage provozierte: »Woran denkst du«? Und natürlich dachte ich immer eine Dummheit! Ich bekam Schimpfe für meine Dummheit oder Ungezogenheit: »Frau Sowieso ist dumm!« – »Warum denn?« – »Weil sie ihren Sohn abholen will, der verschwunden ist, dabei ist er doch gar nicht bei uns.« Wie sollte man am Anfang des Krieges die Worte jener verstehen, die kundtaten, daß ein Sohn vermißt war, daß ein Sohn als vermißt galt? Ich sagte mir: »Wer hat ihn als vermißt gemeldet?« Ich verstand die Wörter nicht.

Es waren auch zweideutige Begriffe!

Allerdings! Es war dasselbe mit dieser Frau, die ich so sehr mochte: sie hatte sich mit meiner Mutter in ihrem Arbeitszimmer eingeschlossen und – so vernahm ich es durch die Tür – schien lauthals zu lachen! Sie machte dieselben Körpergeräusche, wie jemand, der lauthals lacht, dabei sprach sie über ihren Schmerz, über ihren Sohn und die Nachricht, die sie erhalten hatte, daß ihr Sohn als vermißt galt.

Solche Mißverständnisse erinnern mich ein wenig an die Situation von kleinen Kindern, die von nebenan hören, wie ihre Eltern miteinander Geschlechtsverkehr haben.

Ganz genau! Bei der Geschichte eben handelte es sich um die Verzweiflung dieser Frau, deren Schmerzausbrüche sich wie lautes Lachen anhörten. Und da sie vor diesem Ereignis eine sehr lustige Person war, die wir sehr mochten, da sie uns Kinder mit sehr witzigen Geschichten unterhielt – sie spielte dabei mit unseren Kuscheltieren und hatte viel Phantasie, sie war wirklich eine wunderbare Frau –, sagte ich mir: »Er ist vermißt, und sie kommt hierher, um ihn abzuholen. Jetzt lacht sie lauthals, obwohl sie weinte, als sie kam.« Ich verstand überhaupt gar nichts mehr. Am Abend sagte ich dann: »Lolotafé ist dumm.« Und das war schlimm, gesagt zu haben, daß »Lolotafé« dumm wäre; denn diese Frau war so unglücklich…! Die ganze Familie nahm Anteil an dem Tod ihres Sohnes, umsomehr, als dieser Sohn – was ich damals noch nicht wußte – Pläne hatte, Jacqueline zu heiraten. Lolotafé war damals oft bei uns zu Hause, als ihr Sohn, ein junger Schüler der Ecole polytechnique, in meine älteste Schwester Jacqueline verliebt war.

Was bedeutet das ganze? Es bedeutet, daß man widersprüchliche Orientierungspunkte in bezug auf das hat, was die Intelligenz oder das Herz verstehen kann. Es waren verschiedene Sprachen, deren

Zusammenhänge ich nicht verstand. Da ich es nicht verstand, war ich wie all diejenigen, die nicht verstehen, daß jemand kohärent ist: ich sagte, die betroffene Person sei dumm oder verrückt. Ich war mit den anderen so, wie sie auch mit mir waren.

Sie dachten das von den anderen, weil Sie dazu gezwungen waren.

Natürlich! Aber wenn sie sagten, daß ich diejenige war, die sich irrte, dann war ich doch überzeugt, daß sie recht hatten, und daß ich mich irrte.

Diese Unterscheidung hat eine positive Wirkung auf Sie gehabt, denn sie hat Sie zur Arbeit motiviert.

Ja, sehr. Wenn sich in der Psychoanalytischen Gesellschaft Leute über mich lustig machten, ging ich einfach davon aus, daß ich mich schlecht ausgedrückt hatte; war das, was ich in meiner praktischen Arbeit tat, wirkungsvoll, dann auch für den Fall, daß jemand anderes diese Arbeit leistete.

Eine solche Haltung fördert das Nachdenken, die Arbeit und die Kommunikation mit dem anderen.

Es ist tatsächlich sehr wichtig.

Noch etwas fällt mir auf: Sie sehen die Unterschiede in Ihrem Umgang mit anderen, Ihre »andere« Logik – worüber Sie oft gesprochen haben, in »Enfances«, in Ihren Äußerungen jetzt und auch in anderen Reden, die ich von Ihnen gehört habe – hauptsächlich in bezug auf Ihre Beziehung zu den »Großen«, zu den Erwachsenen. Aber wie war es mit anderen Kindern, mit Ihren Geschwistern oder mit Kindern in der Schule, fühlten Sie sich auch anders als sie?

Überhaupt nicht! Ich hatte, im Grunde genommen, sehr wenig Kontakt zu anderen Kindern, weil ich damals einen »cours pour jeunes-filles« (»Kurs für junge Mädchen«) besuchte. Man hatte ein Programm, man arbeitete zu Hause, und ging nur zu dem »cours«, um schriftliche Arbeiten »am Tisch« – wie wir sagten – zu machen; damit wurde überprüft, ob wir das wöchentliche Programm konnten oder nicht. Die anderen Kinder sah ich nur in den Pausen. Ich kann mich an etwas erinnern, das mir Kummer machte, weil ich dachte, etwas Schlechtes getan zu haben – nämlich an einen Satz, der mir wiederholt gesagt wurde: »Françoise, erzähl nicht so viel, nicht so viel!« Ich glaube, daß alle anderen Kinder von meinen Geschichten sehr beeindruckt waren, die ich während der kleinen Pause, die in einem winzigen Innenhof stattfand, zum besten gab. Ich sehe noch die Aufseherin der Klasse vor mir. Ich habe übrigens ihre Nichte neulich getroffen, die damals dort arbeitete. Sie hat mir gesagt: »Sie waren wirklich witzig, als Sie klein waren! Unglaublich witzig!« Ich sagte: »Ja, aber ich merkte es nicht.« – »Nein, Sie merkten es überhaupt nicht, das war gerade das Witzige daran. Es wundert mich nicht, daß Sie durch Ihre Arbeit sehr bekannt geworden sind, weil Sie so witzig waren!«

Und wie war es mit Ihren Geschwistern und Verwandten?

Ich hatte sie sehr gern.

Hatten Sie keine Kontakte zu ihnen?

Doch, sehr viel. Da war zum Beispiel mein Bruder, der zwei Jahre älter war als ich: wir konnten nicht einschlafen, ohne miteinander zu sprechen. Wir sprachen so lange, bis einer nicht mehr antwortete, weil er eingeschlafen war. Ich sagte zu ihm: »Gute Nacht, Jean!« Er antwortete: »Gute Nacht, Françoise!« – »Wir haben es sehr gemütlich, nicht wahr? Wir lieben uns sehr!« – »Wir lieben uns sehr, Françoise!« – »Wir lieben uns wirklich sehr, Jean!« Wir haben immer zu viert in einem Zimmer geschlafen, bis wir umgezogen sind. Erst dann gab es ein Zimmer für die Mädchen und eins für die Jungen. Aber bis ich viereinhalb Jahre alt war, schliefen wir zu viert in einem Zimmer. Ein Bruder schlief immer zum selben Zeitpunkt ein, wie ich: das war eben dieser Bruder, der zwei Jahre älter war, und den ich liebhatte. Wir waren ein bißchen wie Zwillinge! Wir, die Kleineren, aßen abends nicht mit den Großen zusammen. Erst mit acht Jahren durfte man am Tisch mit den Großen zusammenessen. So waren die Kleinen schon im Bett, als die Großen noch zu Abend aßen. Ich erinnere mich daran, daß Jean und ich uns einfach liebten. Wir lebten diese Gefühle aus und stritten uns nie. In unserem ganzen Leben haben wir uns nie gestritten.

Sie sprachen miteinander? Sie erzählten sich Geschichten? Kannte er Ihre Geschichte mit dem Schutzengel?[3]

Nein.

Sie wollten sie für Sich behalten?

Vielleicht kannte er sie, ich weiß es nicht. Er sagte: »Warum machst du das, was du machst?« Z.B.: »Warum hast du einen Detektor fabriziert? Finde ich dumm! Du hörst nur: «Tüt-tüt-tüt». Zu was soll das gut sein?» Ich erklärte ihm: «Weißt du, es handelt sich um ein Alphabet.« – »Was heißt Alphabet?« – »Ja, es gibt Hefte darüber, mit deren Hilfe kann man dieses «Tüt-tüt-tüt» lesen. Schau mal her.» Und ich sagte meinen Brüdern Worte in Morsezeichen. Sie haben mir erst dann zugehört, als ich ihnen Nachrichten voraussagte, die sie noch nicht gehört oder in der Zeitung gelesen hatten. In dem Heftchen «Le Petit Sans Filiste» (Der kleine Drahtlose), das jede Woche erschien, wurde erklärt, wie man den Detektor zusammenbaut; das Morsealphabet wurde angegeben und die Uhrzeiten angekündigt, wann der Eiffelturm »Übungen« sendete – es gab »Übungen« für Anfänger, Fortgeschrittene und für höhere Leistungsstufen. Ich empfing die Anfänger-Übungen, die die Morsezeichen langsamer sendeten. Ich versuchte zu verstehen. Anschließend bekam man die Übersetzung. So wurden den Leute über einen drahtlosen Telegraphie-Detektor Morsezeichen beigebracht.

Übrigens war es ursprünglich mein Vater, der mein Interesse für all diese Dinge weckte, für die er als ehemaliger Schüler der Ecole polytechnique ein ausgesprochenes Interesse hatte. Und Edouard

Branly hatte auf der Bühne vom Trocadéro einen Vortrag zu dem Thema »Einführung in die Marconi-Wellen« gehalten. Ich kann mich an jenen Tag genau erinnern (ich war ungefähr sieben oder acht Jahre alt): er hatte auf einer Seite der Bühne einen Stromkreis, auf der anderen Seite einen anderen Stromkreis aufgebaut und irgendwelche Zaubertricks veranstaltet: und das, was auf der einen Seite war, ist auf die andere Seite herübergewandert. Es handelte sich um eine drahtlose Übertragung. Alle Ingenieure, alle Leute konnten auf die Bühne gehen, um die Sache zu überprüfen: es war kein Schwindel, es gab wirklich keinen Draht. Auf dem Weg nach Hause habe ich mich mit meinem Vater darüber unterhalten, der mir sicherlich kluge Erklärungen gab. Ich fand das sehr interessant.

Pathé-Marconi, die Hertzschen Wellen, das alles gehörte zu der Beziehung, die ich zu meinem Vater hatte; ebenso die Idee, daß die Menschen Verbindungen miteinander herstellen können, ohne daß es eines wirklich vorhandenen Drahtes bedarf. Das schien mir interessant zu sein. So kam es, daß ich mit dem bißchen Geld, das ich für meine guten Noten in der Schule bekam und zusammengespart hatte, das Heftchen »Le Sans Fil« (Der Drahtlose)[4], das ich im Schaufenster an einer Wäscheklammer hängen sah, kaufte. Ich las darin: »Sie können Ihren Detektor selbst bauen und werden die genaue Uhrzeit bekommen.« Die genaue Uhrzeit bekam man von einem Uhrmacher, der einen winzigen Laden besaß. Er reparierte Uhren und wenn er einem die reparierte Uhr zurückgab, sagte er: »Warten Sie, ich werde Ihnen die genaue Uhrzeit geben.« Und ich fragte: »Was ist das, die genaue Uhrzeit?« »Es ist die Uhrzeit des Eiffelturms, Fräulein! Ich empfange sie dank diesem kleinen Apparat; schauen Sie mal her, es ist ein Detektor, der mir die Uhrzeit des Eiffelturms gibt.« Damals wurde im Radio die Uhrzeit des Eiffelturms alle was weiß ich gegeben. Man wartete also auf die Uhrzeit: »Jetzt haben wir sie! Ich stelle Ihre Uhr lieber gleich nach der Uhrzeit des Eiffelturms und nicht nach meiner, die ich heute morgen gestellt habe.« Er setzte seinen Kopfhörer auf, fummelte an seinem Detektor herum und wartete: »Jetzt haben Sie die Uhrzeit des Eiffelturms.« Es war wie Zauberei! Und ich bekam auch Lust, die Uhrzeit des Eiffelturms zu empfangen!

Diese Geschichte hat aber nicht nur technische Aspekte!

Oh nein! Dahinter steckte mein Vater; auch der Eiffelturm als phallisches Symbol. Damals fing man an, den Eiffelturm für Werbezwecke zu vermieten, an Citroën z.B. Ich weiß nicht, ob es wirklich die gleiche Epoche war, ob ich sie jetzt nicht verwechsle; ich glaube, der Eiffelturm bekam etwas später Elektrizität, wodurch man anfing, sich wirklich für ihn zu interessieren.[5] Davor gehörte es zum guten Ton – wenn man einer intelligenten Familie angehörte – zu sagen, es sei zwar genial, den Eiffelturm gebaut zu haben, aber er sei so häßlich, daß man ihn nicht über die Zeit der Ausstellung hinaus hätte behalten sollen. Ihn für die Ausstellung gebaut zu haben, das reichte doch aus, um die Kunst des Ingenieurs zu zeigen, aber ihn stehen zu lassen, entstellte das Bild von Paris. Wir wohnten direkt vor dem Eiffelturm; von unseren Fenstern aus konnte wir ihn sehen.

Aber um darauf zurückzukommen, was ich vorhin sagte. Hinter meinem Interesse für den Detektor steckten der Eiffelturm, die genaue Uhrzeit, mein Vater, dieser für die damalige Zeit erstaunliche Vortrag von Branly, der mir wie der »Forscher Cosinus« bzw. der »Professor Bienlein« aus dem Comic »Tim und Struppi« vorkam.

Es gibt auch andere Elemente. Beispielsweise die Möglichkeit, das zu empfangen, was andere sagen! Und die Kommunikation ohne Draht!

Ja. Es gab übrigens damals nur das. Dann kamen noch hinzu die Uhrzeit (es ist schon interessant, daß man sehr früh darauf kam, die Uhrzeit anzukündigen…) und merkwürdigerweise ziemlich schnell auch die Musik .

Es gibt etwas anderes in dieser Geschichte, das meines Erachtens besondere Beachtung verdient; Sie sind Psychoanalytikerin, und die erste – technische – Leistung, die Sie in Verbindung mit Ihrem Vater, in bezug auf das Symbolische und das Phallische erbracht haben, bestand darin, ein Verfahren zu entwickeln, um hören zu können, was andere sagen, die sonst nicht zu hören gewesen wären.

Ja! Das stimmt.

Das ist doch schon eine bestimmte Art, Psychonalytikerin zu sein!

Sagen wir mal, daß es sich um eine Möglichkeit der Kommunikation handelte, die bis dahin unbekannt war.

Durch Zuhören.

Ja, durch Zuhören.

Nur durch Zuhören, denn diese Kommunikation war nur eine Einbahnstraße.

Genau. Aber ich möchte auf diese Frage zurückkommen, die mir meine Brüder immer wieder stellten: »Warum machst du das? Warum?« Sie verstanden es nicht.

Eben. Ich möchte Ihnen jetzt genau die gleiche Frage stellen, allerdings etwas anders formuliert: »Warum wollten Sie anderen zuhören?«

»Weil ich fühle, daß es das Gute ist.« Ich hatte niemals eine andere Antwort, als diese. »Françoise setzt sich für das Gute ein…! Sie macht sich lächerlich, sich für das Gute einzusetzen, aber sie ist selber schuld!« Also mußte ich an meiner Antenne draußen in der Kälte allein herumbasteln, weil niemand mir helfen wollte. Ich weiß nicht warum, aber die Antenne ging im Winter immer kaputt. Man mußte die Antenne mit einem Besenstiel und Porzellanisolatoren immer wieder neuinstallieren.

Es war sehr schwer für ein kleines Mädchen, dessen Arme nicht lang genug waren, um über den Balkon hinaus zu greifen. Ich hätte gern die Hilfe der Großen gehabt, aber sie wollten nichts damit zu tun haben. Selbst Jean, der mich sehr mochte, schaute zu, ohne sich zu rühren; er fand es wohl seltsam. Er wollte schon mit mir spielen, aber andere Spiele: Backgammon oder Dame. Wir spielten viel in unserer Familie.

Ihre Eltern spielten jeden Tag Schach.

Ja, aber ich habe erst später Schach gespielt, mit meinem Vater. Schon mein Großvater spielte Tric Trac. Wir Kinder haben immer mitbekommen, wie unsere Großeltern, also die Alten zu Hause, spielten, auch mit uns. Sie haben uns viele Spiele beigebracht, schon als wir ganz klein waren; »Möchtest du eine Partie spielen? Ich zeige dir, wie man Backgammon, Dame usw. spielt.« Ich spielte sehr gern, mochte mich aber nicht streiten. Sobald meine Brüder zusammenspielten, fingen sie an, sich wegen des Spiels zu streiten. Wenn es so war, hatte ich kein Interesse mehr. Aber Jean und ich haben uns nie gestritten.

Dazu kamen sogenannte Gesellschaftsspiele. Ich weiß nicht, wie andere Kinder bei diesen Spielen so sind, aber ich dachte mir bei diesen Spielen immer Phantasie-Geschichten aus.

Die Backgammon-Figuren stellten z.B. eine ganze Gesellschaft dar: die Spielsteine waren zu meinen Diensten, oder zu Diensten des Gegners, als ob die weißen oder die schwarzen Steine Ritter wären. Es gab ein anderes Spiel, das »Halma« hieß: es war ein Spiel mit Dreiecken, die arabische Farben hatten, grün und gelb, und die Steine sahen wie Minarett-Türme aus. Man gewann, wenn man mit allen seinen Steinen auf der anderen Seite des Spielbretts angekommen war und den Gegner daran gehindert hatte, in der entgegengesetzten Richtung weiterzukommen. Ich stellte mir bei diesem Spiel vor, es wären Männer auf Pferden, mit türkischen Säbeln bewaffnet, und lauter solche Dinge…

Zwar spielte ich, aber hatte doch eine ganze Phantasiewelt in bunten Bildern vor den Augen, in einer Zeit, als es noch kein Kino gab.

All dies ersetzte bei Ihnen die Streitigkeiten, die die anderen miteinander hatten.

Wahrscheinlich.

Als ob Sie damit in gewisser Weise einen Ersatz für den Affekt der anderen fanden…

Es war so: da diese Steine Minarette darstellten, und ich mir vorstellte, daß der Sultan »Trucmuche« derjenige war, der den Kampf gegen den anderen gewann, gab es doch für die Spieler keinen Grund, sich zu streiten. Es gehörte zum Spiel, daß einer der beiden Gegner gewann, warum also sollten sich die Spieler deshalb streiten?

Vielleicht stritten die anderen deshalb miteinander, weil sie sich zum Teil mit den Zielen des Spiels indentifizierten.

Ja, sie glaubten, daß sie es waren, die von dem anderen geschlagen wurden. Während ich wußte, daß es ein Spiel war, dem ich zuschaute und von dem ich ein Bild hatte. Ich war ein bißchen wie Gulliver, der dem Kampf der Liliputaner zuschaut. Der Kampf ging so oder so aus; ich schaute mit größtem Vergnügen zu. Aber ich war nicht geschlagen, wenn mein Sultan geschlagen war. Es war spannend. Am Ende sagten wir: »Wir werden ein Revanchespiel machen.«

Mit Jean habe ich immer so gespielt. Aber mit Pierre, Jacqueline oder Philippe war es unmöglich…!

Es gab ein Durcheinander, aus affektiven Gründen.

Ja, und zwar sehr schnell! »Nein, das stimmt nicht, du hast gemogelt…« Wer mogelte? Du, du, du. Aber wer war du? Es ist doch ein Spiel, ich bin es doch nicht!»

Sie waren demnach bereits eine Logikerin des Imaginären, während sie noch mitten in ödipalen Affekten steckten.

Das sagen Sie, ich weiß es nicht. Aber ich sehe die Differenz, die sich da auftat.

In der Tat! Aber ich möchte Sie über einen anderen Punkt be-
fragen, und zwar immer noch in bezug auf diese Geschichte mit
dem Detektor. Denn für mich spielt, wie ich es Ihnen schon
sagte, der Detektor eine große Rolle in bezug auf ihr Sein als
Analytikerin...

Wahrscheinlich! Außerdem war ich eine der ersten Französinnen,
die Gershwin gehört hatte.

Aber bevor wir über Musik reden, möchte ich Sie gern noch zu
einem anderen Aspekt befragen, wenn Sie nichts dagegen ha-
ben. Die Frage kam mir in den Sinn, als ich zuhörte, wie Sie Ihre
Erzählung vorgetragen haben. Die drahtlose Telephonie, der
drahtlose Detektor von Branly: gibt es hier nicht Berührungs-
punkte mit der Telepathie, d. h. mit der Fähigkeit von jeman-
dem, einem anderen Menschen unabhängig von dessen Anwe-
senheit oder von gebräuchlichen Kommunikationsmitteln
Ideen, Töne mitzuteilen? Unabhängig also von der Sprache, die
die abstrakte Verbindung möglich macht. Besaß diese Art von
Kommunikation für Sie nicht etwas Allmächtiges oder Magi-
sches?

Ob ich sie mit Hellseherei oder Magie in Zusammenhang brachte?
Nein, es war für mich eine rein wissenschaftliche Angelegenheit.

Haben Sie sich jemals für Telepathie interessiert?

Nein, nie. Aber für meine Mutter spielte nach dem Tod meiner
Schwester die Telepathie eine große Rolle. Es glich einer dramatischen Inszenierung, denn sie wollte unbedingt, daß ich ihr spiri-
tistische Texte vorlas. Sie wollte, daß ich ihr Bücher von Richet über
Ektoplasmen vorlas, die die Gestalt der verstorbenen Person an-
nahmen und zu sprechen anfingen.[6]

Sie wollte mit ihrer verstorbenen Tochter weiterhin kommuni-
zieren?

Sie wollte mit Jacqueline den Kontakt wiederherstellen, ja. Sie erzählte mir davon, und ich sagte ihr: «Hör zu, Mutter, mir machen deine ganzen Erzählungen nachts Angst! Ich habe Angst beim Einschlafen.» Daraufhin sagte sie: »Ja, es ist nicht richtig von mir, ich sollte dich damit nicht belasten. Aber du bist die einzige Person, mit der ich sprechen kann.«

Auch hier wird deutlich, daß sie Sie als Psychoanalytikerin benutzte.

Stimmt. Sie hat mich als Psychoanalytikerin benutzt. Aber damals war ich schon groß, ich war zwölf Jahre alt. Außerdem verlangte sie von mir, daß ich eine außergewöhnliche Rolle spielte, denn sie sagte mir : »Bete! Bete!...«

Es war ein Tag vor meiner ersten Kommunion, jener berühmte Tag, an dem ich mit dem Priester R. diese Unterredung hatte, der mir sagte, ich brauche nicht wieder zu beichten, aber ich solle beten, daß ich nicht mehr denke. Er hatte also von mir verlangt, zu beten, damit ich nicht denke. Meine Mutter hat mir an jenem Abend mitgeteilt, daß Jacqueline, ihre liebste Tochter, todkrank war.

Sie berichtete, daß sie nach Meinung der Ärtzte nicht gerettet werden könnte und meinte, nur ein Wunder könnte sie heilen.[7] Und sie dachte, daß der Tag der ersten Kommunion eines Kindes ein günstiger Tag wäre, um solch ein Wunder möglich zu machen. Meine Mutter war evangelisch und von daher nicht gerade begeistert von den Ritualen der Katholischen Kirche, aber die erste Kommunion war für sie doch trotzdem wichtig… Ihre Hoffnung, daß ihre Tochter wieder gesund wird, war so groß, daß sie zu allem bereit war! Also hat sie von mir verlangt, zu beten, damit Jacqueline gerettet wird, »weil Gott manchmal ein Wunder geschehen läßt, wenn jemand zu Ihm betet, der ein reines Herz hat. Und niemand ist so rein, wie am Tag der ersten Kommunion.«

Es war eine feierliche erste Kommunion. Meine Mutter war von ihrem Vater christlich erzogen worden, der, obwohl evangelisch, eine katholische Französin geheiratet hatte, um französischer

Staatsbürger zu werden (ursprünglich kam er aus Süddeutschland). In seinem Kopf war ein richtiger Franzose, jemand, der für die Menschenrechte von 1789 und katholisch war. Sonst sei man kein Franzose! Er hatte eine Französin geheiratet, meine Großmutter also, die mit der Kirche überhaupt nichts zu schaffen hatte. Erst später ist sie fromm geworden, aber als sie jung war, kümmerte sie sich überhaupt nicht um die Kirche und gab ihren Kindern auch keine christliche Erziehung. Sie ging nur in die Kirche, weil es sein mußte. Während meine Mutter von ihrem Vater, der evangelisch und gläubig war und seine Tochter nach den Geboten Christi erzog, entsprechend der Lehre der Bibel aufgewachsen ist. Sie war also davon überzeugt, daß am Tag der ersten Kommunion ein Wunder möglich wäre. Meine Mutter hatte also von mir verlangt zu beten, damit ein Wunder geschehe.

Der eine verlangte von mir, nicht mehr zu denken, der andere beauftragte mich, Jacqueline zu retten: ich habe auf der ganzen Linie versagt!

Mir fällt bei Ihrer Erzählung auf, was Ihre Mutter von Ihnen erwartet hatte, im Grunde auch Tausende von Leuten später von Ihnen erwarteten, allerdings in einem anderen Zusammenhang.

Ja, sicherlich.

Sie hat von Ihnen erwartet, ein biologisches, medizinisches Problem, das bei dem damaligen Stand der Wissenschaft nicht gelöst werden konnte, zu lösen. Und sie hat Sie gebeten, dies durch Worte zu tun, die vielleicht nicht besonders geeignet waren.

Sie hat mich gebeten, Gott zu ersuchen, das Problem zu lösen.

Als Sie als Psychoanalytikerin arbeiteten, sind dagegen hunderte, tausende von Eltern mit hoffnungslosen Fällen zu Ihnen gekommen.

Manche haben Ihnen, wie Sie mir oft erzählt haben, gesagt: »Nur Sie können uns helfen.« Ich erinnere mich an den Fall von

diesem kleinen Jungen, der mit seinem Vater von der Norman-
die zu Ihnen kam – der Vater wollte am Ende der Behandlung
nicht mehr bezahlen, wissen Sie es noch? Nachdem Sie mit den
Eltern gesprochen hatten, haben Sie den Jungen, der in Ihrem
Wartezimmer war, geholt: er lief Ihnen entgegen, obwohl er seit
langem nicht mehr laufen konnte! Er konnte übrigens auch
nicht mehr sprechen...

Ja, ich weiß es noch. Ich habe ihm gesagt: »Aber nein, du kannst
nicht laufen.« Und er begann zu laufen.

Mit anderen Worten, diese Bitte wurde im Laufe Ihres Lebens
wiederholt an Sie gestellt, allerdings in bezug auf psychische
Probleme, und erwartet wurde das Wort einer Analytikerin.
Durch Ihre Mutter ist diese Aufgabe sehr früh an Sie herange-
tragen worden...

Genau. Aber, um auf Ihre vorherige Frage zurückzukommen, von
der Telepathie habe ich mich nie angezogen gefühlt.

Aber der »Drahtlose« hat Sie trozdem sehr geprägt.

Der »Drahtlose« hat mich geprägt, weil er mit meinem Vater, mit
der Wissenschaft, mit dem Neuen, mit dem Eiffelturm, mit der
genauen Uhrzeit verbunden war. Und die genaue Uhrzeit war
schon etwas Komisches, denn man hatte sie nie. Heutzutage haben
alle Leute die genaue Uhrzeit, aber damals war es nicht möglich.

Wie stellten Sie sich vor – da bei Ihnen das Imaginäre so aus-
geprägt ist –, wie dieser »Drahtlose« funktionierte? Waren es
Wellen, die herumspazierten?

Mein Vater hatte mir erzählt, daß es Wellen waren. Ich sah also
Wellen vor mir, wie wenn ein Stein ins Wasser fällt. Diese Wellen
wurden von irgendwelchen Apparaten aufgefangen und an die
Leute weitergeleitet. Manchmal überlagerte beim Hören einer Sen-

dung eine bestimmte Welle eine andere, und ich stellte mir das schwächer werden der Musik aus Amerika – man nennt es fading (Schwinden) – wie elektronische Wolken vor, was man aber nicht ganz genau weiß; auf jeden Fall wußte ich es nicht ganz genau. Ich fand das phantastisch, weil es einem Kampf glich, wie die Sultane in meinem Spiel; es war ein Kampf gegen die Wellen von denjenigen, die nicht wollten, daß die Wellen die Botschaft, die sie vermitteln sollten, auch vermittelten. Alles stellte ich mir imaginär vor. Ich besaß eine visuelle Vorstellung, bis heute ist es so. Ich hörte zu, plötzlich verschwand der Ton, dann kam er wieder. Durch den Rhythmus der Musik bekam ich ein Bild der Grenzenlosigkeit des Raumes, während die Wellen mir bis dahin – durch die »genaue Uhrzeit« – nur die Zeit gegeben hatte. Mit dem Empfang der Amerikaner hatte ich das Gefühl, mich im Raum zu befinden, und das war für mich umso wichtiger, als ich ein sehr enges Leben zu Hause führte, wir lebten zu dicht aufeinander. Mit der drahtlosen Radiophonie konnte ich ab 20 Uhr, wenn es dunkel wurde, die ganze Welt empfangen...

Das hatte also die Funktion einer Öffnung.

Genau! Es war eine Öffnung auf die Welt hin, auf alle Lieder des Montmartre.

Öffnung zum anderen; auf Texte, auf Musik.

Man konnte zuerst die Musik, dann die Texte hören, z.B. Gedichte, die im »Lapin Agile« vorgetragen wurden. Einmal in der Woche gab es im »Lapin Agile« eine Veranstaltung: ein Abend mit Jazzmusik, die langsam populär wurde, ein Abend mit historischen Erzählungen. Jeden Abend also gab es Sendungen mit Texten. Mit der Stimme von Radiolo. Ich weiß nicht, ob Sie sich an Radiolo erinnern; er hatte eine sehr tiefe, schöne Stimme. Ich war in Radiolo verliebt.[8]

In die gleiche Rubrik wie der Detektor würde ich auch – obwohl der Gegenstand verschieden ist, wie die Sensen und die Nadeln –

Ihren Wunsch, »Erziehungsärztin« zu werden, einordnen, der
ungefähr zur gleichen Zeit entstand. Der Detektor, das war
noch im ersten Weltkrieg?

Nein, später. Detektoren gab es zwar schon während des ersten
Weltkrieges, im Schützengraben; aber ich habe meinen später bekommen. Ich war ungefähr achteinhalb Jahre. Aber wenn ich es mir
noch mal überlege, ich war zehn Jahre bei dem Waffenstillstand, es
war also doch vor Ende des Krieges. Es ist seltsam, aber ich erinnere
mich überhaupt nicht daran, daß irgendwelche Kriegskommuni-
qués gesendet wurden. Ich erinnere mich mehr daran, was sie über
die SDN[9] erzählten. Ich verstand zwar nicht allzu viel, aber immerhin bekam ich mit, daß die Leute eine andere Form entwickeln
wollten, um miteinander zu sprechen, die ermöglichen würde, daß
man sich nicht mehr bekämpft, daß man sich nicht mehr gegenseitig
tötet. Im Grunde könnte man über Geschichtsdaten genau heraus-
bekommen, wann die ersten Detektoren gebaut wurden. Ich kann
es nicht genau sagen[10]. Sicherlich aber hatte man gerade erst damit
begonnen, als das Büchlein »Le Sans Fil« im Schaufenster ausgestellt wurde, in dem zu lesen war: »Bauen Sie sich Ihren Detektor
selbst.« Also kaufte ich es, weil es mich interessierte.

Ist es vergleichbar mit dem heutigen »Palais de la Découverte«?
(Das Museum der Erfindung)

Ja, es war schon ähnlich, allerdings gab es noch Programme vom
TNP (Nationaltheater von Paris), denn ich kann mich erinnern,
daß ich dort »Cinna« und »Le Cid« für Kinder gesehen habe, als ich
noch ziemlich jung war. Es hatte ein bißchen den Charakter von
Volksbildung, es wurden Gebiete popularisiert, die bis dahin nur
einer Elite vorbehalten waren: z. B. Physik und Chemie. Es wurden
dort auch Vorträge über den Meeresgrund, über Erdbeben usw.
gehalten.

Mein Vater nahm uns Kinder immer mit, wenn er irgend etwas
interessant fand. Er sagte meiner Mutter: »Heute ist Donnerstag,
die Kinder müssen unbedingt hingehen; es ist etwas Neues; sie
müssen dabei sein und es sich anhören.« Oder: »Es ist extra für

Kinder, es wäre gut, wenn sie hingingen.« Er achtete darauf, daß wir uns für das Neue interessierten.

Aber er vermittelte das Neue nicht selbst, durch seine eigenen Worte. Er brauchte eine Anregung, um später vermutlich seine Kommentare dazu abzugeben.

Ja. Im allgemeinen war er zu Hause immer sehr ruhig, meistens in einem Buch oder in eine von diesen Patiences, die er dauernd legte, vertieft. Oder er spielte mit seiner Frau, wenn sie Lust hatte, oder mit mir Schach. Er war also ständig mit irgend etwas beschäftigt, so wie ich übrigens. Aber er besaß eine Fähigkeit, die ich nicht hatte: er konnte überhören, was um ihn herum gesprochen wurde. Ich dagegen hörte immer alles mit, was gesagt wurde!

Sie nahmen alles auf, Sie waren das »Ideal des Detektors« ...

Ich war wie ein Radioteleskop.

Ein riesiges Radioteleskop, das die Worte der anderen empfing. Es ist tatsächlich so, nichts entgeht Ihnen, aber das hat Ihnen auch sehr genützt .

Ja, ich tat, was ich für das Gute hielt, aber ich wußte nicht, was es war.

So kam es, daß Sie «Erziehungsärztin« werden wollten. Das war wohl die erste Formulierung dafür.

Ja, es ist sicherlich zunächst so formuliert worden.

Erinnern Sie sich noch, unter welchen Umständen es Ihnen eingefallen ist, »Erziehungsärztin« zu werden?

Es war eine große Überraschung für mich, es ausgesprochen zu haben!

Ihr Unbewußtes hat es ausgesprochen?

Sicherlich. »Aber was hat sie sich da schon wieder ausgedacht?«

Erinnern Sie sich, wem Sie es gesagt haben?

Meinen Eltern habe ich es gesagt: »Ich werde später einen Beruf haben!« Meine Brüder fragten: »Was denn? Was wirst du für einen Beruf haben? Na, sag es schon! Was wirst du für einen Beruf haben?« – »Also, ich werde ›Erziehungsärztin‹ sein.« Alle brachen in ein schallendes Gelächter aus: »Was ist denn das?« – »Ich weiß es nicht. Ich weiß es nicht, aber es ist wichtig, daß es so etwas gibt.« Daraufhin erzählte ich, daß die Ärzte nicht wüßten, daß Kinder durch Dinge gestört sein könnten, die in ihnen steckten, die aber keine Bakterien seien. »Du weißt immer alles besser wie die anderen, was?« Ich verschone Sie mit ihren Kommentaren...

Aber ich muß Ihnen noch etwas erzählen. Als ich vier Jahre alt war, sind wir umgezogen. Es war im Jahre 1923. Bis dahin wohnten wir in Passy, in der Rue Gustave-Zédé, gegenüber dem Molière-Gymnasium. Als Philippe auf die Welt kam, wurde unsere kleine Wohnung, die für eine Familie mit drei Kindern gerade noch ausreichte, für fünf Kinder viel zu eng. Meine Eltern haben eine andere Wohnung gesucht und fanden eine in einem »modernen« Haus, wie wir sagten, in der Avenue du Colonel Bonnet. Es ist interessant, weil dieses Haus aus Bruchsteinen an dem Platz gebaut wurde, auf dem früher das zerbrechliche Häuschen aus Holz stand, auf dessen Dach der erste Blitzableiter installiert wurde, und das Franklin bewohnt hatte, als er in Paris lebte.

Auf unserem Haus stand im Stein eingraviert: »Hier stand das Häuschen, auf dem der erste Blitzableiter von Franklin erprobt worden ist«, usw.[12] Das machte mir Spaß: wir lebten also in einem Haus, das an dem Platz gebaut wurde, wo der Donner... wie könnte man sagen?

Wo jemand auch etwas Gutes zustandegebracht hatte.

Etwas Gutes durch die Wissenschaft zustandegebracht hatte, denn schließlich glaubte ich an die Wissenschaft. Nicht an die Wissenschaft der Doktoren, sondern an eine andere Wissenschaft, welche die zwischenmenschlichen Beziehungen betraf.

Und das war für Sie also der Beruf »Erziehungsärztin«?

Ja.

Es galt, Wissenschaft und Sprache zu verbinden, es ging um das Verständnis…

Um das Verständnis für die menschlichen Affekte. Aber ich kann mich genau daran erinnern, daß ich selber platt war, als ich es zum ersten Mal ausgesprochen habe. Es war genauso wie bei diesem Satz, den ich ein anderes Mal gesagt habe – es war eigentlich ein sehr bekannter Satz, aber ich hatte ihn noch nie gehört; meine Eltern haben ihn mir öfters wiederholt, weil er ihnen »im Hals« stecken geblieben war (»Woher hast du denn deine ganzen komischen Ideen?«). Ich trug also diesen Satz mit trauriger Miene und ziemlich laut vor, mit einer gewissen Ablehnung meinen Eltern gegenüber, weil ich mich in dieser Familie, die mich nicht verstand, sehr unglücklich fühlte: »Wie ich sehe, bin ich zu früh in einem zu alten Jahrhundert geboren.« Meine Eltern haben sich angeschaut: »Sie ist völlig übergeschnappt!« Ich war acht Jahre alt. Ich kann mich sehr genau daran erinnern, es war in der Zeit meines achten Lebensjahrs, und ich hatte so eine Phase, nach dem Motto: »Ich werde in meinem Leben versagen, weil ich zu früh in einem zu alten Jahrhundert geboren wurde, das mich nicht versteht.« Ich war unglücklich und habe es Ihnen vorwurfsvoll zum Ausdruck gebracht, was sie genau gespürt haben. Ich denke, daß dieser Satz ein Zitat von einem bekannten Autor ist, und das war auch der Grund, warum sie mit mir nicht geschimpft haben.[13]

Ich sehe in dem, was Sie erzählen, den allmählichen Aufbau einer Struktur, die Ihnen ermöglicht hat, die Verrücktheit zu überwinden, zu arbeiten, zu denken und sich zu sozialisieren.

Ja, vor allem aber einen Beruf zu haben. Ich suchte nach einem Beruf. Ich wußte schon seit Anfang des Krieges, daß ich einen Beruf haben müßte. Denn ich hatte den sozialen Zusammenbruch der gutsituierten Witwen mitbekommen, die keinen Beruf hatten – es gab einen großen Unterschied zwischen diesen Frauen und Arbeiterinnen oder Frauen von kleinen Geschäftsleuten, die nach dem Verlust ihrer Männer den Lebensstil ihrer Kinder sowie ihren ökonomischen und sozialen Stand nicht zu ändern brauchten. Sie trauerten zwar um ihre Männer, verloren aber deshalb nicht den Kopf und kamen weiterhin für die Familie auf. Während es schrecklich war, anzusehen, wie diese gutgekleideten Frauen, so in dem Stil meiner Mutter, auf der Straße bettelten und unserer Hauslehrerin erzählten – einerlei, ob sie völlig durchgedreht oder verrückt waren: »Wenn Sie mir nichts geben, wenn man mir nicht hilft...«, und damit meinten: »Es bleibt mir nichts anderes übrig, als auf den Strich zu gehen, um meine Kinder zu ernähren.« Ich verstand nicht, worum es ging: »Was hat sie gesagt, was sie dann tun müßte?« – »Weißt du, die arme Frau ist völlig durchgedreht, verstehst du, deshalb habe ich ihr etwas gegeben.« Es war trotzdem ziemlich traurig, daß es damals so lange dauerte (zehn Jahre vielleicht, ich weiß es nicht genau) – vor allem am Anfang des Krieges –, bis die Witwe eines Vermißten von der Kommune Geld bekommen konnte! Das war mir damals sehr aufgefallen und ich hatte mir gesagt: »Ich brauche einen Beruf.« Sollte es vorkommen, daß man mit Kindern verwitwet ist, dann müßte derjenige, der übrigbleibt, ob Mann oder Frau, einen Beruf haben. Die Männer hatten meist einen Beruf. Aber auch die Frauen brauchten einen Beruf, weil sie sonst ihre Kinder nicht ernähren könnten, sollte der Mann nicht mehr da sein. Damals gab es keine gesetzliche Krankenversicherung. Und außerdem dauerte es ewig, bis man nachweisen konnte, daß Leute, die durch den Krieg vermißt waren, gestorben waren; ohne diesen Nachweis bekam die Witwe keine Hilfe! Diejenigen, die offiziell gestorben waren, bekamen eine Medaille; diese Medaille berechtigte zu einer kleinen Summe, die der Witwe ausgezahlt wurde. Und die Verwundeten bekamen eine Pension, mit der sie sich umschulen lassen konnten, wenn sie durch Kriegsverletzungen und Invalidität den Beruf wechseln mußten. Bei manchen

Familien brachte der Krieg große ökonomische Erschütterungen mit sich. Und ich sah den wesentlichen Grund darin, daß die Frauen keinen Beruf hatten.

Das politische Zeitgeschehen, in dem Sie involviert waren, hat Sie zu der Einsicht geführt, daß es notwendig ist, einen Beruf zu haben. Aber daß Sie den Beruf »Erziehungsärztin« gewählt haben, ist doch auf Ihre eigene Logik, auf Ihr Unbewußtes zurückzuführen.

Diese Wahl stammt von meiner eigenen Logik – und dies zu meiner größten Überraschung! Dadurch, daß ich es gesagt habe, bin ich es tatsächlich geworden: seitdem wußte ich, was ich war.

Hier kann man vermuten – aber es bleibt zwangsläufig hypothetisch –, daß Sie sich, wenn ich es so ausdrücken darf, unbewußt dessen bewußt waren, daß ein Kind sehr ernsthaften Gefahren ausgesetzt sein kann, daß ihm aber geholfen werden kann, wenn jemand in der Lage ist, bei ihm manches »heraus-zuhören«; und ab diesem Moment wollten Sie Ihr Leben dieser Aufgabe widmen.

Ja. Aber meine Vorstellung, »Erziehungsärztin« zu werden, zielte nicht in erster Linie darauf ab, Kindern helfen zu wollen. Vielmehr hatte ich die Idee, den Eltern zu helfen, ihre Kinder zu erziehen, sie zu verstehen.

Ihre Idee zielte eher darauf ab, den Gefahren vorzubeugen, als die Kinder selbst zu heilen. Wenn man die Gefahren vermeiden könnte, würde es den Kindern natürlich gut gehen.

Wahrscheinlich. Ich kann Ihnen als Beispiel die Geschichte von meinem kleinen Bruder erzählen, der vier Jahre jünger war, als ich. Damals war er drei Jahre alt. Sein kleiner Bruder war gerade auf die Welt gekommen, er war also ein bißchen eifersüchtig und machte oft Theater. Damals kümmerte sich eine Engländerin – manchmal war es auch eine Irin – um uns Kinder. Kurzum, diese Engländerin trank das Kölnischwasser meiner Mutter und war oft betrunken. Wenn sie betrunken war, stritt sie sich mit der Köchin herum; diese konnte sie nicht leiden, sie mochte alle Kindermädchen nicht, denn sie aßen nicht mit ihr in der Küche, sondern nahmen immer ein Tablett mit aufs Zimmer und hatten an allem etwas auszusetzen. Diese Kindermädchen aßen also weder mit den Eltern noch mit der Köchin zusammen, sondern in dem Zimmer des Babys, das sie versorgen mußten. Und einmal gab es einen fürchterlichen Streit zwischen der Engländerin und der Köchin: diese hatte die Kinderfrau bis ins Kinderzimmer verfolgt, in dem das Baby gerade seinen Brei aß, um sie weiter zu beschimpfen. Daraufhin übergab sich das Baby. Ich war zufällig dabei. Die Engländerin mußte meiner Mutter erzählen: »Philippe hat seinen Brei nicht essen können.« (Die vorige Kinderfrau war eine Französin, die in solchen Situationen meiner Mutter zu sagen pflegte: »Madame, ich möchte Ihnen mitteilen, daß Monsieur Philippe sich von oben ausgeleert hat.« Es war übrigens die Frau von »Leon, die Pfauen rufen dich«.) Die Engländerin sprach nicht in dieser Art, sondern sagte meiner Mutter auf Englisch, daß der Kleine seine Mahlzeit abgelehnt hatte. Meine Mutter rief sofort den Arzt an, der sagte: »Ich komme morgen vorbei; bis dahin soll der Kleine Diät halten.« Das Kind war wütend, Diät halten zu müssen. Er war nicht mehr dieser Streitstimmung ausgesetzt und hatte es nicht mehr nötig, sich »auszukotzen«, um mit diesen Frauen Schritt zu halten, die sich mit ihren Beschimpfungen gegenseitig anspuckten! Er kotzte, damit sie sich auskotzten. Während sie Wörter auskotzten, kotzte er, was er zu kotzen hatte. Ich wußte, was dahinter steckte, aber ich konnte nichts sagen, weil man in einer Familie nicht petzen darf. Es gab genug Krach zwischen meinem älteren Bruder und den Engländerinnen, und ich wollte nicht alles noch schlimmer machen, indem ich sagte: »Und sie betrinkt sich noch dazu!« Ich hatte gemerkt, daß sie Kölnischwasser von Mutters Flasche klaute. Mutter fragte: »Wer hat mein Kölnischwasser benutzt? Es ist seit heute morgen viel weniger in der Flasche, ihr solltet euch schämen!« Natürlich dachte sie sofort, daß es einer von uns war, und beschnupperte jeden von uns, um herauszufinden, wer es war! Ich wußte ganz genau, daß die Engländerin das Kölnischwasser geschlürft hatte.

Mit solchen Vorfällen immer wieder konfrontiert, habe ich gedacht, man sollte Eltern klarmachen, daß es sich nicht unbedingt um eine Krankheit handeln muß, wenn ein Kind sich übergibt; sondern daß der Grund einfach die Unzufriedenheit des Kindes sein kann – und in diesem Fall sollte man dem Kind eine zweite Mahlzeit anbieten. Das Schlimmste war, daß an den darauffolgenden Tagen André – oder Philippe, der sauer war, Diät halten zu müssen und nicht aus dem Haus gehen zu dürfen – mit uns Streit suchte,nur weil er nichts besseres zu tun hatte. Das war das Familienleben!

Wenn ich es richtig verstehe, sollte ein Erziehungsarzt eher vorbeugen als heilen.

Ja, genau! Sowohl vorbeugen als auch heilen.

Vorbeugen bei den Eltern, heilen bei den Kindern.

Aber nicht unbedingt immer durch Spritzen, schrecklich schmekkende Sirups oder Verordnen von Diäten, bis die sog.Inkubation vorbei ist – denn schließlich war die Möglichkeit einer »Inkubation« immer vorhanden. Wir waren alle potentielle »Ausbrüter«. Und da wir sechs Kinder waren, gab es immer etwas zum »Ausbrüten«.

2
Die Verrückten von Dr. Blanche und vom modernen Wohnhaus

In Ihrem Leben findet man eine ganze Reihe ungewöhnlicher Begegnungen: Sie wurden mit einer gewissen Verrücktheit der Sprache in Ihrer Beziehung zum anderen konfrontiert, was Sie veranlaßte, etwas eigenes aufzubauen, um damit fertig zu werden. Aber hinzukommt noch Ihre Begegnung mit der Verrücktheit innerhalb Ihrer Lebenslandschaft: im Wohnhaus von gegenüber und sogar in der Epoche selbst, in der Sie lebten, auf Grund des Krieges.

Ja, aber es hat mich gelehrt, daß Verrücktheit zum Leben gehört. Solche Begegnungen gibt es übrigens nicht in allen Wohnhäusern!

Fangen wir also mit dem Wohnhaus an. In welchem Stockwerk wohnten Sie?

Im fünften Stock. Es gab nur eine Wohnung pro Stockwerk. Wir wohnten Avenue du Colonel-Bonnet 2. Von den Fenstern der Rue Raynouard aus konnte man Sacré-Coeur auf der einen und den Point-du-Jour[14] auf der anderen Seite sehen. Es war eine phantastische Aussicht. Es war wirklich sehr schön. Am 14. Juli bekamen wir die Feierlichkeiten mit. Es gab Bälle entlang der Seine und wir konnten das Feuerwerk sehen, das von überall her abgefeuert wurde. Das war auch sehr schön. Und als man mit den Eiffelturmbeleuchtungen begann, saßen wir in der ersten Reihe. Freunde meiner Eltern kamen zu uns, um das Markenzeichen von Citroën zu sehen. Es waren die guten alten Zeiten!

Und dann gab es unterhalb der Rue Raynouard eine große Anlage mit dem Irrenhaus von Dr. Blanche. Sie bestand aus Appartements mit jeweils einem kleinen Garten davor – dort standen ein Tisch, ein Sonnenschirm und zwei oder drei Sessel –, der mit einem Gitter von den anderen Gärten getrennt war. Diese Appartements waren für die gutsituierten Leute reserviert. Es gab außerdem einen großen Gemeinschaftsgarten für diejenigen, die in Zimmern ohne eigenen Garten untergebracht wurden. Bei schönem Wetter gingen die Insassen der Anstalt dort spazieren, d. h. sie liefen auf dem gleichen Fleck auf und ab. Junge Frauen, nette Krankenschwestern mit weißer Kopfbedeckung, kamen mit Tabletts in den Garten, um ihnen Tee zu servieren. Es ging zu wie einer exklusiven Teestube! Aber wir wußten, daß es sich um Irre handelte!

Konnten Sie sie von Ihrem Fenster aus sehen?

Ja! Aber es war verboten, sie zu lange zu betrachten. Ich betrachtete sie durch die Gardinen, damit sie mich nicht sahen, denn es stimmt schon, es war unangenehm für sie, angegafft zu werden.

War die Anstalt sehr nah?

Ja, ganz nah! Es lag nur eine Straße zwischen unserem Haus und ihr. Es war auf der anderen Seite der Rue Raynouard. Unter den Insassen war auch Guy de Maupassant, den man sehen konnte, wenn er ausging. Er hatte ein kleines Zimmer mit einem Gärtchen, wo er spazieren ging. Bei Gewitter waren all diese Leute außergewöhnlich unruhig, insbesondere Maupassant, der große Reden hielt und brüllte: »Rettet mich!« Ich hatte Mitleid mit diesen schreienden Leuten. Ich war erstaunt, daß sie so schrien.

Haben Sie jemals mit ihnen gesprochen?

Nein. Sie brüllten, als wollten sie die Krankenschwester umbringen. In solchen Situationen brachte sie ihnen warme Milch oder so etwas, sie stellte ihnen ein Tablett hin und sagte ihnen ein paar nette Worte. Sie schrien zwar weiter, aber taten ihr nichts zuleide. Ich dachte, daß es verrückt ist, in Worten gemeingefährlich, in Taten aber ein Lamm zu sein. Ich fand es sehr seltsam und stellte unserer Lehrerin allerhand Fragen. Diese erklärte mir: »Sie schreien, weil sie phantasieren. Sie wissen nicht, was sie sagen. Im Grunde genommen brauchen sie die Hilfe dieser Krankenschwester. Sie haben nichts gegen sie, aber wenn sie nicht da ist, sind sie auf die ganze Welt sauer.« – »Ist sie also für sie die ganze Welt?« Ich dachte über ihre Erklärungen nach. Und dann erfuhr man eines Tages von dem Hausmeister, daß einer von diesen armen Irren sich erhängt hatte oder so etwas... Das war also das Haus von Dr. Blanche.

Sie haben den Eindruck, dort Guy de Maupassant gesehen zu haben?

Ja, ganz sicher. Ich habe nicht nur den Eindruck, sondern ich habe ihn wirklich gesehen!

Sind Sie sicher?

Man sagte auf jeden Fall, daß er es war.

Ich will Ihnen sagen, warum ich Sie so frage.

Er war damals nicht mehr in der Anstalt? Er war schon tot?

Guy de Maupssant ist 1893 gestorben, wenn ich mich nicht täusche.

Aber man erzählte, daß er dort war!...

Ja, das ist gerade das Spannende daran: die Realität Ihrer Erinnerung rührt von der Sprache her... Ja, Guy de Maupassant ist 1893 gestorben. Es gibt hier übrigens eine erstaunliche Überschneidung von Daten, weil er, wenn ich mich recht erinnere, im Juli 1893, und Emile Blanche am 15.August 1893, also einige Tage später, starb...

Man erzählte damals auch von Emile Blanche…

… und Charcot ist ein Tag später, am 16. August 1893 gestor-
ben.

Ich habe nie von Charcot gehört, bis ich mit meinem Medizinstudium begann.

Emile Blanche war der Nachfolger seines Vaters, der die Klinik
gegründet hatte…

Seltsam, was Sie sagen, denn ich habe nie Emile Blanche und den
Dr.Blanche in Verbindung gebracht.

Sie haben sie nicht in Verbindung gebracht?!…

Nein, erst heute, weil Sie es mir gesagt haben. Ich hörte schon von
Emile Blanche, dem Literaten…

Er war ein gebildeter Mann, das stimmt, aber auch Arzt, er war
ausbildender Psychiater.

Emile Blanche?

Aber ja! Er war übrigens mit Charcot zerstritten, weil Gam-
betta, der ein Freund Charcots war, diesem den ersten Lehrstuhl
Frankreichs für klinische Nervenkrankheiten anvertraut hatte;
er wurde damals in »La Salpetrière« (wo Freud im Winter
1885–1886 ein Praktikum machte) eingerichtet. Emile Blanche
hatte gehofft, selbst diesen Lehrstuhl zu bekommen. Er war also
nicht nur selbst Psychiater, sondern auch Sohn eines Psychia-
ters.

Der Dr.Blanche war also Emile Blanche?

Er war Emile Blanche, der Sohn des Gründers der Klinik.[15]

Ich wußte es nicht. Für mich war Emile Blanche ein Intellektuel-ler.

Gewiß, er war sehr mondän und hatte viele Kontakte zur Li-teratur- und Musikwelt. Darum sind Leute wie Nerval, Mau-passant und viele andere Künstler, Intellektuelle und öffentliche Persönlichkeiten in seiner Klinik aufgenommen worden.

Für mich war Guy de Maupassant ein armer Kerl, der eine schlimme Krankheit bekommen hatte (»man darf nicht über diese Krankheit sprechen!«). Das hörte ich als kleines Mädchen. Er hatte eine Krankheit, die verrückt macht, die man von Frauen bekommt und über die man nicht sprechen darf.

Sie hatten also zwischen Emile Blanche und dem Dr. Blanche und seiner Klinik nie eine Verbindung hergestellt?

Nie! Emile Blanche war ein gebildeter Herr; der Dr. Blanche da-gegen betrieb ein Hotel für Verrückte. Und ich assoziierte den Dr. Blanche mit all den weißen Damen, die dort herumspazier-ten...

Maupassant existierte also für Sie im Diskurs des anderen, wo er wohl sehr präsent zu sein schien!

Maupassant war im Diskurs. Übrigens fällt mir etwas ein: eine junge Frau, die bei uns als Näherin arbeitete – sie kam zweimal in der Woche, um Wäsche zu stopfen und hieß Suzanne B. –, heiratete einen Sohn von Maupassant, der von einer seiner letzten Liebschaf-ten stammte. Sie bekam von diesem Sohn Maupassants, der durch Syphilis erblich belastet war, einen Sohn, der sehr früh starb. Dieser Mann hatte einen schrecklichen Charakter. Und der Sohn, den Suzanne B. von ihm bekam, war ein erfolgloser Künstler, der glaubte, er wäre ein begabter Maler. Diese Frau hat mit ihrer Nadel für diesen Sohn, den sie großgezogen und ihr ganzes Leben finan-ziell unterstützt hat, Geld verdient. Ich habe sie später immer wieder gesehen. Übrigens kam sie zu mir während des Krieges, um mir zu helfen, als Jean noch klein war. Sie hatte seit meiner Geburt bis zu meinem vierzehnten Lebensjahr bei uns gearbeitet; sie verließ uns, als sie eben diesen Sohn von Guy de Maupassant heiratete, der älter war, als sie. Davor hatte sie während des Krieges 1914 ihren Verlobten, den wir alle sehr mochten, verloren, ein wirkliches Drama. Wir dachten alle, daß sie danach nie heiraten würde. Ich hatte mir sogar gesagt: »Sie wird bestimmt Nonne werden.« Wenn man nicht heiratet, ist es durchaus möglich, oder? Und eines Tages kam sie zu Mutter, um mit ihr zu sprechen. Sie erzählte, daß sie einen Mann kennengelernt hatte, der sehr unglücklich war, weil er durch die Syphilis seines Vaters erblich belastet sei[16], dem aber der Arzt versichert hatte, daß diese erbliche Belastung überwunden werden könnte und daß er ein Kind bekommen könnte, wenn man es sofort behandeln würde, usw. Und so bekam sie diesen Sohn, der selbst übrigens kein Kind auf die Welt setzte – wie sie es mir später erzählte; ich war schon Psychoanalytikerin geworden, als sie mich besuchte, bevor sie sich zurückzog. Diese Frau war zwei- oder dreiundzwanzig Jahre älter als ich. Sie ist also mit diesem Kind fertiggeworden. Sie bekam noch ein zweites Kind, eine Tochter. Beide Kinder lebten, moralisch und physisch völlig verarmt, mit dieser Kugel am Bein, dieser erblichen Belastung durch die Syphillis, die sie seit ihrer Geburt mit sich schleppen mußten. Ihr Sohn war homosexuell, und sie sagte mir: »Wissen Sie, ich dachte, daß Homosexuelle schlechte Leute seien. Aber mein Sohn ist kein schlechter Mann; er ist nur anders als die anderen.« Immerhin war er der Sohn von Maupassant! Ich, die ich schon sehr früh Maupassants' Erzählungen geliebt habe, sagte mir: »Aber Verrückte, die solche wunderbaren Geschichten schreiben können, sind doch gar keine Verrückten.«[17]

Dr. Blanche hatte also diese Anstalt unserem Haus gegenüber. Wir selbst wohnten in unserem Haus im fünften Stock.

Wir haben schon einmal über die Verrücktheit gesprochen, die es in jenem fünften Stock gab...!

Ich kannte die Verrücktheit vom fünften Stock sehr gut: ich lebte ja mitten drin! Es gab sechs Stockwerke. Im sechsten Stock wohnte ein alter Herr, der M.N. hieß und Direktor eines Geschäftes war, das die Markenwaren N verkaufte (Handschuhe N, Jersey N, aus dem man Gamaschen für Männer herstellte – damals trugen die Männer kleine Gamaschen, können Sie sich daran erinnern?) Sein Geschäft befand sich in der Avenue de l'Opéra. Die Handschuhe N sahen aus, als wären sie aus feinem Wildleder, dabei waren sie aus Stoff. N war eine Marke, die kurz vor dem zweiten Weltkrieg verschwand.

M.N. war ein alter, sechzigjähriger Herr (jetzt kommt er mir jung vor, aber damals sprach man von einem »alten sechzigjährigen Herrn«), der ab und zu von seinem Fenster aus (es war das Fenster, das sich über unserem Wohnzimmer befand) einen dicken, an einem Strick gebundenen Sack hinunterließ und brüllte: »Ich lasse ihn los, ich lasse ihn los!« Er glaubte, daß er seine Frau in den Sack gesteckt hätte und ließ sie aus dem Fenster baumeln. Dabei war seine Frau schon tot, bevor wir in das Haus einzogen! Es war ein alter Herr, der, wie man erzählte, zu seiner Frau sehr schwierig gewesen war, bevor sie starb, und der seit ihrem Tod in regelmäßigen Abständen sich einbildete, daß er sie aus dem Fenster schmeißen würde. Aber der Sack kam nie tiefer als bis zur Mitte der Wand unter dem Fenster. Das fand sowohl in der Mittagszeit als auch am Nachmittag statt. Und, da das Arbeitszimmer, wo wir unsere Hausaufgaben machten, sich neben dem Eßzimmer befand, gingen wir, sobald wir ihn kreischen hörten, ins Nebenzimmer, um nach oben zu sehen: »Aha! Herr N. ist dabei, seine Frau zu erhängen!« Wir benachrichtigten den Hausmeister, der den Sohn von Herrn N. anrief. Er kam dann mit ein oder zwei Begleitpersonen, die wahrscheinlich Krankenpfleger waren. Er überzeugte seinen Vater, mit ihnen zu gehen, und man sah sie mit Koffern in der Hand die Treppe hinuntergehen.

Herr N. war für zwei oder drei Monate fort. Dann kam er zurück, etwas ruhiger, bis er wieder anfing, seine Frau aus dem Fenster hinauszuwerfen. Wir waren sehr neugierig, und es machte uns auch Spaß, aber wir durften es nicht sagen, weil es »schließlich zu traurig ist, dermaßen verrückt zu sein!«.

Und Sie, was dachten Sie darüber, als Sie ein Kind waren?

Einerseits dachte ich, daß es Kasperletheater war, aber andererseits fand ich auch traurig, daß jemand, der seine Frau geliebt hat, so weit gehen kann, zu glauben, daß er ihr damit drohen kann, sie aus dem Fenster zu schmeißen, indem er sie in einen Sack steckt, den er heraushängt – so würde ein Kind handeln. Aber wenn man ihm begegnete, war es ein ganz gewöhnlicher Herr, der meine Mutter mit dem Hut grüßte – er trug einen »Cronstadt«. Er trug keine Melone, weil er alt war. Junge Männer, wie mein Vater, trugen Melonen, aber die Alten trugen den »Cronstadt«: es war ein Hut, der an den Zylinder erinnerte, aber niedriger war.

In unserer Berufspraxis machen wir oft die Erfahrung, daß wir mit Psychotikern kommunizieren können: in manchen Augenblicken, wenn wir mit ihnen sprechen, haben wir den Eindruck, daß sie verstehen, und wenn sie sprechen, verstehen wir sie auch, es existiert ein Austausch. Und dann plötzlich: weg ist er !

Ja. Er war ein Mann, der sein Geschäft sehr gut geführt hatte. Sein Sohn ist später sein Nachfolger geworden. Soviel zu der Geschichte von Monsieur N., der im sechsten Stock wohnte.

Unter uns war der vierte Stock. Es war ein sehr kurioser Ort. Dort wohnte eine wunderschöne Frau, sie sah toll aus und war angezogen wie diese Prinzessinnen, die auf Gemälden und Zeichnungen dieser Zeit zu sehen waren – es gab damals nur wenig Photos. Aber sie sah aus wie diese Herrschaften in Kutschen auf den Photos. Sie war mit Spitzenkragen, Perlen und dergleichen bekleidet, eben wie jene Damen in den Kutschen. Sie sprach ein sehr gepflegtes Französisch mit einem leichten Akzent, aber sie war Französin. Sie hatte einen komischen Namen. Man erzählte, daß sie die Tochter eines sehr reichen Kernseifenfabrikanten wäre, der eine Russin geheiratet hätte. Als Tochter einer Russin und dieses Kernseifenfabrikanten hätte sie einen russischen Grafen namens S. geheiratet. Wahrscheinlich stimmte es. Wie dem auch sei, das war alles, was wir über sie wußten. Diese wunderschöne Frau russischen Schlages mit dem leichten Akzent, die aber Französin war, war sehr nett zu uns, wenn sie uns im Treppenhaus begegnete – was sehr oft geschah, da der Fahrstuhl dauernd außer Betrieb war. Es gab damals sehr schöne Fahrstühle, aber sie funktionierten meistens nicht. Diese Frau S. sprach oft mit Mutter. Sie sagte: »Ich entschuldige mich für meine Tochter, ich entschuldige mich.« Diese älteste Tochter von ihr war sehr groß und sehr schön, aber sie besaß eine schlechte Körperhaltung: sie lief immer gebückt . In meiner Erinnerung sah sie wie Dante aus, ihr Gesicht war gelblich. Sie war ganz nett, aber sie sah wie eine Hexe aus; sie war wirklich sehr freundlich, wenn sie mit uns sprach. Diese Riesin lief immer neben einem buckligen Zwerg herum, einem Mann, von dem Frau S. sagte: »Ich wünschte mir, daß es zwischen beiden klarer wäre. Wenn er wenigstens mein Schwiegersohn wäre! Aber mit Olga ist das unmöglich, das ist unmöglich! Sie kann nicht ohne ihn leben, aber sie müssen dauernd miteinander streiten. Er ist ein Gelehrter, gnädige Frau, er ist ein Gelehrter.« Ich weiß nicht mehr, was er beruflich machte; er arbeitete in der Bibliothèque Nationale, oder so etwas in der Richtung. Dieser kleine Mann, bei dem jeder Zentimeter wichtig war, war durch seinen dicken Buckel völlig entstellt. Er hatte in seiner Kindheit Knochentuberkulose gehabt, und seitdem diesen Buckel[18] behalten. Er war übrigens ein ehemaliger »Bercker«[19]. Dazu besaß er einen Dackel, einen ziemlich langen Dackel- eigentlich eine Dackelkarikatur! Und diese Dreier-Truppe – die gebückte Riesin, der bucklige Zwerg und der längliche Dackel – lief dauernd die Avenue du Colonel Bonnet auf und ab. Sie gingen nicht weiter, weil die Frau eine phobische Angst hatte, die Straße zu verlassen. So war sie eben, aber sie war sehr nett. Es war wirklich komisch, sie immer wieder auf diesem Bürgersteig zu sehen, wenn wir spazierengingen. Sie warteten, bis der Dackel sein Häufchen gemacht hatte, und gingen dann weiter . Sie sprachen zusammen, wobei er sehr viel gestikulierte, und sie immer den Kopf schüttelte. Wenn wir vorbeigingen, sagten wir: »Guten Tag, Fräulein S.!« Sie antwortete: »Guten Tag, kleines Mädchen! Geht ihr spazieren? Ich wünsche euch einen schönen Spaziergang!« Sie war wirklich nett, diese ungewöhnliche Karikatur. Was den buckligen Herrn betrifft, sprach er keinen Ton: es störte ihn, daß sie mit jemand anderem sprach. Auch der Hund sagte nichts! Und wenn wir vom Spaziergang zurückkamen, trafen wir sie wieder, sie liefen immer noch in der Straße herum. Das zu jenem seltsamen Mädchen.

Es gab ein anderes – vielleicht die erste oder die zweite Tochter –, das jeden Tag von einem Pfleger mit einer Kutsche abgeholt wurde. Er hob sie hoch, trug sie auf den Armen und setzte sie in die hübsche Kutsche; er fuhr mit ihr in den Park von Boulogne, damit sie zwei Stunden an der frischen Luft war. Dieses Mädchen war anorektisch und starb später an Hunger. Man erzählte, daß sie am Ende ihres Lebens mit Mühe und Not nur zwei oder drei Reiskörner essen konnte, die ihr der Krankenpfleger mühsam zwischen die zusammengepreßten Zähne steckte, damit sie sie hinunterschluckte. Sie wollte nicht mehr essen, seitdem sie mit achtzehn Jahren eine unglückliche Liebe erlebt hatte, und sie ist daran gestorben. Sie war wirklich ein Skelett, das man in den Händen hielt. Es hat mich sehr beeindruckt. Auch sie war sehr nett. Sie lächelte immerzu, dieser Skelettkopf – solange sie noch lächeln konnte. Mich lächelte sie an, dieses kleine Mädchen, das vorbeiging und sie erschrocken anschaute, da es wußte, daß sie ein Skelett war; sie lächelte mich an, dieses rundliche Mädchen, das sehr gern schlank und zierlich gewesen wäre, dabei aber dick wie eine rollende Kugel war. Ich fand bewundernswert, daß jemand so lange hungern konnte, bis er so mager wurde. Aber trozdem wollte ich nicht so werden wie sie! Und ich fand seltsam, daß man so etwas »Verrücktheit« nannte. Denn sie war doch so nett, und ich verstand nicht, daß sie so verrückt war, nicht mehr zu essen, weil sie jemanden so sehr geliebt hatte... Ich verstand es nicht, aber so war es nun einmal. Frau S. sprach mit Mutter von ihr: »Ich mache mir große Sorgen um Alexandra; es geht ihr zur Zeit nicht gut. Sie ist in einer schwierigen Phase.«

Auf der anderen Seite konnte die verrückte Olga manchmal den Lärm nicht ertragen, den wir Kinder veranstalteten. Denn wir waren viele Kinder im fünften Stock, und natürlich stritten wir uns, rannten gegen die Flurwand, liefen hintereinander her... Wenn also Fräulein S. auf uns – oder vielleicht auf sich selbst – ärgerlich war, hörten wir, wie sie im Flur eine Etage tiefer (alle Wohnungen waren identisch gebaut) herumlief. Der Flur hatte sechs oder sieben Türen. Sie schlug alle Türen hintereinander zu: »klapp, klapp, klapp, klapp, klapp«. Und dann kam sie wieder zurück, machte alle Türen wieder auf, und das Zuschlagen ging wieder von vorne los: »klapp,

klapp, klapp, klapp, klapp.« Das tat sie mehrere Male hintereinander, es konnte bis zu einer Stunde dauern. Ich sagte mir: »Es hört sich genauso verrückt an, als wenn der Dackel andauernd hin- und herrennen würde.« Es war tatsächlich vergleichbar. An anderen Tagen, wenn sie auf uns ärgerlich war, nahm sie einen Besen und klopfte gegen die Decke. Mutter sagte zu ihrer Mutter: »Auf die Dauer wird sie doch die Decke beschädigen!« – »Ja, die Decke ist schon beschädigt! Ich muß einen Handwerker kommen lassen, damit er sie repariert. Ich hoffe, daß es Sie nicht zu sehr stört. Wissen Sie, meine armen Kinder sind alle erblich belastet, aber wir wissen nicht, woher das kommt.«

Frau S. hatte außerdem einen gutaussehenden Sohn; er sah so gut aus wie André Breton, dem ich später begegnet bin. Aber im Gegensatz zu Breton, der ein Löwengesicht hatte, besaß er regelmäßige Gesichtszüge. Er war genauso schön wie seine Mutter, beide sahen edel aus. Dieser große, starke junge Mann – er sah jung aus, ich denke, er war so zwischen achtzehn und zwanzig Jahre – wohnte auch in dieser Avenue du Colonel Bonnet, im vierten Stock. Ihm begegnete man immer mit einem angebissenen Apfel in der Hand. Er aß seinen Apfel und drehte sich immerzu um sich selbst, so daß seine Kleider im Wind flatterten. Und wenn wir an ihm vorbeigingen, ohne etwas zu sagen, sagte unsere Hauslehrerin: »Schaut ihn nicht an, Kinder, geht einfach weiter, der ist ein armer Mann! Er hat komische Ideen im Kopf.« Also gingen wir weiter; wir durften nicht stehenbleiben. Einmal hat Frau S. mit uns über ihn gesprochen und erklärt, warum er sich so um sich selbst drehte: »Er ist weder böse noch gefährlich, deshalb darf er auch zu Hause wohnen bleiben. Aber er kostet uns viel Geld, weil er zu den besten Schneidern von Paris geht. Aber nie findet er einen Schneider, der ihm Unterwäsche oder Oberbekleidung nähen kann, die er nicht auf der Haut spürt. Er kann die Berührung eines Kleidungsstückes auf seiner Haut nicht ertragen. Natürlich sind die Kleider, die er sich wünscht, sehr schwer zu finden. Die einzige Möglichkeit für ihn, seine Kleider nicht zu spüren, besteht darin, sehr weitgeschnittene Kleider zu tragen und sich um sich selbst zu drehen. Dann sagt er zu mir: « Mutter, endlich habe ich Glück, Kleider anzuhaben, die meinen Körper nicht berühren.« Mich aber interessierte einfach, diesen Mann zu sehen, der sich wie ein Kreisel drehte, damit die Kleider seinen Körper nicht berühren. Mehr nicht. Sonst habe ich nichts weiter über ihn erfahren. Eines Tages war er verschwunden; wahrscheinlich ist er in eine Heilanstalt in der Provinz eingewiesen worden. Er wirbelte zu viel in Paris herum. Manchmal störte er mit seinem Tanz auf der Straße oder auf dem Bürgersteig. Er lebte eine Wahnvorstellung aus. Das war also der vierte Stock.

Im dritten Stock wohnte ein Herr allein, der einen witzigen Namen hatte: er hieß Quatrebarbes (Vierbart), besaß aber nur ein Kinn, Quatrebarbes! Was mich nachdenklich machte! Aber abgesehen von dieser Besonderheit gibt es über ihn nicht viel zu sagen: er war nett, ein bißchen maniert, ein typischer Pariser eben. Wir wußten nichts von ihm. Wir flüsterten: »Das ist der *Quatrebarbes*!«

Und im zweiten Stock...

Aber Ihre Brüder nannten ihn doch anders...?

Wie nannten sie ihn noch?

Troispoils (Dreihaar)!

Ja, natürlich, sie hatten aus Spaß den Namen geändert! Troispoils, Quatrebarbes... so daß ich dann nicht mehr wußte, ob er nun Quatrebarbes oder Troispoils hieß. Wenn man ihm guten Tag sagen mußte, wußte ich nicht mehr, welchen von beiden Namen ich sagen sollte, ob »Monsieur Quatrebarbes« oder »Monsieur Troispoils«. Meine Brüder lachten sich kaputt, weil sie mir dann sagten, er hieße... Quatrebarbes oder Troispoils! Nach einer Weile schritt allerdings die Hauslehrerin ein: »Hör zu, du sagst ihm «guten Tag, Monsieur» und damit hat's sich! Reden wir nicht mehr darüber!»

Im zweiten Stock wohnte eine verrückte Dame. So nannten wir sie auch, «die verrückte Dame». Sie lebte in einer mystischen Wahnvorstellung. Ihr Wahn äußerte sich bei Vollmond. Wenn wir abends nach Hause kamen, sahen wir sie manchmal an ihrem Fenster stehen; sie war mit weißen Tüchern bekleidet und schrie sehr laut: »Ach, Talit! Ach, Talit!« Man hörte sie schon von Weitem. Allerdings fuhren damals nicht sehr viele Wagen auf der Straße, nur ab und zu eine Droschke. Außerdem war die Straße, in der wir wohnten, ein Privatweg. Damals wußte ich nicht, was es bedeutete. Auf einem Schild stand: »Privatweg«. Der Boden war mit Holz gepflastert. Die Straße hieß noch nicht Avenue du Colonel Bonnet. Sie wurde erst so genannt, nachdem der Colonel Bonnet im Krieg gefallen war. Davor hieß sie Avenue Mercedes[20] und war das Eigentum der Mercedes-Betriebe, die diese Straße, sowie alle Häuser links und rechts von ihr hatten bauen lassen. Wir waren die ersten Bewohner unserer Wohnung. Nur Herr N. war vor uns in das Haus eingezogen. Es war übrigens noch nicht fertig, als meine Eltern diese Wohnung mieteten, in der sie Elektrizität, Gas, fließendes warmes und kaltes Wasser, Zentralheizung – allerdings nicht in den Schlafzimmern – bekamen. Es war seltsam, die Schlafzimmer waren eisigkalt, denn es wurde nur in den Wohnräumen geheizt! Während die Wohnung in der Rue Gustave-Zédé, die wir verlassen hatten, nur Gasbeleuchtung in den Wohnräumen und Kerzen in den Schlafzimmern hatte. Es gab keine Gasheizung. Wir heizten mit Kohleöfen. Wir hatten auch kein Badezimmer; wir wuschen uns in einem Zuber in der Küche. Wir hatten die Wohnung gewechselt, um den »modernen Komfort« – wie wir sagten – zu haben. Aber in diesem Haus mit »modernem Komfort« trafen wir alle Verrückten der Welt!

Die Dame, die bei Vollmond an mystischen Wahnvorstellungen litt, wohnte also im zweiten Stock. Sie ging jeden Morgen in die Kirche, ich weiß nicht mehr um wieviel Uhr; aber wenn wir morgens in die Schule oder etwas besorgen gingen, trafen wir Frau von G., die gerade von der Kirche der »Sainte Table« zurückkam, in der Rue de L'Annonciation. Sie lief ganz gerade und steif, wie eine Karikatur, als ob sie gerade vom Abendmahl zurückkäme und sich in der Kirche wieder auf ihren Platz setzen wollte. So lief sie den ganzen Weg von der Kirche nach Hause. Sie war eine Exhibitionistin der Religion. Als der Krieg ausbrach, wurde unser Keller als Bunker für das Wohnviertel benutzt. Erst dann merkte ich den Widerspruch zwischen dem Respekt, den ich für die Frömmigkeit dieser Dame empfand – obwohl ich komisch fand, daß man zum

Mond betete – und der Entdeckung, daß sie eine blöde Kuh war, die ihr Dienstmädchen verhungern ließ; das Dienstmädchen, das bei den Bombenangriffen auch mit uns im Keller war, hatte es nämlich herumerzählt. Da diese Dame reich war, besaß sie einen heizbaren Tisch – in Wirklichkeit einen Gartentisch, unter dem eine Spirituslampe brannte. Wie jemand, der seine Gänse zusammenruft, rief sie: »Kommt her, Kinder! Kommt zu dem heißen Tisch, um zu beten, es wird euch nicht so kalt sein!« Wir sagten uns: Warum eigentlich nicht? Und stellten uns neben den heißen Tisch. Aber man mußte bei der Dame immer achtgeben, weil sie, sobald ein Geräusch zu hören war und eine Bombe abgeworfen wurde, alle Leute aufforderte, aufzustehen und für die armen Seelen, die vor dem Jüngsten Gericht erscheinen würden, zu beten. Manche fuhren zur Hölle, und für die mußten wir weiß ich nicht wieviele »Ave Maria« beten. Für diejenigen, die ins Fegefeuer kamen, mußte man auch beten. Sie teilte die Leute, die vor Gott erscheinen würden, in verschiedene Gruppen ein, und für jede Kategorie mußten wir verschiedene Gebete sagen. Und das alles nur, weil wir die große Bertha gehört hatten! Währenddessen lachte sich das Dienstmädchen ins Fäustchen und erzählte, daß es täglich nur eine Kartoffel mit Milch und zwei Zuckerstückchen bekam; daß alles bei der Dame abgeschlossen war; daß sie bei ihr fast verhungern würde und nur bei ihr bliebe, weil die Familie ihrer Arbeitgeberin sehr nett wäre und ihr ein bißchen Geld gäbe; und daß sie damit Nahrungsmittel kaufen müßte, weil Frau von G. sich weigerte, ihr mehr Essen zu geben. Ich dachte: »Daß es Leute gibt, die so fromm und gleichzeitig so gemein sein können, ist wirklich komisch!« Und unsere Hauslehrerin, der ich viele Fragen stellte, hatte mir geantwortet: »Weißt du, sie ist nicht wirklich fromm. Sie lebt einen mystischen Wahn aus. Sie glaubt, daß sie Gott liebt, aber im Grunde handelt es sich um Vorstellungen in ihrem Kopf. Wenn man Gott liebt, ist man auch gut zu seinen Mitmenschen. Aber sie ist nicht lieb zu den Menschen, sondern sie betet nur für die armen Seelen im Fegefeuer oder in der Hölle. Diese Gebete schaden zwar niemandem, aber das Problem bei ihr ist die Art, wie sie die Lebenden behandelt.« All diese Erklärungen machten mich nachdenklich. Daß jemand auf der einen Seite ein Verhalten an den Tag legt, das man für vorbildlich halten könnte, aber auf der anderen Seite völlig in Widerspruch zu den geistigen Werten lebt, die er nach außen zeigt. Das war also die Verrücktheit, nämlich dieser Widerspruch, der mir schon bei Guy de Maupassant so aufgefallen war, der wunderschöne Dinge schrieb... Mutter sagte damals: »Du bist vielleicht noch ein bißchen zu jung, um Maupassant zu lesen.« Worauf mein Vater antwortete: »Aber nein! Es ist allemal besser, gute Literatur zu lesen. Entweder versteht man sie, was bedeutet, daß man alt genug ist, sie zu lesen; oder man versteht sie nicht, was bedeutet, daß man eben nicht alt genug dafür war.« Mein Vater hatte vollkommen recht. Meine Eltern haben übrigens niemals meine Lektüre eingeschränkt, nie. So kam es, daß ich Guy de Maupassant las, weil sie die Werke Maupassants in ihrer Bibliothek hatten. Ich hörte von ihm, daß er verrückt wäre, und wußte nicht, daß er eigentlich nicht mehr aktuell war; denn für meine Begriffe war er sehr aktuell!

3
Das Familienleben

Wie alt waren Sie, als Sie in jenes Wohnhaus einzogen?

Ich war fast fünf Jahre alt, wir sind im September 1913 dort eingezogen. Im November wurde ich fünf. Philippe, der Bruder, der
nach mir kam, ist im März 1913 geboren. Er war das letzte Kind,
das in der vorigen Wohnung geboren wurde.

Sie sind auch in der vorigen Wohnung geboren?

Ja, Rue Gustave-Zédé 18. Es war eine Hausgeburt mit einer Hebamme, die Frau P. hieß. Sie war eine tüchtige Frau, die bei der
Geburt von allen Kindern – bis auf Philippe – bei Mutter gewesen
ist. Bei Philippe war damals schon Mode, den gutsituierten Damen
zu empfehlen, bei einem Geburtshelfer ihr Kind zur Welt zu bringen. Aber Mutter hat Philippe trotzdem zu Hause bekommen. Da
sie bei dieser Geburt, wie man erzählte, etwas »zerrissen« wurde,
ging sie für André dann doch zu einem Geburtshelfer. Es war das
erste Mal, daß Mutter für eine Geburt das Haus verließ, um zu
einem Herrn zu gehen, der eine für diesen Zweck eingerichtete
Wohnung besaß.

Aber solange sie ihre Kinder zu Hause auf die Welt brachte, war
alles vorhanden, was für die Arbeit der Hebamme notwendig war,
insbesondere die Kaffeekanne.

Damit sie wachblieb?

Wahrscheinlich...

Denn es konnte ja lange dauern; also brauchte man zuerst eine Kaffeekanne als Hilfsmittel?

Ja. Zu Hause war die Kaffeekanne von P. heilig. Wenn keine Geburt stattfand, benutzte man sie nicht, sie stand im Küchenschrank herum. Sie war die Kaffeekanne der Hebamme und wurde für sie aufbewahrt, »wenn sie zurückkommt«. Solche Erinnerungen sind wie Kurzfilme…

Und bilden den Rahmen, in dem Sie Ihre Kindheit gelebt haben, Realität und Sprache gleichzeitig.

Ja, das stimmt.

Damals waren Sie also fast fünf Jahre alt, und ich würde sagen, daß das Bühnenbild schon perfekt war. Sie waren konfrontiert mit der Verrücktheit in Ihrer Beziehung zum anderen, worüber Sie vorhin sprachen, dann mit der Verrücktheit, die auf der sozialen Ebene überall vorhanden war: in dem Haus, in dem Sie wohnten, in der Klinik von Dr. Blanche dem Haus gegenüber, in den Verhältnissen nach dem Ausbruch des Krieges; und das war genau zu der Zeit, als Sie »mindestens drei Tage« »schizoid« waren, um mit den Begriffen zu sprechen, die Sie in »Enfances« benutzen.

Ja, aber das war etwas früher. Wir wohnten noch in der Rue Gustave-Zédé. Es war zu der Zeit, als wir jeden Tag über die Eisenbahnbrücke zum Bois de Boulogne gingen. Diese Episode fand ungefähr zwei oder drei Monate nach dem Tod meines Großvaters mütterlicherseits statt, der scheinbar keine Spuren bei mir hinterlassen hatte. Aber wenn ich darüber jetzt nachdenke, glaube ich, daß der Tod meines Großvaters im Grunde die dringende Frage: »Was geschieht nach dem Tod?« in mir ausgelöst hatte. Diese Frage drängte sich mir täglich auf, mindestens einmal am Tag. Wir gingen am Tag zweimal zum Ranelagh hin und zurück. Die Rue Gustave-Zédé führte zur Rue du Ranelagh; wir überquerten die Avenue Mozart und am Ende war die Eisenbahnbrücke, die über die kleine

Eisenbahnlinie führte, wo ständig Dampflokomotiven vorbeifuhren. Damals gab es nicht so viele Taxis und Busse wie heute. Die kleine Eisenbahnlinie war aber sehr befahren. Fast jeden Tag, mindestens einmal von den vier Malen, die wir über die Brücke liefen, wurden wir von dem Rauch eines Zuges eingenebelt. Und wenn kein Zug vorbeifuhr, warteten wir eine Weile, da die Züge alle zehn Minuten kamen. Wir konnten uns zum Beispiel beim Schuster aufhalten und ihm Schuhe vorbeibringen, die repariert werden mußten; sein kleines Geschäft befand sich unter der Eisenbahnbrücke.[21] Es war ganz lustig. So erlebten wir jeden Tag diese Rauchwolke, die uns die Möglichkeit gab, mitten im Himmel zu sein und von anderen Orten zu träumen.

Man hatte Ihnen wahrscheinlich gesagt, daß Ihr Großvater in den Himmel gekommen war...

Ja, wahrscheinlich! Ich kann mich aber nicht daran erinnern.

Und wollten Sie vielleicht in dieser Wolke den Großvater wiedersehen?

Eben nicht! Das war ja gerade das Schlimme! Im Grunde wollte ich ihn gar nicht wiedersehen. Er war jemand, der ziemlich weit weg von mir war. Für mich war er wie die Großeltern in dem »Blauen Vogel«.[22] Ich sah ihn jeden Tag in seinem Garten sitzen – meistens damit beschäftigt, eine Partie »Dame« zu spielen – denn wir gingen jeden Tag bei ihm vorbei, um ihm guten Tag zu sagen. Dieser alte Mann war zwar ganz nett, aber er kümmerte sich nicht so sehr um uns Kinder. An Festtagen schenkte er jedem von uns einen Goldtaler, eine kleine Zehnfrancs-Münze aus Gold. Das war eben sein Festtagsgeschenk. Vielleicht bekamen wir es zu unserem Geburtstag- oder war es zu seinem? Ich weiß es nicht mehr. Aber das ist das Bild, das ich von diesem Großvater in Erinnerung behalten habe, daß er aus der kleinen Tasche seiner Weste ein kleines Zehnfrancs-Stück herausholte: »Hier Françoise, das ist für dich, zu deinem Geburtstag! Bewahre es gut auf.« Ich hatte kein persönliches Verhältnis zu ihm; er war zu alt und etwas bewegungsunfähig. Meine

Mutter liebte ihren Vater sehr, sie trauerte um ihn, als sie mit Philippe schwanger war.

Als wir also in der neuen Wohnung lebten, gingen wir zwangsläufig weniger über die Eisenbahnbrücke, da wir nun viel weiter weg von ihr wohnten. Da sich aber unser »cours« in der Rue du Ranelagh 119 neben der Eisenbahnbrücke befand – meine Schwester ging dreimal in der Woche zum »cours« und ich begleitete sie –, gingen wir dort spazieren, allerding nur einmal am Tag. Wir liefen also nicht mehr – wie früher – viermal am Tag über die Brücke. Wenn wir über La Muette zurückkamen, gar nicht, denn dann brauchten wir nicht über die Brücke zu laufen. Wir gingen sehr viel zu Fuß, weil Mutter darauf achtete, daß wir an der frischen Luft spazieren gingen. In der Familie mußte man morgens und abends an der frischen Luft sein. Das war heilig. Vielleicht gehe ich deshalb nicht mehr an die frische Luft. Ich bekomme ja frische Luft auf eine andere Art.[23] Zu dieser Zeit also, als mein Großvater starb und Philippe bald auf die Welt kommen sollte, stellte ich mir Fragen über die Welt, in der die Unsichtbaren leben. Ich sagte mir: »Ich muß unbedingt die Frage stellen! Ich darf nicht vergessen, die Frage zu stellen!« Und eines Tages habe ich es tatsächlich nicht vergessen. Und an jenem Tag merkte ich, daß mir »Fräulein« nicht richtig antworten konnte, obwohl sie sehr ehrlich war. Sie hat mir gesagt: »Du weißt es doch! Man sagt, daß die Toten begraben werden, aber nur der Körper wird begraben; von der Seele sagt man, daß sie in den Himmel kommt, manchmal aber auch ins Fegefeuer, wenn der Mensch auf der Erde nicht gut gewesen ist.« Ich sagte:»Man sagt! Aber man weiß es nicht! Niemand ist zurückgekehrt, um es uns zu sagen!« Sie war sehr unsicher: »Ja, man sagt es. Die Religion sagt es.« Und ich: »Aber wenn die Religion etwas anderes sagen würde, würde man auch etwas anderes sagen!« Und sie: »Ja. Aber man sagt eben das.« Da habe ich sie gefragt: »Wie können die Leute leben, wenn sie nicht wissen, wohin sie gehen – und das noch lustig und gut finden?« Ich war völlig niedergeschlagen. Und in diesem »schizoiden« Zustand – wie ich es einmal formuliert habe – bin ich nach Hause zurückgekehrt. Ich stellte mich in meinem Zimmer vor das große Fenster – es war wegen der Kälte mit einer Wolldecke abgedichtet, denn an kalten Wintertagen froren wir sehr, da die

Schlafzimmer keine Heizung hatten – und beobachtete die Leute, die auf der Straße liefen. Ich sagte mir: »Aber diese Person da, sie weiß nicht, was es danach gibt! Sie rennt: wohin rennt sie? Sie wird sterben, wie kann sie froh sein? Sie weiß nicht, wohin sie geht. Und dieser Mensch da, der weiß auch nicht, wohin er geht!« Dann habe ich mich ins Bett gelegt und bin eingeschlafen. Zwei Tage dauerte dieser Zustand an. Am dritten Tag war es immer noch nicht vorbei, aber dann habe ich mir gesagt: »Ich bin genauso dumm, wie die Erwachsenen!«

Ab diesem Moment habe ich wirklich so gefühlt, ebenso dumm zu sein, wie die Erwachsenen. Ich sagte mir: »Es ist so komisch zu leben, wenn man nicht weiß, was danach kommt!« Das war übrigens der Hintergrund dafür, warum mein Schutzengel plötzlich eine so wichtige Rolle für mich gespielt hat; denn er war in der Rue Gustave-Zédé nicht so wichtig gewesen. Der Schutzengel und der Heilige Franz von Assisi waren für mich deshalb wichtig, weil ich, als ich sieben Jahre alt wurde, mein Gitterbettchen, das ich in der Rue Gustave-Zédé hatte, verlassen mußte. Meine Mutter schenkte mir zum siebten Geburtstag ein schlichtes geflochtenes Bett im Stil Ludwig XVI – aber kein antikes Stück. Das gleiche Bett hatte auch meine Schwester; beide Betten standen im Zimmer der Mädchen. Es waren sozusagen Zwillingsbetten. Das war die Zeit, als ich erfuhr, daß meine Mutter mir als Schutzheiligen nicht die heilige Françoise, sondern den Heiligen Franz von Assisi gegeben hatte.

Sie war ärgerlich, wenn Leute mir zur Heiligen Françoise gratulierten! Sie nahm ihre Geschenke nicht an und sagte: »Aber nein, es ist nicht Ihr Namenstag! Sie heißt Françoise, weil ich ihr als Schutzheiligen Saint François d'Assises und nicht die Heilige Françoise geben wollte! Der Heilige François d'Assises war Schismatiker, die heilige Françoise interessiert mich überhaupt nicht!« Der Heilige François d'Assises ist ein Heiliger, der von der evangelischen Kirche anerkannt wird.[24]

Vielleicht war es auch eine Art auszudrücken, daß sie Sie als Tochter nicht akzeptierte. Auf jeden Fall hat sie Sie ins Maskulin gesetzt.

Vielleicht. Auch meine Schwester hat sie wegen des Heiligen Jacques Jacqueline genannt. Alle meine Brüder haben Namen von Jüngern bekommen. Das ist eine evangelische Tradition. Ja, wahrscheinlich haben männliche Menschen bei Gott mehr Erfolg als Frauen. Mutter war sehr frauenfeindlich, die Frauen zählten wenig für sie; sie war selbst sehr unterwürfig.

Besagt das etwas über ihr eigenes Verhältnis zum Weiblichen?

Sicher, sicher. Für sie waren Frauen zu nichts anderem nütze, als den Männern zu dienen. Und es war schon wunderbar genug, die Ehre zu haben, die Kinder der Männer erziehen zu dürfen. Sie ist von Ihrem Vater in diesem Sinne erzogen worden. Nichtsdestotrotz führte sie ein für die damalige Zeit recht modernes Leben, da sie für ihren Vater als Sekretärin arbeitete und ihn auf allen Reisen ins Ausland begleitete. Und da es damals keine Schreibmaschine gab, schrieb sie alles mit der Hand auf. Alle Geschäftspapiere meines Großvaters waren mit der Handschrift meiner Mutter redigiert. Für diese Leistung durfte sie schon ab achtzehn Jahren phantastische Reisen machen, um ihren Vater zu begleiten.

Und so kam es, daß sie meinen Vater kennengelernt hat – sie hat zuerst seine Stimme gekannt, da sie hinter einer Trennwand arbeitete, von der aus sie die Gespräche aufzeichnete, ohne die Leute zu sehen oder selbst gesehen zu werden. Und eines Tages war mein Vater da, und erstattete meinem Großvater einen Bericht über seine Fabrik. Mein Großvater hat ihn dann gleich nach Beendigung seines Studiums an der Ecole polytechnique als Ingenieur in der Fabrik von Montbard in der Bourgogne eingestellt.

Einmal ging mein Großvater zu der Fabrik, um an der Hochzeit der Tochter des Fabrikdirektors teilzunehmen. In dem Hotelzimmer, in dem er immer zu wohnen pflegte, wenn er einmal in der Woche zu seiner Fabrik fuhr, hatte er an jenem Abend einen Unfall: der Kleiderschrank ist auf ihn gekippt und Großvater hat sich dabei ein Bein gebrochen. Mein Vater hat sich sofort um ihn gekümmert und sein Bein mit Schienen ruhiggestellt. Da in dem Dorf eine wichtige Hochzeitsfeier stattfand – stellen Sie sich vor, die Tochter des Direktors der kleinen Fabrik heiratet! – wollte man keine Umstände haben, denn alle Leute waren im Hochzeitsfieber gefangen. Nur mein Vater widmete sich dem Direktor aus Paris: er kümmerte sich um ihn, begleitete ihn im Zug nach Paris, brachte ihn nach Hause zu meiner Großmutter und versprach ihm, jede Woche vorbeizukommen, um ihm von der Fabrik zu berichten, da er nicht mehr kommen konnte. Die ganze Zeit also, als mein Großvater wegen seines Beinbruchs unbeweglich war, kam mein Vater regelmäßig vorbei, um von der Fabrik zu berichten. Und meine Mutter – Suzanne – saß hinter ihrer Trennwand, um alles aufzuschreiben, was der Ingenieur erzählte.

Eines Tages lud mein Großvater den jungen Ingenieur zum Abendessen ein. So kam es, daß die beiden sich kennenlernten. Mein Großvater hat seine Tochter überredet, meinen Vater zu heiraten, denn sie war eigentlich in einen anderen jungen Mann verliebt, einen originellen Typ, der Musiker war – Mutter war auch eine große Musikliebhaberin –, aus dem aber nichts geworden ist, wie man so schön sagt. Er war schlau, ein Künstler, aber er hat es im Leben zu nichts gebracht. Meine Mutter war evangelisch, wie ihr Vater, so daß sie gern einen blonden Protestanten mit blauen Augen geheiratet hätte: mein Vater war ein braunhaariger Katholik mit braunen Augen. Mein Großvater hat schließlich das letzte Wort gehabt, indem er sagte: »Dieser Junge wird es nie zu etwas Gescheitem im Leben bringen! Du wirst diesen Taugenichts nicht heiraten! Du wirst Henri Marette heiraten, der sieht gut aus. Und du wirst es nicht bedauern, denn solche Männer findest du selten...« Das stimmte übrigens, denn mein Vater, den Sie dort auf dem Bild[25] sehen, sah sehr gut aus. Er war 1,84 Meter groß, und meine Mutter 1,50 .

Und tatsächlich sind sie bis zum Tod meiner Schwester zusammen sehr glücklich gewesen. Aber dann hatten sie eine völlig verschiedene Art, diesen schmerzlichen Verlust zu verarbeiten. Es war furchtbar. Er konnte nicht anders, als immer wieder von seiner Tochter zu sprechen. Alles veranlaßte ihn, von ihr und den guten Erinnerungen aus der Zeit, als sie noch jung waren, zu erzählen. Während sie es nicht aushielt, den Namen ihrer Tochter zu hören: sie brüllte los wie eine verletzte Löwin. Es war fürchterlich. In solchen Momenten nahm sie alles, was ihr durch die Finger kam, und schleuderte es durch die Gegend: Teller, Schüsseln, alles mögliche; oder sie schmiß einen Stuhl auf das Fenster und ging weg, die Tür hinter sich zuknallend, wie das verrückte Mädchen, das unter uns wohnte. Wir mußten zuschauen, wie unsere Mutter völlig ausrastete, nur weil mein Vater am Tisch gewagt hatte zu sagen: »Weißt du noch, wir waren mit Jacqueline…« Es war fürchterlich. Und er war anschließend immer sehr unglücklich darüber, aus Versehen ihren Namen ausgesprochen zu haben. Für ihn war es entspannend, an seine Tochter zu denken, während sie diese idealisiert hatte. Überall im Haus war ihr Photo zu sehen, mit brennenden Kerzen davor. Sie wollte ihre Tochter durch Tischerücken zum Sprechen bringen; sie nahm an Sitzungen von Richet und der parapsychologischen Gesellschaft teil, für die sich Charcot auch ein bißchen interessiert hatte. Ich weiß nicht, ob diese Gesellschaft für Parapsychologie noch existiert[26]… Mein Vater jedenfalls lebte von den glücklichen Erinnerungen. Es ist seltsam, wie verschieden zwei Menschen mit ihrem Leiden umgehen… Mein Vater fand auf seine Art und Weise schon irgendwelche Kompensationen seines Leidens. Für ihn ging das Leben weiter.

Meiner Mutter dagegen, die bis dahin jeden Tag nach dem Mittag- oder Abendessen mit ihm Schach gespielt hatte, war nicht mehr danach zu spielen. Sie sagte mir: »Du solltest mit deinem Vater spielen; er mag ganz gern nach dem Essen eine Partie Schach spielen:« Ich antwortete ihr: »Aber weißt du, ich kann es doch gar nicht!« – »Du wirst sehen, er wird es dir schon beibringen, damit du besser spielen kannst.« Und ich habe es tatsächlich mit ihm gelernt, allerdings machte ich während des Spiels meine Lateinübersetzungen. Er konzentrierte sich unglaublich auf das Spiel, das manchmal drei Stunden dauerte! Ich brauchte nur vier oder fünf Minuten für einen Zug , das reichte mir völlig! Merkwürdigerweise merkte er überhaupt nicht, daß ich nebenbei meine Hausaufgaben machte oder ein Buch las. Er war in seinen Überlegungen so absorbiert, daß er nicht sah, was ich tat. Wenn er fertig gespielt hatte, sagte er zu mir: »Jetzt bist du dran!« Ich unterbrach meine Lektüre, überlegte kurz, machte meinen Zug und wußte dann, daß ich für eine halbe Stunde meine Ruhe hatte. Es war wirklich witzig! Er spielte auch in einem Kreis ehemaliger Schüler der Ecole polytechnique, der sich einmal in der Woche traf. Mutter sagte damals, in der fröhlichen Zeit ihrer Ehe: »Ich kann mir gut vorstellen, daß Frau Sowieso die Besitzerin Eures Restaurants ist…« Man hatte nämlich zusammen ein Restaurant gepachtet , das »Le Fin Bec« (Zum Feinschmecker) hieß. Etwa zwanzig ehemalige Schüler der Ecole Polytechnique seines Jahrgangs hatten sich zusammengetan, um dieses Restaurant zu subventionieren, das sehr gut war; es befand sich hinter der rue de Miromesnil. Der Tag, an dem mein Vater zum »Fin Bec« ging, hieß »le jour des cocons« (der Tag der Kokons). Und dieser »jour des cocons« war für ihn heilig. Dieser Tag hieß so, weil es der Tag war, an dem sie angeblich ihre Frauen betrügen würden. Aber ich glaube nicht, daß es bei meinem Vater der Fall war. Meine Mutter war übrigens sicher, daß er ihr treu war. Vielleicht war es bei einem oder zwei Herren unter ihnen der Fall…? Auf jeden Fall war die kindliche bzw. pubertäre Art meines Vaters sehr lustig, wenn er dahin ging. Er kam immer sehr fröhlich von den »cocons« zurück und erzählte – es war immer wieder derselbe Satz: » G. hat sich heute abend wieder übertroffen!« – »Ach, erzähl mal, was war denn los?« sagte meine Mutter. – »Weißt du nicht? Er hat Scheiße gesagt, aber auf eine Art, die ich bisher noch nie gehört hatte!« Und er lachte, während er seine Geschichten von den »cocons« erzählte, die alle Schüler der Ecole polytechnique so erheitert hatten! Ich verstand kein Wort von diesen Geschichten, die ihn dermaßen zum Lachen brachten- er verhielt sich wie ein Jugendlicher, der über etwas lacht, das er nicht versteht. Solche Jugendliche schlagen sich aufs Bein, kichern herum, sie hauen dem anderen auf die Schulter: »Du bist wirklich toll!« So war es auch bei den »cocons« von Vater. Und dann kam er auch mit den neuesten Nachrichten über Politik und Wirtschaft nach Hause: über das Industrie- und Stahlkartell, über die politische und wirtschaftliche Organisation der Welt, die sich gleich nach dem Krieg entwickelte, usw.

Sie verstanden das Ganze zwar nicht, aber sie interessierten sich vermutlich dafür.

Ich verstand nicht viel davon, aber ich wollte wissen, was meinen Vater im Leben interessierte.

Haben Sie sich in Ihrem Leben überhaupt für Politik interessiert?

Als ich noch ein Kind oder eine Jugendliche war, war es schwierig, da ich nur Streitereien hörte, wenn man über Politik redete. Ich wußte nie, welche Meinung ich vertreten sollte: meine Mutter war Royalistin, was mein Vater sehr komisch fand. Sie war für Léon Daudet und Maurras; mein Vater war, glaube ich, Konservativ-Zentrumanhänger. Aber seine Lieblingsschwester, eine Blonde mit blauen Augen, war mit einem Künstler verheiratet, einem Graveur. Und immer, wenn sie bei uns zu Besuch waren – sie kamen zweimal in der Woche – gab es politischen Streit: mal mit der politischen Meinung meiner Mutter, mal mit der meines Vaters.

Es ging um die Politik von Maurras und Jaurès...

Genau! Hinzukamen noch Politiker, die nach dem ersten Weltkrieg in aller Munde waren und die Mutter nicht ausstehen konnte – sie diskutierte leidenschaftlich und echauffierte sich schnell. Einmal hätte sie beinahe ihren Schwager hinausgeworfen! »Beruhige dich, beruhige dich, Suzanne...!« sagte Vater. »Es sind doch nur Wörter, wir diskutieren ja nur.«
So also stellte sich für mich Politik dar.

Und das hat sich bis heute nicht geändert?

Nein. Es hat sich nicht geändert.

Sie hatten doch einen Bruder, der politisch tätig war.

Ja, sicher. Er war das letzte Kind. Er war mit sechsunddreißig Jahren Senator, nachdem er mit zwanzig de Gaulle gefolgt war. Er war Schüler von Schumpeter, einem sehr berühmten Wirtschaftsexperten, dessen treuer Anhänger er gewesen ist. Damals dachte er daran, Finanzinspektor zu werden. Dann brach der Krieg aus, und er folgte de Gaulle. Ab diesem Zeitpunkt hatte sich sein politisches Schicksal bereits angebahnt. Während des Krieges hat er dem französischen und dem englischen Netz der Résistance große Dienste erwiesen, u. a. auf Grund seiner guten Deutschkenntnisse[27].

Er konnte perfekt Deutsch?

Er sprach wie ein Deutscher! Das hat er übrigens mir zu verdanken. Als mein Bruder auf die Welt kam, war ich vierzehn. Meine Mutter war völlig verzweifelt, daß sie keine blonde Tochter mit blauen Augen, sondern einen schwarzhaarigen Sohn mit braunen Augen bekam; sie warf das Handtuch und sagte: »Ich bin zu alt!« Meine schwester Jacqueline war fast auf den Tag zwei Jahre davor gestorben. Meine Mutter wäre damals beinahe an »Gehirnfieber« – um den Ausdruck von damals zu gebrauchen –, gestorben, das sie in den Wochen nach Jacquelines Tod in der Auvergne bekam. Mein Vater wurde von einem Arzt, den Jean endlich gefunden hatte, nachdem er Kilometer mit dem Fahrrad herumgefahren war, alarmiert. Zunächst wollte er Mutter nicht besuchen. Dieser ehemaliger Assistenzarzt der Pariser Krankenhäuser, der sich gerade in der Auvergne niedergelassen hatte, hatte aber Mitleid mit dem vierzehnjährigen Jungen, der für seine Mutter einen Arzt suchte, da der Arzt des Dorfes, in dem wir uns aufhielten, nicht in der Lage war, sie zu behandeln. Er ließ sich also den Fall erklären: sie hatte 40° Fieber und delirierte. Wenn sie einen von uns sah, nannte sie ihn »Schlange« oder »Viper«. Wir waren also für sie wie Vipern. Sie erkannte uns, ihre Kinder, nicht mehr; der Schmerz ließ sie wahnsinnig werden, weil sie nicht mehr dort war, wo meine Schwester gelebt hatte. Das war aber gerade der Grund, warum wir von Paris in die Auvergne gefahren waren. Schließlich also kam der junge Arzt – und blieb vierundzwanzig Stunden bei ihr. Er ließ sie keine Minute allein; wir verdanken ihm sehr viel. Er rief meinen Vater an und sagte ihm: »Mein Herr, Sie müssen sofort kommen! Sie können keinen halben Tag länger Ihre Frau in diesem Zustand allein lassen. Sie müssen unbedingt kommen.« Mein Vater kam sofort. Er zog sich mit dem Arzt in ein Zimmer zurück, in dem sie das Essen serviert bekamen, um mit ihm über die Situation zu sprechen. Da Mutter immer noch im Fieberwahn lag, sagte der Arzt: »Ich kümmere mich seit achtundvierzig Stunden um Ihre Frau, ich denke, daß sie bald wieder gesund sein wird. Sie werden dann mit ihr nach Paris zurückfahren, die Kinder lassen Sie hier in Vic-sur-Cère mit der Hauslehrerin bis zum Ende der Ferien. Sie werden sich um Ihre Frau kümmern, und ich denke, daß sie sobald wie möglich ein anderes Kind bekommen muß. Nur eine neue Geburt wird sie retten können.« Mein Vater antwortete : »Also gut! Aber es kann ein Junge werden.« – »Das macht nichts, Ihre Frau ist pflichtbe-wußt, sie wird ihre Pflicht tun, und die Pflicht wird sie retten.« Und das hat gestimmt, sie konnte ihre Wahnvorstellung dadurch über-winden, daß die Tochter in ihr wiedergeboren werden würde. Mein Vater hat also diesen Sohn nicht gewollt, er hat ihn aus Pflichtgefühl gezeugt, um seiner Frau zu helfen, wieder gesund zu werden. Mut-ter hat ab diesem Zeitpunkt wie eine alte Frau in Trauer gelebt. Nur nach und nach fand sie zum Leben zurück, wobei ihr ältester Sohn, der damals in Saint-Cyr war, eine wichtige Rolle für sie spielte. Sie hat Jacques, ihr letztes Kind, geboren, während Pierre, der älteste von uns, sie damit ehrte, die Prüfung der Ecole de Saint-Cyr be-standen zu haben. Und mit Pierre und dem Baby ging sie sonntags spazieren. Mein Vater blieb zu Hause und legte Patiencen. Wir haben übrigens noch Bilder von meiner Mutter mit ihrem ältesten Sohn und dem Baby, die sie so kommentiert hatte: »das junge Ehepaar«. Das Baby nannte Pierre »Père« (Vater). »Père« war das erste Wort, das es sprach, und es sagte es für »Pierre«. Als Baby hat Jacques nie »Mama« gesagt, sondern »Dadla«. »Dadla«, das war ich, man nannte mich »Vava« zu Hause. Ich war also für ihn »Dad-la« und Pierre war »Père«; wir waren seine zwei Bezugspersonen. Er mochte Mutter ganz gern, aber sie war nicht seine Mutter im eigentlichen Sinne. Sie hatte ihn achtzehn Monate gestillt, während sie uns nur ein Jahr gestillt hatte. Sie sagte zu ihrem Arzt: »Lassen Sie mir doch die Freude, ihn so lange wie möglich zu stillen, denn er ist mein letztes Kind.« – »Wie Sie wollen, gnädige Frau! Warum auch nicht?«, hatte ihr der Arzt geantwortet. Jacques wurde also achtzehn Monate an der Brust ernährt, war aber auf der anderen Seite ein sehr selbstständiges, intelligentes Kind. Bis auf seine Er-nährung kümmerte ich mich um alles, was ihn betraf. Ich hatte ihn immer in meinem Zimmer und ich erinnere mich, daß ich ihn in den Schlaf wiegte, während ich meine Lateinübersetzungen, und ein

Jahr später meine Philosophie-Hausaufgaben machte. Ich war voller Bewunderung für die Intelligenz eines Kindes.

Gleichzeitig war es das erste Mal, daß Sie konkret »Erziehungsärztin« waren.

Richtig! Aber keine Ärztin, sondern große Schwester. Komischerweise hatte ich ihm gegenüber überhaupt keine mütterlichen Gefühle. Ich fühlte mich wirklich wie seine große Schwester.

Während er Sie für seine Mutter hielt.

Nein, er erlebte mich als seine Bezugsperson. Bald stellte meine Mutter die Hauslehrerin wieder ein, die sich auch um uns gekümmert und Philippe, André und mir das Lesen beigebracht hatte, bevor wir in die Schule kamen. Sie ist auch die Hauslehrerin meiner Mutter gewesen, als diese jung war!
Sie kam zu meinen Großeltern, um sich um die Schwester meiner Mutter zu kümmern, die acht Jahre jünger war, als diese. Sie war »Fräulein«, das wir später »Mémé« nannten; sie hieß Elisabeth W. und gehörte sozusagen zu der Familie, ein bißchen wie eine Tante. Sie war eine sehr intelligente Frau, die an der Luxemburgischen Berufsschule ausgebildet worden war. An dieser Berufsschule wurden freie Lehrerinnen ausgebildet, die sich für die Fröbelmethode begeisterten . Die Fröbelmethode – eine deutsche Methode – war die erste pädagogische Methode, die in Europa angewandt wurde[28]. Dank dieser Ausbildung hat unsere Hauslehrerin uns eine sehr intelligente Erziehung gegeben. Sie kam zum ersten Mal im Sommer 1911 zu uns, um Mutter zu helfen. Denn in jenem Sommer, den wir wie jedes Jahr in Deauville verbrachten, war Mutter etwas erschöpft. Außerdem wollte sie in Paris bleiben, weil ihr Vater sehr krank war. Mémé – oder damals Fräulein – ist also mit uns nach Deauville gefahren.
In dem Kapitel von »Enfances«, in dem ich erzähle, wie ich lesen gelernt habe, erwähne ich, daß Fräulein meiner kleinen Person immer viel Aufmerksamkeit schenkte. Es war das erste Mal, daß sich jemand für mich interessierte. Ich habe es sofort gemerkt und

war ihr immer sehr dankbar dafür. »Fräulein« war eine furchtbar
lustige Person! So sagte sie, wenn wir zum Strand gingen: » Los!
Los! Wir sind nicht da, um uns zu amüsieren!« Ich fragte mich
übrigens, warum wir zum Strand gingen, wenn nicht, um uns zu
amüsieren? Wir waren wahrscheinlich da, um Löcher zu buddeln.
Warum auch nicht? Sie saß unter dem Sonnenschirm und war immer mit irgend etwas beschäftigt – mit einer kleinen Stickerei, einer
Strick- oder Stopfarbeit, während sie auf uns aufpaßte. Sie merkte,
daß ich ihr gern dabei zuschaute, und daß ich auch gern die Wellen
beobachtete; sie nannte diese Art von mir, da zu sein und zuzu-
schauen, »herumtrödeln«. So war ich aber immer, als sie zu uns
kam. Eines Tages fragte sie mich: »Interessierst du dich dafür?« Ich
antwortete: »Ja, ich finde das interessant, diese Nadel, die die Wolle
nimmt und etwas daraus macht.« – »Ich habe an dich gedacht und
dir diese kleine Arbeit vorbereitet!« Sie hatte extra für mich eine
Strickarbeit begonnen, um mir das Stricken beizubringen. Ich war
ganz glückklich! Als kleines Kind schon war ich mit den Händen
sehr geschickt. Ich habe also meine erste Strickarbeit gemacht: es
war eine Decke für meine Puppe, nur in einer Masche gestrickt.
Dann sagte mir Fräulein: Jetzt kannst du diese Masche stricken,
jetzt können wir ein kariertes Muster probieren.» Vier Maschen so,
vier Maschen umgekehrt, ich fand es lustig, wunderbar! So gewann
sie mein Vertrauen.

Auf der anderen Seite mußte sie die Ferienhausaufgaben von den
Großen beaufsichtigen. Es gab bei uns zu Hause sehr viele Bücher,
weil mein Vater ein ausgezeichneter Schüler des Michelet-Gymna-
siums war. In seiner ganzen Schulzeit hatte er zahlreiche Preise für
seine guten Leistungen gewonnen. Damals gab es an den Gymna-
sien dafür wunderbare Bücher. Unter allen Büchern war ein rot-
goldenes dabei, dessen Titel ich immer noch weiß: « Les Babouches
de Baba Hassein« (Die Pantoffeln von Baba Hassein)[29]. Dieses
Buch kam mir magisch vor, weil ich glaubte, die Bilder darin sich
bewegen zu sehen; und dann merkte ich zu meinem Erstaunen, daß
sie sich doch nicht bewegten. Ich schlug das Buch auf, trödelte
herum, kam zurück zu dem Bild: es war immer noch das gleiche
Bild, es hatte sich nicht bewegt! Daraufhin sagten mir eines Tages
meine Brüder: »Aber warum schaust du dir immer wieder dieses

Bild an? Du scheinst völlig fasziniert davon zu sein.« – »Ja, ich glaube immer, daß das Bild sich bewegt, aber wenn ich das Buch wieder aufmache, ist es immer noch an der gleichen Stelle.« Das ist interessant, denn heutzutage stehen den Kindern bewegte Bilder zur Verfügung, die ihren Phantasievorstellungen entsprechen, so daß sie nicht mehr solche Dinge erfinden können, sich nicht mehr Fragen stellen können über diese in ihrem Imaginären stattfindende Bewegung eines Bildes, das auf dem Papier aber immer an der gleichen Stelle bleibt. In diesem Buch waren es Schwarzweißbilder, die die Geschichte eines Kaufmanns aus Nordafrika erzählten. Man sah seinen kleinen Esel, seine Verkaufsbude und seine berühmten Lederpantoffeln. Die Szenen spielten im Schatten und Licht dieser mit Zweigen überdachten arabischen Märkte, die ich so hübsch fand. Als »Fräulein« eines Tages mein Spielchen mit dem Buch entdeckte, sagte sie: »Interessiert dich dieses Buch?« – »Oh, ja! Ich möchte gern wissen, was es erzählt.« – »Dafür muß man aber lesen können; wenn du willst, kann ich dir das Lesen beibringen!« Natürlich wollte ich für die »Pantoffeln von Baba Hassein« liebendgern lesen lernen! So lernte ich lesen, was mich später aber unglaublich enttäuschte. Ich glaube, ohne diese Motivation des Buches, hätte ich nie lesen gelernt. Und eines Tages teilte die Hauslehrerin meiner Mutter mit: »Françoise wird bald lesen können.« Ich sagte mir:» Es ist doch absurd, was sie da sagt! Was meint sie mit «lesen können«? Es ist so dumm, was sie mir beibringt!» Ich mußte wirklich ein großes Vertrauen in diese Frau haben, um jeden Morgen zwanzig Minuten in ihrem Zimmer zu verbringen und diese Lesemethode zu lernen. Ich glaube, daß ich in «La Cause des enfants« darauf eingegangen bin. Viele Leute haben mir daraufhin geschrieben: »Ich habe beim Lesenlernen genau das Gleiche empfunden, wie Sie; ich erinnerte mich nur nicht mehr daran, es fiel mir erst ein, als ich Ihr Buch las.« Nein, ich werde nie vergessen, wie ich zum ersten Mal lesen lernte, es ist, als ob es heute wäre; ich werde diese absurde, völlig idiotische Tätigkeit, die man Lesenlernen nannte, nie vergessen! Ich verstand absolut nicht, was es sollte. Absolut nicht. Es hatte nicht im Geringsten mit dem zu tun, was ich mir unter »Lesenlernen« vorgestellt hatte. Nichts. Und dann, eines Tages, war es so weit: ich konnte plötzlich lesen. Ich sagte mir begeistert: »Jetzt ist es so weit, jetzt werde endlich «Die Pantoffeln von Baba Hassein« lesen können!» Aber «Die Pantoffeln von Baba Hassein« waren völlig uninteressant! Der Text war einfach dumm, überhaupt nicht spannend in Vergleich zu dem, was die Bilder in mir für Vorstellungen wachgerufen hatten. Deshalb fand ich die helle Begeisterung der Familie nur komisch, wenn alle riefen: »Françoise kann lesen, toll! Françoise kann lesen: sie hat nicht sehr lange dafür gebraucht!«

Ich hatte in drei – vier Monaten lesen gelernt, aber hatte es als fürchterlich lang und dumm empfunden. Zum Schluß weinte ich nur noch. Ich brauchte dauernd ein Taschentuch. Ohne die Autorität von »Fräulein« und das Vertrauen, das ich ihr gegenüber empfand, hätte ich wirklich nicht weitergemacht. Was mich rettete, waren die Worte von Fräulein, die mir immer wieder sagte, ich sollte zuhören, was ich las. Ich fuhr immer fort, mit angestrengter Stimme vor mich herzustottern, meine Augen klebten am Text, und ich versuchte, die Buchstaben zusammenzusetzen. Und natürlich sagt ein Text nichts aus, wenn er Silbe für Silbe vorgetragen wird. Da sagte sie mir: »Aber hör zu, was du liest!« Und eines schönen Tages, gelang es mir, zuzuhören: es waren zwar getrennte Silben, aber sie bekamen eine Bedeutung, wenn man sie zusammenfügte und dabei zuhörte, was ihre Verbindung für einen Sinn ergab. In dem Moment, in dem ich lesen konnte, wollte ich nicht mehr mit dem Text aufhören. Ich wollte immer weitermachen. »Es reicht für heute. Du liest schon seit einer Stunde, morgen machst du weiter!« Am nächsten Tag habe ich »Die Pantoffeln von Baba Hassein« verschlungen, um leider feststellen zu müssen, daß die Geschichte strohdoof war, und daß es wirklich nichts brachte, lesen zu können! Dann habe ich beschlossen, das Lesen zu verlernen. Es war unglaublich, wieviel Arbeit ich investierte, um zu versuchen, das Lesen zu verlernen! Ich habe es auch »Fräulein« gesagt. Aber sie wollte unbedingt, daß ich weitermache. »Man muß immer wieder üben«, sagte sie. Du mußt jeden Morgen vorbeikommen und etwas lesen, es muß nicht lang sein, nur ein bißchen.» Und sobald ich auf ein Hindernis stieß, nahm sie ihre verfluchte Methode wieder auf, und wir mußten an der und der Seite der Methode wieder anfangen. Das war dis Systematik von Fräulein: für sie war die «Methode« ihr ein und alles. Witzig dabei ist heute, daß die Tatsache, daß die Psychoanalyse eine Methode ist, mir ungeheuer wichtig ist.

Es ist ein Wort, das Sie tatsächlich oft gebrauchen.

Das ich oft gebrauche, weil eine Methode im Grunde genommen wirklich strohdoof ist: wenn man nach der Methode geht, klappt es immer! Wenn ich ihr sagte: »Ich möchte das Lesen verlernen, ich will nicht mehr lesen«, antwortete sie mir: »Weißt du, ich glaube nicht, daß du es schaffst.« Also probierte ich es aus: » Also! – Nein, du stellst deine Augen nicht auf den Text ein, weil du auf das Fenster schaust. Und wenn du das Fenster deutlich erkennst, kannst du nicht die Schrift erkennen; aber wenn du auf die Schrift schaust, wirst du es nicht schaffen, sie nicht zu lesen.« Und sie hatte recht. Ich war wütend auf diesen Mist, in den man mich hineingezogen hatte: daß man etwas gelernt hatte, das man nicht mehr verlernen konnte! Hinzukam, daß meine Brüder und meine Schwester sich über mich lustig machten wegen dieser Geschichte, daß ich das Lesen verlernen wollte. Also habe ich angefangen, andere Bücher zu lesen, und wieder andere, die mich interessiert haben; nach und nach hatte ich mir die ganze Bibliothek von Deauville angeeignet. Langsam wurde es für mich ein wahres Vergnügen, früh aufzustehen und in den zwischen den Fensterläden schimmernden Lichtstrahlen zu lesen, während ich in anderen Lichtstrahlen den Tanz der Staubkörner beobachtete. Ich hatte Ruhe, bis die ganze Horde wach wurde. Denn da war es mit der Ruhe vorbei. Ab dann beschäftigte ich mich mit anderen Dingen, ich nähte, stickte, strickte, aber ich konnte nicht mehr lesen, da sie zu viel Krach machten.

Sie haben also Ihrem Bruder Deutsch beigebracht?

Nein, ich habe ihm überhaupt nicht Deutsch beigebracht, denn ich konnte kein Deutsch. Aber »Fräulein« sprach mit uns deutsch auf den Spaziergängen, sie sagte uns deutsche Gedichte vor. Es waren sehr hübsche deutsche Gedichte! Außerdem kam meine Mutter von seiten ihres Vaters ursprünglich aus Süddeutschland. Er war mit zwölf Jahren nach Frankreich gekommen und sprach kein Wort Französisch. Er hatte, so wie seine sieben Brüder, eine Ausbildung an der Militärakademie absolviert – es waren die acht Brüder Demmler. Seine vier Schwestern wurden in der Ehrenlegion erzogen. Ihr Vater war Hauslehrer von den Kindern des Herzogs von Württemberg an dem Württembergischen Hof – ein kleiner, eingebildeter Hof – wo man aber jeden Tag klassische Musik spielte, aber wirklich jeden Tag. Ich bin übrigens auch so erzogen worden, jeden Tag wurde bei uns musiziert, wir spielten zusammen Kammermusik. Er war also Hauslehrer in Tübingen. Napoleon III. hat dort einen offiziellen Besuch erstattet: er besuchte solche kleinen Höfe zu der Zeit, als die deutsche Einheit unter der Ägide von Preußen in Vorbereitung war. Die Einwohner von Württemberg waren aber sehr ärgerlich, daß sie Handlanger von diesen von ihnen verhaßtem Preußen werden sollten, denn die Süddeutschen mochten die Norddeutschen überhaupt nicht, sondern sie schätzten nur das Franche-Comté und das Dauphiné. Sie hatten Beziehungen zu den französischen Protestanten bis zum Bodensee. Napoleon III. hat diesem Hauslehrer vorgeschlagen, als Deutschlehrer an der Militärakademie zu unterrichten: seine Kinder würden an der Militärakademie, bzw. in der Ehrenlegion ausgebildet werden. So kam es, daß Auguste Demmler, Mutters Großvater, aus Deutschland auswanderte. Man muß noch erwähnen, daß er eine Frau aus Montbéliard geheiratet hatte, meine Urgroßmutter also, die er kennengelernt hatte, weil es damals viele Kontakte zwischen jungen Protestanten aus Süddeutschland und Ostfrankreich gab. Auf Grund der gemeinsamen Religion hatten die Leute von beiden Regionen ständig Kontakt miteinander. Da er also eine Französin geheiratet hatte und andererseits nicht unter preußischer Herrschaft leben wollte, wanderte er nach Frankreich aus. Es sind immer wieder die gleichen Gründe, warum man Frankreich wählte, so war es auch bei Boris: Das Frankreich der Französischen Revolution, das Frankreich der Menschenrechte, das Frankreich der Freiheit! Mein Urgroßvater hat sich in Bourgs-la-Reine niedergelassen, wo er übrigens mit anderen Glaubensgenossen zusammen die evangelische Kirche gegründet hat. Und unser Familiengrab befindet sich auf dem Friedhof von Bourgs-la-Reine, dort gibt es auch eine Auguste-Demmler-Straße. Es war damals ein Pariser Vorort, ein Landgebiet. Sie hatten übrigens immer in ländlichen Gegenden gewohnt. Mein Großvater war zwölf Jahre alt, als er die Militärakademie besuchte, an der er Französisch lernte. Später hat er auf der Seite der Franzosen – es ist wirklich eine seltsame Geschichte – im Krieg 1870 gekämpft. Er ist in deutsche Gefangenschaft gekommen und wurde in der Burg von Ems eingekerkert. Dort wurde er sehr krank – man sagte, es sei Typhus oder Flecktyphus gewesen. Wieder einmal typisch für unsere Familie: es war unmöglich, präzise Informationen zu bekommen. Ich denke, daß es eher Typhus war, weil er geheilt wurde.

Als eine seiner vier Schwestern von seiner Krankheit erfuhr, kam sie ihn besuchen; sie hatte sich als Bäuerin verkleidet und sprach natürlich Deutsch wie eine Deutsche. Sie hat es geschafft, in das Gefängsnis eingelassen zu werden, weil sie als einfache Frau vom Lande verkleidet war und mit einem Karren ankam, mit dem sie Heu und alle möglichen Gegenstände, u. a. Särge für den Transport der Toten – es war eine richtige Hekatombe im Gefängnis von Ems – brachte. Es gelang ihr, im Gefängnis zu bleiben: »Wenn Sie Personal brauchen, bin ich bereit, bei Ihnen zu bleiben.« So konnte sie ihren Bruder pflegen und ihm das Leben retten; allerdings blieb er seitdem gesundheitlich sehr anfällig. Aber ich weiß nicht mehr, warum ich Ihnen diese Geschichte von meinen Vorfahren mütterlicherseits erzähle…

In Zusammenhang mit Ihrer Erzählung, wie Ihr Bruder Jacques Deutsch gelernt hatte!

Ach ja! Also, mit uns Kindern sprach Fräulein Deutsch, wenn wir zusammen spazierengingen. Deshalb kenne ich sehr viele deutsche Wörter. Ich spreche zwar kein Deutsch, aber diese Sprache ist mir sehr vertraut, wenn ich sie höre. Jacques war der letzte von uns, er langweilte sich, weil er oft allein war. Da er sehr begabt war, habe ich meinen Eltern gesagt: »Da ihn Fräulein in die deutsche Sprache eingeweiht hat – wie sie es damals auch mit uns tat – wäre es gut, wenn Jacques nach Deutschland ginge, um sein Deutsch zu verbessern.« Meine Eltern fanden die Idee gut, und sobald Jacques zehn Jahre alt war, wurde er zum ersten Mal nach Deutschland zu einer deutschen Familie geschickt. Seitdem hat er alle seine Ferien bei deutschen Familien verbracht.

Er war außerordentlich begabt für Sprachen und Musik. Folgende Geschichte zeugt davon: Nach dem Krieg gehörte er dem Team von der Zeitung »Combat«[30] an. Eines Tages sagte meine Mutter zu mir: »Man sieht deinen Bruder nicht mehr! Er hört nicht auf, Russisch zu lernen, er schließt sich sogar auf dem Klo ein mit seinem Russischbuch! Er möchte Russisch lernen, um als Korrespondent für den «Combat» arbeiten zu können, denn das Team braucht jemanden, der Russisch kann.« Ich erzählte es Boris, der lauthals lachte und sagte: «Wie lernt er denn Russisch?« – »Er lernt mit einem Buch, in dem auch die Phonetik angegeben wird.« – »Mit dieser Methode wird er es nie schaffen.« Einige Tage später rief Jacques Boris an und fragte ihn: » Hättest du zwei Stunden Zeit für mich, weil ich gern mit dir ein bißchen Konversation machen würde, um zu sehen, wie weit ich mit meinem Russisch gekommen bin?« Sie machen einen Termin aus und treffen sich. Boris konnte es nicht fassen: »Er spricht Russisch, wie jemand aus irgendeiner Region in Rußland, er hat den Akzent von einer bestimmten Region. Und er spricht sehr gut. Ich habe ihm einige Hinweise gegeben und feststehende Redewendungen beigebracht, die er nicht kannte. Er hat sich alles gemerkt. Es ist unglaublich, wie sprachbegabt er ist!«

Es gibt tatsächlich Leute, die eine außerordentliche Begabung für Sprachen haben.

Das ist wirklich wahr. So konnte er Korrespondent für Russisch beim »Combat« werden – eine Sprache, die er in fünf Wochen gelernt hatte! Er hatte von morgens bis abends pausenlos gelernt – er war übrigens in allem so. Und er hatte Boris nur zweimal gesehen, jeweils zwei Stunden. Eine außergewöhnliche Leistung!

Wie kann man diese Begabung Ihrer Meinung nach erklären?

Ich glaube, es hat mit dem Gehör zu tun, andererseits muß man aber auch ein Gespür für die Systematik einer Sprache haben. Als ich Jacques fragte: »Aber wie hast du es geschafft? Kennst du ein Geheimnis?«, antwortete er: »Ach was! Es ist einfach so, daß jede Sprache eine eigene Systematik hat. Man muß sie herausfinden und sich in die Haut desjenigen hineinversetzen, der solch eine Struktur besitzt.«

Ich glaube, man braucht auch ein sehr gutes Wortschatzgedächtnis – und er hatte ein kolossales Gedächtnis. Wie Boris übrigens auch, wie mein Sohn Jean und mein Enkel Nicolas[31], der ein unglaubliches Gedächtnis hat. Sein Vater liest ihm »Tim und Struppi« vor, und schon kann er es auswendig – dabei ist er erst drei Jahre alt! Es ist außergewöhnlich! Es ist phantastisch, ein solches Gedächtnis zu haben! Es reicht natürlich nicht aus, wenn keine entsprechende Intelligenz vorhanden ist, aber es ist ein großer Trumpf zur Unterstützung der Intelligenz, die viel auf Assoziationen durch Analogie beruht. Wenn man ein gutes Gedächtnis besitzt, hat man mehr Möglichkeiten, durch Analogie zu artikulieren, was man hört.

Haben Sie eine Ahnung, womit es zusammenhängt, wenn ein Kind ein solch außergewöhnliches Gedächtnis besitzt?

Ich habe keine Ahnung.

Es ist doch merkwürdig; es gibt sicherlich Gründe für dieses Phänomen, aber man kennt sie nicht genau.

Ich habe wirklich keine Ahnung. Es ist sicherlich eine Frage des Gehörs, das eine eminente Rolle spielt. Und auch eine Frage, was die Struktur von Wörtern betrifft, die in den Substantiven Handlung, Erleiden oder Tätigkeit bedeuten. Es handelt sich sowohl um Sprachintelligenz als auch um das Erinnerungsvermögen an Phonemen.

Wissen Sie, daß Mozart nie ein Musikstück vergaß, das er komponiert hatte?

Ja. Man kennt auch Dichter, die alles auswendig können, was sie geschrieben haben. Es ist unglaublich.

Eine Dimension der Verdrängung, also der Sprache, funktioniert bei ihnen nicht. Es ist eine Art »positive Pathologie«, wenn ich es so ausdrücken darf.

Die auf Sublimierung beruht.

Gut. Aber während Jacques Deutsch lernte, was machten Sie…

Aber damals fing ich mit meinem Medizinstudium an, und dann begann ich meine Psychoanalyse, die durch meine Mutter sehr belastet war, da sie alles, was ich tat, fürchterlich fand. So daß mein Vater mir eines Tages sagte: »Du mußt weggehen. Deine Mutter wird nicht damit fertig, daß du dein Studium weiterführst, sie würde es lieber haben, daß du durchfällst! Du mußt also weggehen.« Also bin ich gegangen;[32] und Jacques ist mit diesen alten Leuten allein geblieben; ungeduldig wartete er auf jeden Sonntag, weil ich an diesem Tag immer nach Hause kam. Am Sonntag traute er sich nicht, mit mir zu sprechen, er konnte mir nur ins Ohr flüstern: »Weißt du, ich spreche nicht mit dir. Ich habe dich lieb, aber ich kann nicht mit dir sprechen, weil ich mir dadurch die ganze Woche verderben würde: wenn ich mit dir spreche, machen mir Mutter und Fräulein die ganze Woche Szenen, weil du angeblich ein schlechtes Leben führst.« – »Aber was erzählen sie denn über mein schlechtes Leben?« – »Angeblich würdest du auf den Strich gehen.« – »Und was heißt das?« – »Das heißt, daß du mit allen Männern schläfst.« – »Aber das tue ich doch nicht. Ich wohne tatsächlich Boulevard Saint-Germain, weil sich die medizinische Fakultät dort befindet. Aber ich arbeite doch.« »Sie geht auf den Strich des Boulevard Saint-Germain!«: so sprach man andauernd von seiner älteren Schwester. »Ich möchte nicht, daß du mit diesem Mädchen sprichst, sie geht auf den Strich des Boulevard Saint-Germain.« Es war für mich schwer zu ertragen. Deshalb kam ich dann auch sonntags nicht mehr nach Hause, aber mein Vater flehte mich an:

»Komm doch zurück, trotz der Szenen, die deine Mutter veranstaltet; ich möchte dich unbedingt sehen.«

Ich muß ehrlich sagen, ich hatte es auch nötig, etwas Gescheites zu essen, da ich sehr wenig Geld hatte; ich hatte nur das Geld, das ich als Praktikantin im Krankenhaus verdiente. Und das war nicht viel! Damals bekam man sein Geld nur, wenn man die Anwesenheitsliste morgens und nachmittags unterschrieben hatte: neun Francs pro Tag. Es reichte kaum für das Essen und die Nebenausgaben wie Kleidung, Papier, Bleistifte usw. Ich, die ich es zu Hause sehr gut gehabt hatte, besaß plötzlich keinen Pfennig mehr! Es war wirklich sehr schwer, so daß ich froh war, mir sonntags »den Bauch vollschlagen« zu können. Es war schon Berechnung von mir, aber was soll's, so war es nunmal! Außerdem mußte ich meine Psychoanalyse bezahlen: das war fürchterlich. Ich muß sagen, daß Laforgues sehr entgegenkommend war. Als ich bei ihm anfing, verlangte er den normalen Preis, den mein Vater bezahlte; aber als ich das Haus verließ, hat meine Mutter von Vater verlangt, nicht mehr zu bezahlen. Sie hatte zunächst gedacht, daß ich über die Psychoanalyse das Medizinstudium aufgeben würde. Da ich aber an meinem Medizinstudium festhielt, wollte sie nicht mehr, daß mein Vater bezahlt.

Sie haben – um den Faden fortzuspinnen, der zu Ihrem Analytiker-Dasein führte – uns von all diesen Begegnungen mit der Verrücktheit sehr ausführlich berichtet, mit der Sie sich in Ihrer Kindheit in allen möglichen Variationen konfrontiert sahen …

Hinzukommt noch die – wie würde ich sagen?- »menopausige« Verrücktheit meiner Mutter. Das war Vaters' Erklärung für das Verhalten meiner Mutter. Er sagte: »Deine Mutter befindet sich in der schlechten Phase des Lebens einer Frau. Ich dachte, daß die Geburt deines Bruders ihr helfen würde. Es hat ihr schon geholfen. Heute lebt sie einigermaßen normal. Aber der Gedanke an dich ist für sie unerträglich geworden. Sie kann es nicht ertragen, daß du mit deinem Medizinstudium Erfolg hast. Sie hält es nicht aus, dich zu sehen.«

*Aber wie sind Sie in jenen Jahren auf die Psychoanalyse gesto-
ßen?*

Als ich mein Vorbereitungsjahr für das Medizinstudium (PCN)
absolvierte. Damals wollte meine Mutter mich mit einem Jungen
offiziell verloben. Er bereitete sich auf sein Examen in Altphilologie vor. Er war der jüngere Bruder von Freundinnen meiner älteren
Schwester.[33]

Während einer Reise in der Provence sagte meine Mutter einmal:
»Wir werden die D. besuchen, sie haben uns zum Essen eingeladen
und wollen uns ihr Grundstück neben Carpentras zeigen.« Wir
fuhren also zu den D., die ich nicht kannte, da ich die Freunde
meiner Schwester auf Grund des Altersunterschieds zwischen ihr
und mir überhaupt nicht kannte. Sie war sechseinhalb Jahre älter
alle ich; als sie mit achtzehneinhalb starb, war ich zwölf Jahre alt.
Die Mädchen von dieser Familie D. waren damals neunzehn oder
zwanzig Jahre alt, so daß ich nicht mit ihnen befreundet war. Wir
verbrachten also den Tag bei ihnen in der Provence. Da sagte Frau
D: »Lassen Sie Françoise hier. Sie kann die Weinernte mitmachen.
Sie kann gern acht Tage bei uns bleiben. Da Herr Marette nach Paris
zurückfährt, können Sie mit ihm nach Paris zurückkehren. Aber
lassen Sie doch Françoise hier. In acht Tagen kann sie mit meinem
Mann nach Paris zurückfahren.« Er war in der Action française.
Mutter war auch in der Action française. Sie hatte sich mit dieser
Frau D., der Mutter von Jacquelines' Freundinnen, angefreundet –
»coconné« (kokonniert), wie es in der Familie damals hieß, was
»Freunde haben« bedeutete – und sich gesagt: »Warum auch nicht?
Sie ist schließlich bei einer guten Familie.« »Möchtest du hier bleiben?« – »Ja, ich habe Lust, hier zu bleiben.« Und ich bin geblieben[34]. Erst durch meinen Aufenthalt dort habe ich begreifen
können – allerdings erst später im Laufe meiner psychoanalytischen Kur –, wie sehr meine Mutter unter einer ernsthaften Neurose litt; denn sie schrieb mir jeden Tag: »Warum warst du
einverstanden, dort zu bleiben? Du liebst mich nicht, du hast alle
möglichen Leute lieber als deine Mutter.« Sie litt unter einem Ei-
fersuchtswahn. Ich hatte zum Beispiel nicht gemerkt, daß meine
Mutter nach dem Tod von Jacqueline die gleichen Kleider, wie sie

sie trug, für mich besorgte, nur in einer anderen Farbe. Wir gingen zu demselben Schneider, sie ließ die gleichen Modelle für sie und für mich anfertigen, denselben Mantel, dasselbe Kleid in zwei verschiedenen Farben, als ob wir zeitversetzte Zwillinge wären. Ich habe es damals nicht richtig wahrgenommen. Ich erklärte es mir so, daß der Schneider in jenem Jahr nur diese Art von Kleidern anfertigen konnte; daß er für alle Leute das gleiche Modell lieferte. Warum auch nicht? Ehrlich gesagt, es war mir piepegal.

Bei den D. war ich dagegen sehr glücklich, weil diese Mädchen sehr intelligent waren. Die eine hatte ihr Diplom in Englisch und fing an, Philosophie zu studieren; die andere hatte ihr Diplom in Italienisch und war dabei, ein Teil der »Göttlichen Komödie« zu übersetzen. Jeden Abend hatten wir lange Diskussionen zusammen, zudem machten wir auch Musik. Ich hatte meine Geige dabei, und wir spielten zusammen. Ich war sehr froh, bei ihnen zu sein: tagsüber nahmen wir an der Weinernte teil, wir gingen in der Heide von Carpentras spazieren, es war wunderschön. Ich war sehr glücklich und... weinte wie ein Schloßhund, wenn ich die Briefe meiner Mutter las. Ich sagte mir: »Es ist furchtbar, ohne Absicht jemandem so wehzutun nur weil derjenige, den man liebt, auch andere liebt.« Ich sprach mit D. und seinen Schwestern darüber. Sie sagten mir: »Es kommt von daher, weil Ihre Mutter den Tod ihrer Tochter nicht richtig überwunden hat.« Ich verstand schon, aber trotzdem! In diesem Zusammenhang habe ich ihnen erzählt, daß ich Medizin studieren wollte, daß ich schon damit beginnen wollte, daß meine Mutter aber von mir verlangt hatte, damit zu warten, bis ich fünfundzwanzig Jahre sein würde... wenn ich bis dahin nicht schon verheiratet wäre! Daraufhin sagte ich mir: »Ich glaube nicht, daß ich bis dahin verheiratet sein werde, denn ich möchte so gern Medizin studieren, daß ich lieber Medizin studieren als heiraten würde.« Eine Beziehung hatte sich zwischen uns hergestellt, ich mochte sehr den Kontakt, den ich mit ihnen hatte. Es war eine Freundschaft, aber wenn man jung ist, weiß man es nicht so genau. Und der Junge war in mich verliebt, ich war in die Natur verliebt, wie er auch. Er las mir die griechischen Klassiker vor. Obwohl ich noch keine Psychoanalyse gemacht hatte, hatte ich ein anderes Verständnis von den griechischen Klassikern, ich interpretierte die griechisch-französische Übersetzung nicht wortwörtlich. Ich sagte ihm: »Meinen Sie nicht, daß wir alle ein bißchen wie Medea sind? Schauen Sie mal, Medea hat aus Liebeskummer ihre Kinder getötet... Schauen Sie sich meine Mutter an, die ihre Tochter verloren hat: wenn man ihre Situation in eine griechische Tragödie transponieren würde, würde es die gleiche Verzweiflung sein, die da zum Ausdruck käme.« Das führte uns dazu, über den Vergleich zwischen dem aktuellen und dem archaischen Leben in der Dichtkunst zu sprechen. Kurzum, eine Liebesfreundschaft war zwischen uns entstanden, wenn man unser Verhältnis so bezeichnen kann... denn wir hatten uns nie geküßt, nie berührt!

Bei meiner Rückkehr in Paris war ich noch ganz angetan von meinem Aufenthalt bei den D., von der Musik, die wir zusammen gespielt hatten, so daß ich mich jeden Sonntag mit ihnen traf, der Musik wegen oder um mit D. ins Museum zu gehen, der mein Interesse dafür bemerkt hatte. Er ging nicht gern allein ins Museum. Seine Schwestern hatten keine Lust dazu, und da ich wollte... Außerdem ging ich damals auch sehr gern in die Konzerte vom Chatelet, die immer sonntags stattfanden. Auch dahin begleitet mich D., der behauptete, er würde nicht gern allein hingehen. Er wollte eine Begleitung haben. Er war jünger als seine Schwestern. Diese kannten sich in der Musik sehr gut aus und brauchten nicht ins Konzert zu gehen, um die großen Klassiker zu hören. Sie gingen lieber zu modernen Konzerten in dem neuen Pleyel-Saal.

Ich traf mich also oft mit diesem Jungen, der zwei Jahre jünger war als ich. Für mich war er wie ein jüngerer Bruder; ich betrachtete ihn überhaupt nicht als meinen Geliebten. Aber er hatte wohl mit seiner Mutter über mich gesprochen; und die Mütter hatten unter sich gesprochen. So kam es, daß meine Mutter mir sagte: »Auf jeden Fall werde ich dir erst dann erlauben, wieder zu den D. zu gehen, wenn es zwischen dir und diesem Jungen klar ist.« Ich fragte: »Was soll klar zwischen uns sein?« – »Daß ihr verlobt seid, D. und du! Sonst wirst du ihn nie wiedersehen dürfen.« Für mich brach die Welt zusammen. Warum sollte ich ihn nicht sehen dürfen, wenn wir nicht verlobt waren?» Ich rief ihn an, ich Idiotin – ich war wirklich noch ein Kind, damals: «Hören Sie mal zu, ich darf Sie nicht mehr sehen, es gibt ein Problem.« – »Ach so? Was ist denn los?« – »Mutter möchte nicht, daß ich Sie sehe, um Musik zu machen oder sonstwas zu unternehmen, solange Sie und ich nicht verlobt sind.« Am anderen Ende der Leitung hörte ich, wie er sich krumm und schief lachte und sagte: »Ich hole Françoise ans Telefon.« Seine älteste Schwester kommt ans Telefon: »Worum geht es denn?« Ich erzähle es ihr. Daraufhin sagt sie: »Aber D. ist ganz und gar einverstanden! Was soll's! Das ändert doch gar nichts!« Daraufhin sagte ich: »Ist er einverstanden?« – »Und du?« – »Ich? Hauptsache, wir können uns sehen, also können wir uns meinetwegen Verlobte nennen!«

Danach kam er am Sonntag darauf zu uns nach Hause zum Mittagessen, und ich durfte am Nachmittag zu ihm gehen. Mutter hielt ihm eine kleine Rede, so wie es eine zukünftige Schwiegermutter zu tun pflegt; er sagte nichts, wurde nur rot, war ganz schüchtern. Dann sah sie uns beide an und sagte: »Ihr müßt euch doch küssen, ihr beiden Dummköpfe, denn ihr seid ja verlobt!« Worauf ich vor allen Leuten sagte: »Aber nein! Wir sind verlobt, haben aber noch Zeit. Ich möchte zuerst mein Medizinstudium machen, danach können wir heiraten. Also sehe ich keinen Grund, ihn zu küssen.« Mutter verstand nichts mehr. Dem Jungen war es sehr peinlich: denn wir waren uns tatsächlich noch nicht auf diese Weise näher gekommen. Und am Abend, als ich nach Hause zurückkam, durfte ich mir die Kommentare meiner Mutter anhören: »Also, ich verstehe dich überhaupt nicht, du bist eine Heuchlerin!« – »Warum soll ich bitteschön eine Heuchlerin sein?« – »Ja, was machst du denn mit diesem Jungen?« – »Wir haben zusammen musiziert und jetzt sind wir dabei, «Typhon« von Conrad zu übersetzen. Weißt du, wir sind sehr beschäftigt, wir unternehmen viel zusammen.» – «Und warum hast du ihn vor mir nicht küssen wollen?« – »Weil wir uns eben noch nie geküsst haben. Das ist doch etwas Ernstes, was man nur tut, wenn man es sich gut überlegt hat.« – »Ich werde dich nie verstehen! Du bist monströs! Du siehst ja, daß dieser Junge in dich verliebt ist! – «Das ist seine Sache.« – »Aber du?« – »Du hast mir gesagt, daß wir uns nicht sehen dürften, wenn wir nicht verlobt sind. Also gut! Ich war einverstanden, daß wir uns verloben. Es ist mir übrigens völlig schnuppe; verlobt, das heißt, nicht verheiratet sein.« – »Ich verstehe dich nicht, du bis ein Monster, du bist ein Monster!« Mein Vater verfolgte die ganze Szene mit einem Auge, sagte aber nichts.

Aber D. hatte es eilig, denn wir hatten schon November, und in diesem Monat konnte ich wider Erwarten mit meinem Medizinstudium anfangen. Aber er wollte nicht, daß seine zukünftige Frau studierte. Daraufhin sagte ich ihm: »Hören Sie mal, ich bin nicht Ihre Frau. Ich bin Ihre Verlobte und dieses nur wegen der Mütter; ich bin nicht einmal offiziell Ihre Verlobte; niemand weiß von unserer Verlobung. Unsere Mütter denken nur, daß auf diese Weise niemand schockiert sein wird, wenn wir zusammen auf der Straße gesehen werden; man kann ja sagen, daß wir verlobt sind.« Ich weiß nicht recht, ob diese Worte ihn zum Lachen brachten oder ihn im Gegenteil traurig machten. Ich war ihm gegenüber ziemlich hart. Wenn ich heute darüber nachdenke, finde ich es schon schlimm von mir; ich hatte tatsächlich etwas Monströses an mir. Er antwortete mir folgendes: »Und wenn ich Sie darum bitte, auf Ihr Medizinstudium zu verzichten?« – » Sie werden keinen Erfolg haben, weil für mich es in dieser Phase meines Lebens wichtiger ist, Medizin zu studieren, als Sie zu heiraten. Sie haben noch nicht Ihr Examen, Sie haben auch noch nicht Ihren Militärdienst absolviert. Auf jeden Fall werden wir erst heiraten können, wenn wir beide – Sie sowieso – einen Beruf haben und Geld verdienen. Was mich betrifft, wissen Sie ja, daß ich einen Beruf haben will. Ich habe Ihnen meine Meinung darüber schon einmal anvertraut und die Gründe gesagt, warum. Wir werden also nicht vor fünf Jahren – frühstens – heiraten können, denn bis dahin werden Sie Ihr Examen haben, mit Ihrem Militärdienst fertig sein, und ich hätte mein Medizinstudium beendet oder fast. Wir könnten am Ende meines Medizinstudiums heiraten. Wir werden sehen.«

Wir sahen uns weiterhin im Rahmen dieser sich so hinschleppenden Verlobung. Schließlich wollte meine Mutter nicht, daß ich zu diesem Zeitpunkt mein Vorbereitungsjahr (PCN) für das Medizinstudium[36] begann. Ich habe gesagt: »Wenn es so ist, schreibe ich mich an der Sorbonne für Italienisch ein.« Mir machte Italienisch Spaß. C., eine Schwester von D., deren Spezialgebiet Italienisch war, hätte mir ein bißchen nachhelfen können, damit ich nachholen und schneller in die Oberstufe für Italienisch kommen würde. Denn ich war gut in Italienisch, ich hatte im Abitur eine sehr gute Note bekommen.

Dann entschied sich mein Bruder Philippe, daß er Medizin studieren wollte. Er hatte es immer vorgehabt, aber er hatte den zweiten Teil der Abiturprüfung nicht bestanden. Und mein Vater, den meine Brüder sehr fürchteten, hatte ihm gesagt: »Was wirst du denn tun, wenn du dein Abi nicht bestehst? Ich möchte nicht noch ein Jahr für dich bezahlen, damit du das Abi wiederholst. Du wirst also etwas anderes studieren, wofür du die zweite Prüfung nicht brauchst. Du kannst HEC (Wirtschaftswissenschaft) studieren.« Damals brauchte man für HEC die zweite Abiturprüfung nicht. Mein Bruder sagte: »Gut. Ich kann mit HEC beginnen.« Mein Vater schrieb ihn also in HEC ein, da er überzeugt war, daß er bei der zweiten Prüfung durchfallen würde. Aber zu seiner großen Überraschung hat er die Prüfung doch noch bestanden! Mein Bruder war zwar sehr froh darüber... aber andererseits schon in HEC eingeschrieben. Und er traute sich nicht, meinem Vater zu sagen, daß er auf seine erste Idee zurückkommen wollte, nämlich Medizin zu studieren[37]. Er hatte plötzlich immer mehr Akne im Gesicht, so daß er unseren Familienarzt, der Homöopath war, aufsuchte. Und dieser empfing ihn mit den Worten: »Also, lieber Kollege, Sie fangen Ihr Medizinstudium an?« Er kam sehr aufgewühlt nach Hause und sagte mir: »R. hat mir gesagt, daß meine Akne rein psychisch bedingt sei; ich habe sie bekommen, weil ich mich wegen meines Studiums innerlich sehr geärgert habe; ich bin nämlich sehr traurig, daß ich nicht Medizin studieren kann, da ich für das Vorbereitungsjahr in HEC eingeschrieben bin. Und ich habe keine Lust, HEC zu studieren, weißt du!« Ich sagte ihm: »Hör zu, du mußt Vater fragen. Wir haben erst November. Vielleicht kannst du dein Medizinstudium mit etwas Verspätung anfangen.«

Ich war an der Sorbonne für ein dreijähriges Italienischstudium eingeschrieben, da ich wußte, daß ich noch warten mußte, bis ich selbst mit Medizin anfangen konnte. Ich war damals schon diplomierte Krankenschwester. Meine Mutter war einverstanden, daß ich mit einundzwanzig Jahren eine Ausbildung als Krankenschwester begann, weil sie selbst im Kriege 1914–1918 Krankenschwester gewesen war. Sie wußte, daß es nützlich sein konnte, und daß manche – z. B. eine unserer Kusinen – nach dem Krieg hauptberuflich als Krankenschwestern arbeiten konnten, nachdem sie als freiwillige Krankenschwestern in der Armee tätig gewesen waren. Diese Kusine konnte ihr ganzes Leben für ihren Lebensunterhalt aufkommen, bevor sie dann sehr spät heiratete – sie arbeitete als Arzthelferin bei einem bekannten Zahnarzt; und sie verdiente sehr gut. Meiner Mutter galt also Krankenschwester als ein weiblicher Beruf ohne »Gefahren«: man ging nicht auf den Strich und kam für sein Leben auf, indem man als Krankenschwester arbeitete! Also sagte sie zu mir: »Ich erlaube dir, Krankenschwester zu werden.« Für mich war es eine einmalige Gelegenheit. Schließlich war es ein Beruf, und am Beispiel meiner Kusine Charlotte hatte ich gesehen, daß es sogar ein guter Beruf sein konnte. Außerdem konnte ich mich nun praktisch um Kranke kümmern und Erfahrungen sammeln, denn ich hatte festgestellt, daß meine Kusine viel Erfahrung besaß, wenn sie von den Krankheiten der Leute sprach oder über ähnliche Themen. Es gab auch komplizierte Fälle in der Zahnmedizin. Mich hatte interessiert, daß der amerikanische Zahnarzt, mit dem sie zusammenarbeitete, sagte, daß man Leuten gegenüber, die Zahninfektionen haben, prinzipiell mißtrauisch sein sollte: denn es würde sich um Leute handeln, die Probleme haben. Wenn jemand zu ihm kam, um sich einen Zahn ziehen zu lassen, stellte er ihm immer Fragen über sein Leben, ob er ein ruhiges oder kompliziertes Leben führte. Er hatte viel Angst um die Leute, die ein kompliziertes Leben führten, denn damals gab es keine Antibiotika. Diese Dinge hatten mich interessiert und ich assoziierte: Arzt für Erziehung, Zahnarzt für Erziehung und Zahnarzt für Affektivität.

Ich war also diplomierte Krankenschwester und schon Ausbilderin an meiner ehemaligen Schwesternschule[38], ich bildete die Krankenschwestern aus, Verbände anzulegen, weil ich darin sehr gut war –, ich war sehr geschickt mit den Händen; und da es damals kein selbstklebendes Verbandsmaterial gab – alle Verbände bestanden aus Mullbinden –, mußte man an bestimmte Körperteile, Schädel, Beine, Arme oder Nagelgeschwüre die Verbände sehr gut anlegen, denn sonst würden die Arbeiter damit nicht arbeiten und Geld verdienen können. Wenn der Verband nicht hielt, war es für die ganze Familie furchtbar, denn sie bekam folglich kein Geld. Es gab damals keine Krankenversicherung. Man muß es so sehen, die Krankenschwester hatte eine soziale Funktion zu erfüllen, sie war sehr wichtig. Also ging ich jeden Abend von achtzehn bis zweiundzwanzig Uhr zu der Schule, an der ich gelernt hatte, an dem place des Peupliers, um dort den Krankenschwestern die Kunst, Verbände anzulegen, beizubringen. Und ich zeigte ihnen auch, wie man Leuten, die Spritzen brauchten, Spritzen gab, die nicht wehtaten.

Ich führte also ein befriedigendes Leben, denn ich hatte am Tag durch mein Italienischstudium auch eine intellektuelle Beschäftigung, die mich interessierte. Außerdem spielte ich in zwei Orchestern mit, jeden Sonntag. D. spielte nicht mit, aber er mochte gern zuhören, so kam er mit, um sich das Orchester, in dem ich spielte, anzuhören. Ich war sehr froh, daß er da war. Mir schmeichelte es, daß sich ein Junge, der sich für Dinge interessierte, für die meine Brüder nie ein Interesse gezeigt hatten – sie hatten keine Affinitäten zu literarischen Dingen –, mit mir sehr angenehm in einer schönen Atmosphäre austauschen konnte.

4
Die Begegnung mit der Psychoanalyse und die Ausbildung

Wie sind Sie in jenem Kontext, der sich von unserem heutigen Lebenszusammenhang sehr unterscheidet, und in dem die Psychoanalyse nicht zum damaligen Zeitgeist gehörte, ihr dennoch begegnet?

Ich habe sie im Philosophiekurs kennengelernt und sie als Spezialgebiet für das Abitur gewählt. Auf das Spezialgebiet mußte man sich allein, d.h. außerhalb des Lehrplans, vorbereiten. Für die mündliche Prüfung durfte man sich auf zwei, nicht im Lehrplan vorgesehene Spezialgebiete vorbereiten, allerdings unter der Bedingung, daß sie von dem Philosophielehrer genehmigt und unterzeichnet wurden. Fräulein D, die Philosophielehrerin des Molière-Gymnasiums, an dem ich die Unterprima absolvierte, war einverstanden, daß ich mir zwei Themen für mein Spezialgebiet aussuchte; das eine Thema war die Psychoanalyse, das andere waren die Stoiker. Warum das? Ich weiß es nicht. Ich habe es nie herausgefunden.

Vielleicht lag es daran, daß mein Vater damals alle Neuerscheinungen kaufte. Er brachte jede Woche zwanzig Bücher mit nach Hause, mein Vater! Und er las sie alle: Geschichtsbücher, die orangenen Bücher der zeitgenössischen Bibliothek , die alle wissenschaftlichen Neuigkeiten publizierte usw. Durch diese Bücher hatten wir auch von Branly erfahren. Außerdem gab es Bücher über Atome und über die Psychoanalyse: z.B. die Schriften von Hesnard über die Wissenschaft der Träume. Es war ein kleines gelbes Buch mit dem Titel »Die Psychoanalyse«[39]. Es war das erste Buch über Psychoanalyse, das ich las. Mein Vater sagte: »Sie ist durchaus interessant, diese neue Methode, die Leute kuriert, die manchmal Wahnideen haben; aber vielleicht ist sie auch für normale Leute nicht uninteressant. Lies dieses Buch, du kannst mir dann sagen, wie du darüber denkst.«

Es war wirklich die erste Umsetzung Ihres Vorhabens, »Erziehungsärztin« zu werden?

Ja, aber ich war mir dessen überhaupt nicht bewußt, denn ich war im Grunde bei folgender Gedankenassoziation stehengeblieben: wenn zwei Personen sich im gleichen Raum und zur gleichen Zeit begegnen, bedeutet es, daß sie die gleichen Ideen haben. So hatte ich es auf meine Art verstanden... Zum Beispiel: jemand verließ sein Haus, um mit dem Zug von 22.04 Uhr zu fahren, und jedesmal begegnete er vor der Einfahrt Nummer 32 in einer bestimmten Straße immer der gleichen Person, die zur Arbeit ging. Eines Tages traf er diese Person nicht, so daß er seine Uhr aus der Tasche zog. War er zu früh dran? War der andere zu spät? Oder war er zu spät und der andere zu früh? Das waren Fragen, die diesen Fußgänger beschäftigten... oder die sich die Person stellte, die an diese beiden Fußgänger dachte; und das war eben meine Art! So fing jeder an, das gleiche zu denken, so daß an einem anderen Tag, an dem das Phänomen sich wiederholte, einer sagte: »Mein Herr, wie spät ist es? Sind Sie heute zu früh da? Oder sind Sie zu spät?« – »Also, ich weiß nicht... Ach doch! Meine Uhr ist stehengeblieben!« Sie hatten so sehr das Gleiche zur gleichen Zeit gedacht, daß sie sich schließlich begegneten, um darüber zu sprechen. Ich verstand, daß es sich um unbewußte Assoziationen handelte, die nach und nach dadurch bewußt wurden – selbst wenn es selten vorkam –, daß sie immer in einem ganz spezifischen Zusammenhang wachgerufen wurden, unter ganz bestimmten Umständen, die die Leute dazu brachten, sich die gleiche Frage zu der gleichen Zeit zu stellen und sich gegenseitig darüber aufzuklären.

Was haben Sie bei Ihrem Abitur für einen Text vorbereitet: einen Text von Freud oder einen über die Psychoanalyse allgemein?

In der mündlichen Prüfung wurde ich über die Psychoanalyse befragt, im übrigen auf eine sehr lustige Weise.

Hatten Sie zu diesem Zeitpunkt schon Texte von Freud gelesen?

Ich hatte »Psychopathologie des Alltags«[40] und »Fünf Vorlesungen über die Psychoanalyse«[41] gelesen. Zum Glück war ich sehr früh dran mit dem Abitur, weil meine Mutter mich zwingen wollte, die Schule mit sechzehn Jahren zu beenden. Es war meine einzige Chance, das Abi zu machen, da die Prüfung im Juli stattfand, und im November desselben Jahres würde ich siebzehn geworden sein.

Ich wollte die erste Abitur-Prüfung mit fünfzehn Jahren ablegen. Das gab ein fürchterliches Drama! Meine Mutter ging zu der Direktorin und sagte ihr: »Der Antrag meiner Tochter auf eine Sondergenehmigung muß sofort zurückgezogen werden!« Die Direktorin mußte noch die Zeugnisse mit den Noten meinen Unterlagen beilegen und das ganze bei einer Prüfungskommission einreichen. Es war eine kleine Schule, die nicht mit einem Gymnasium gleichwertig war; aber immerhin hatte ich in allen Fächern gute Noten. Ich hatte in der Zeitung gelesen, daß man bis zu einem bestimmten Datum seine Unterlagen für die Abiturprüfung einreichen mußte. Und dies hatte ich getan; jetzt war es Aufgabe der Schule, auf der man war, sie einzureichen. Ich erkundigte mich also bei der Direktorin: »Haben Sie die Empfangsbescheinigung für meine Unterlagen?« – weil ich gelesen hatte, daß man eine Empfangsbescheinigung bekam, wenn man die Unterlagen einreichte. Sie sagte: »Wieso? Wissen Sie nicht, Francoise, daß Sie dieses Jahr das Abitur nicht machen werden? Wir haben zwar Ihre Unterlagen bekommen, aber Ihre Mutter hat uns gebeten, sie nicht einzureichen. Sie findet sie zu jung für die Abiturprüfung. Von unserer Seite her freuen wir uns, Sie noch ein Jahr bei uns zu behalten; außerdem ist es durchaus möglich, daß Sie durchfallen, während Sie nächstes Jahr ganz sicher die Prüfung bestehen werden.« Daraufhin habe ich einen furchtbaren Wutanfall bekommen – ich habe zwei oder drei Wutanfälle in meinem ganzen Leben gehabt –, es war eine Wut, die ich bei mir nie für möglich gehalten hätte. Ich war bis zur Weißglut gereizt und empfand regelrechte Schmerzen, es war fürchterlich. Ich bin nach Hause gegangen, und habe vor meinem Vater und meiner Mutter bei Tisch – das Mittagessen wurde gerade serviert – eine fürchterliche Szene gemacht, die, wie mir berichtet wurde, für meine Mutter wohl monströs gewesen war; mein Vater aber reagierte ganz anders: er stellte sich hinter mich, klopfte mir auf den Rücken und sagte: »Hör zu, Kleine, ich werde sofort jemanden vom Staatsrat, den ich kenne, anrufen, wenn ich in meinem Büro bin. Ich gebe dir dann Bescheid. Die Jury für die Sondergenehmigungen tagt schließlich erst morgen. Du hast zwar nicht die Empfangsbescheinigung für deine Unterlagen, aber diese Frauen an deiner Schule haben ja deine Papiere. Also werden sie sie dir mit deinen Zeugnissen aushändigen können. Lauf schnell zu deiner Schule und rufe mich im Büro an. Ich meinerseits werde in der Zwischenzeit telefonisch klären, ob noch etwas zu machen ist.«

Ich renne sofort zur Schule und verlange meine Unterlagen: »Wir finden Ihre Unterlagen nicht mehr!« Sie waren ärgerlich, weil sie eigentlich froh waren, ein Jahr länger Geld zu verdienen, indem sie eine gute Schülerin an ihrer Schule behielten. Es nutzte dem guten Ruf ihrer Schule, eine gute Schülerin zu haben. Also war es unmöglich, meine Zeugnisse zu bekommen: angeblich wußten sie nicht, wo sie sie hingelegt hatten; es waren blöde Tanten, die auf der Seite von Mutter waren. Und Mutter rührte nicht den kleinsten Finger, weil es für sie einem Weltuntergang gleichkam, daß ihre Tochter das Abitur machte; denn das bedeutete, daß sie nicht so schnell heiraten würde! Für Mutter war es klar, und für meine beiden älteren Brüder ebenfalls, ebenso für die Familienangehörigen, die wir kannten: Ein Mädchen, das sein Abitur hat, ist für das Leben gebrandmarkt, es bleibt das schwarze Schaf der Familie! Wie kann man solche Ideen haben! Und meine arme Mutter sagte: »Ich habe nur eine Tochter, ich werde sie nicht wegen irgendwelcher dummen Studien opfern!« Ich war also in der Zwickmühle. Nur mein Vater konnte mich verteidigen, weil er meinen Standpunkt verstanden hatte. Ich rufe ihn an: »Die Damen haben meine Unterlagen verloren.« – »Du mußt dich eben dafür einsetzen, daß sie neu zusammengestellt werden! Du hast bis morgen zehn Uhr Zeit.

Wenn ich sie ihnen morgen zwischen zehn und zwölf Uhr einreiche, wird es klappen: die Sitzung für die Sondergenehmigungen findet ab vierzehn Uhr statt; deine Unterlagen können dann dort eingesehen werden. Du mußt alle deine Lehrer zu Hause aufsuchen und deine Noten zusammenstellen.«

Ich habe die ganze Sache sofort in die eigene Hand genommen, unter dem mißbilligenden und ärgerlichen Blick von Mutter, die, wie ich glaube, letztlich nur aus Angst verzweifelt war. Ich aber wußte mir zu helfen. Und habe es schließlich geschafft, meine Sondergenehmigung zu bekommen. Nun war es so weit, ich stand vor der Abiturprüfung. Stellen Sie sich vor, eines der Prinzipien der Familie war: »Du brauchst überhaupt keinen Wecker.« Ich besaß also keinen, und meine Brüder, die einen hatten, wollten ihn mir nicht ausleihen, weil sie dagegen waren, daß ich das Abitur machte. Es waren wirklich Dummheiten wie diese, kleine Dinge, die das Leben in einem Moment vergifteten, in dem man unter Druck stand, in einem wichtigen Moment seines Lebens. Ich legte sehr viel Wert darauf, rechtzeitig aufzuwachen, und meine Mutter sagte mir: »Ich kann dich morgen früh wecken.« Als ich dann aufwachte, war es... bereits sieben Uhr! Ich hätte schon lange davor geweckt werden müssen, denn die erste Prüfung fing um acht Uhr dreißig an, an der Sorbonne, Saal F, am Ende der Rue Saint-Jacques, ich werde es nie vergessen. »Aber warum hast du mich nicht geweckt?« – »Natürlich habe ich dich nicht geweckt; schließlich will ich nicht, daß du dein Abitur machst, du Dummerchen!« Ich habe mich in Windeseile angezogen, bin hinausgerannt, und fand in der Nähe ein Taxi. Und schweißgebadet bin ich gerade rechtzeitig angekommen, als man schon dabei war, die Türen zuzumachen! Nach der schriftlichen Prüfung bekam man acht Tage später die Ergebnisse: ich hatte bestanden. Meiner Mutter tat es sehr leid – sie hat sogar geweint. Dann sagte sie zu mir: »Wie dem auch sei, du wirst die Schule nicht weitermachen können, weil dein «cours« keine Unterprima hat, und ich bin absolut dagegen, daß du solche Institutionen wie ein Gymnasium besuchst, wo man alle möglichen Leute trifft!«

Ich sagte mir: «Was soll's, wenn ich die Prüfung bestehe, werde ich nächstes Jahr die Philosophie allein lernen können. Man wird sehen.« Und ich habe sogar mit Auszeichnung bestanden. Es stimmte, es stand schwarz auf weiß auf dem Papier, daß ich bestanden hatte. Meine Mutter war sehr erstaunt. Und mein Vater sagte ihr: »Siehst du, man hatte behauptet, daß sie durchfallen würde, weil sie zu jung sei, dabei hat sie mit Auszeichnung bestanden. Das bedeutet, daß ihr die Schule leichtfällt. Sie ändert sich nicht dadurch, daß sie ihre erste Abiturprüfung in der Tasche hat. Warum soll sie sich also ändern, wenn sie die zweite Prüfung besteht?

Von allen sechs Kindern waren Sie die einzige, die hervorragende Leistungen in der Schule hatte?

Ja. Es ging wie von selbst, ich mußte mich überhaupt nicht anstrengen.

Wie Ihr Vater. Sie hatten die gleichen Begabungen und bekamen die gleichen Ergebnisse.

Es fiel mir sehr leicht. Dabei hatte ich von meinem Leistungsstand eigentlich gar keine Ahnung. Später waren wir nur vier Schüler in der Oberprima, es waren alles verwöhnte Töchterchen. Ich hatte also allen Grund, daran zu zweifeln, daß ich bestanden hatte. Aber ich wollte dieser Abiturprüfung die Stirn bieten, es war für mich eine Herausforderung, weil ich mir sagte: «Ich bin schließlich sehr jung, fünfzehn Jahre, das ist nicht so alt. Meine Mutter möchte, daß ich mit sechzehn die Schule verlasse; vielleicht wird sie später doch akzeptieren, daß ich weitermache.»

Übrigens war es ein Irrtum, als ich vorhin sagte, daß ich damals Krankenschwester war: ich war noch nicht Krankenschwester. Nein, aber Mutter hatte mir erlaubt, einer Krankenschwester, die sie kannte, auszuhelfen. Diese hatte ihr gesagt: »Ihre Tochter Françoise ist sehr geschickt.« Ich glaube, einer von meinen Brüdern mußte damals Spritzen bekommen. Sie kam zu uns nach Hause und hat mir gesagt: »Ich werde Ihnen beibringen, wie man Spritzen gibt.« »Aber Sie sind sehr geschickt! Sie können auch lernen, wie man Verbände anlegt. Ich zeige es Ihnen.« Erst später, kurz vor der

Zeit, als ich angeblich verlobt war, wurde ich diplomierte Krankenschwester.

Es war wohl wichtig für Sie, durch jemanden eine soziale Anerkennung zu finden, d.h. sie durch eine kompetente und anerkannte Instanz zu erfahren, und es Ihrer Mutter entgegenzuhalten.

Und die Möglichkeit zu haben, Geld zu verdienen, wenn Not am Mann ist! Aber ich wollte das meiner Mutter nicht entgegenhalten, wissen Sie, wirklich nicht. Es ist vielleicht seltsam, aber ich liebte meine Mutter sehr. Wenn ich jedoch all diese Geschichten erzähle, wer wird glauben, daß ich sie liebte? Bernard Pivot hatte es sehr erstaunt.[42] Ich fühlte, daß sie mich liebte, diese Frau. Ich fühlte, daß sie deshalb so hart zu mir gewesen ist, weil sie unter ihren eigenen Ängsten, ihrer Neurose litt. Ich hatte es schon damals an ihren Briefen, die sie mir schrieb, als ich bei den D. war, erkannt. Aber durch das Theater, das sie inszeniert hat, damit ich nicht Medizin studiere, sondern Krankenschwester werde, statt Ärztin zu sein, habe ich verstanden, daß sie permanent Angst vor dem Scheitern im Leben hatte. Sie sagte, daß ich scheitern würde, und daß sie Schuld daran wäre, wenn sie zuließe, daß ich im Leben scheiterte; und daß Vater keine Augen im Kopf hätte, wenn er erlauben würde, daß seine Tochter im Leben scheiterte.

Sie hatte Besitzansprüche und war sehr eifersüchtig.

Ganz bestimmt hätte sie selbst gern Medizin studiert, als sie jung war. Übrigens hatte sie früher, als ich jung war, oft mit Bewunderung von Frauen erzählt, die z.B. Rechtsanwältinnen oder Ärztinnen waren. Sie hatte ein Buch gelesen, daß »Princesses de science« (Prinzessinnen der Wissenschaft)[43] hieß, und hatte es mir empfohlen: »Du solltest es lesen. Es ist wirklich toll!« Sie wäre auch gern Frauenrechtlerin geworden. Im Grunde war sie damals, als sie die Sekretärin ihres Vaters war, ihrer Zeit sehr weit voraus gewesen; aber sie war seit diesem Stadium ihrer Entwicklung stehengeblieben.

In der mündlichen Prüfung des zweiten Abiturs sind Sie also über die Psychoanalyse gefragt worden.

Und der Prüfer fragte mich, etwas sarkastisch: »Also gut, Fräulein, erzählen Sie mir einmal, was Sie über die Psychoanalyse wissen.« Und ich fange an, drauflos zu erzählen über die Assoziation von unbewußten Ideen; wie sie bewußt werden können durch die Begegnung zweier Menschen, die gleichzeitig dieselben Phantasien haben usw. Worauf er sagte: »Ja, sehr interessant, aber... die Sexualität, Fräulein Marette?« Ich antwortete: »Hören Sie, ich habe nicht so gut verstanden, was Freud über die Sexualität sagt, wahrscheinlich, weil ich noch zu jung bin. Ich habe aber so viel verstanden, daß ich denke, daß er die Wahrheit auf seiner Seite hat; auch in bezug auf die Sexualität, die man vielleicht zu Unrecht Sexualität nennt. Denn Freud spricht nicht von Sexualität, sondern von Libido.« Und ich fange an, den Unterschied, der meines Erachtens zwischen Sexualität und Libido bestand, zu erläutern. Dann sprach ich vom Hedonismus, von den Stoikern und Epikureern. Es freute ihn, er lachte: »Ja,ja, ich verstehe!« Er war sehr nett, sehr »cool«, wie man heute sagen würde, hat nicht versucht, zu viel über Sexualität aus mir herauszulocken. Er mußte es wohl witzig gefunden haben, daß ein sechzehnjähriges Mädchen die Psychoanalyse als Spezielgebiet genommen hatte, zumal man der Psychoanalyse damals Pansexualismus vorwarf. Genau, jetzt fällt es mir wieder ein: »Und was halten Sie vom Pansexualismus, Fräulein?« Da habe ich gesagt, daß die Leute Freud in diesem Punkt angreifen würden, aber daß ich nicht sicher sei, ob diese Angriffe begründet wären. Im Französischen bedeutete Libido Sexualität, im deutschen Text wäre es nicht so; denn das Wort Libido existierte in dieser Bedeutung vor Freud nicht; es handelte sich vielleicht um ein wissenschaftliches Wort, das eine bestimmte Energie, die in uns steckt, bezeichnet; für mich wäre klar, was Freud meint, aber ich sei nicht in der Lage, es zu erklären, usw. Und alles hatte ich sehr bescheiden vorgetragen. Und ich fahre fort über den Hedonimus und sage: »Vielleicht muß man die Frage in Zusammenhang mit dem Hedonismus erläutern. Schon früher hatten sich Epikureer und Stoiker über dieses zentrale Problem Fragen gestellt: wie ist die

Lust im Menschen zu beherrschen, damit Kräfte freigesetzt werden, die anders genutzt werden könnten ... usw.« Das habe ich ihm in etwa gesagt, und er gab mir eine sehr gute Note. Auch diese Prüfung habe ich mit Auszeichnung bestanden.

Zu jener Zeit kannten Sie sich also ein wenig aus mit der psychoanalytischen Theorie Freuds.

Das war alles, was ich wußte. Das hat sich geändert, als ich mein Vorbereitungsjahr (PCN) für das Medizinstudium begann und Marc Schlumberger kennenlernte, wir sprachen viel miteinander. Schlumberger hat eine Psychoanalyse bei Nunberg in Österreich gemacht. Dann hat er ein oder zwei Jahre an der Schule von Summerhill[44] in England verbracht, wo er als Lehrer und in der Freizeitgestaltung tätig war. Davor war er Ölforscher. Er war damals ein dreißig- bis zweiunddreißigjähriger Mann, der sein Medizinstudium spät angefangen hatte[45]. Ich war damals dreiundzwanzig, ich fing ja spät mit der Medizin an. Meine Mutter hatte mir gesagt: »Da Philippe jetzt Medizin studiert, kannst du auch mit ihm zusammen anfangen!« – »Nein, hör mal, es hat genug Theater damit gegeben. Dieses Jahr ist für mich schon ausgefüllt mit meinem Italienisch; ich werde Musik machen; außerdem bin ich Ausbilderin an der Krankenschwesternschule; ich bleibe dabei, wie es entschieden war! Ich werde mit fünfundzwanzig Jahren das Medizinstudium beginnen, schließlich hast du es so gewollt. Ich verstehe nicht, warum du deine Meinung jetzt ändern willst.« –»Wieso verstehst du das nicht? Weil du mit Philippe einen Beschützer hast! Du wirst nicht all diesen Männern ausgeliefert sein!« Sie hatte Angst um mich, meine arme Mutter. Philippe und ich lachten uns kaputt ... Dann sagte Philippe zu mir: »Hör mal, ich würde mich freuen, wenn du mit mir zusammen Medizin studierst. Da Mutter einverstanden ist, und du Lust dazu hast, warum fängst du nicht jetzt an?« – »Warum nicht? Dann eben mit einem Beschützer im Rücken, da Mutter es so will.« Es war mir egal! Also habe ich »ja« gesagt, aber das Studienjahr hatte schon begonnen. Wir mußten beide zum Dekan der medizinischen Fakultät gehen. Keine Ahnung, wie er hieß. Es war ein alter Herr, der sich gern

Mädchen anschaute und sich ein bißchen daran aufgeilte... »Also, sie ist Ihre Schwester? Sind Sie sicher, daß sie Ihre Schwester ist, junger Mann? Sind Sie sich da ganz sicher? Sie wollen beide das gleiche Fach studieren und Sie bitten beide um eine Sondergenehmigung, damit Sie sich noch einschreiben können? Sind Sie sicher, daß er Ihr Bruder ist, Fräulein?«

Ich lachte, aber ich verstand nicht richtig, worum es ging. Als wir wieder draußen waren, sagte mir Philippe: »Hast du diese Drecksau gesehen? Er glaubt, daß wir ein Liebespaar sind, das so tut, als wäre es Bruder und Schwester.«

So begannen wir beide das Vorbereitungsjahr (PCN) zusammen[46]. Und bei dieser Gelegenheit lernte ich Schlumberger kennen; wir sprachen in den Pausen nach den Chemiekursen und anderen Vorlesungen zusammen und erzählten uns, warum wir so spät mit dem PCN angefangen hatten, da wir nicht zu den jungen Leuten gehörten, die mit achtzehn Jahren, gleich nach dem Abitur, ihr Studium anfangen.

Ich habe ihm erklärt, daß ich »Erziehungsärztin« werden wollte. Er sagte mir: »Dann müssen Sie die Psychoanalyse kennenlernen.« – »Aber ich kenne sie bereits! Sie hat nichts zu tun mit dem, was ich machen will. Die Psychoanalyse ist eine Philosophie, ich aber möchte behandeln und Prophylaxe betreiben.«

So stellten Sie sich damals die Psychoanalyse vor?

Ja, ich hatte im Kopf behalten, daß es sich um eine Philosophie handelte, und daß sie nichts mit dem Gesundheitszustand der Leute zu tun hätte.

War der Begriff »psychoanalytische Kur« für Sie damals fremd?

Ja, absolut fremd! Für mich war eine Psychoanalyse eine philosophische Übung.

Erst mit Schlumberger haben Sie also die andere Dimension der Psychoanalyse kennengelernt?

Nein. In einem anderen Zusammenhang: Es hatte sich etwas Schlimmes für mich ereignet. Seit ich sechzehn war (und ich war dreiundzwanzig am Anfang des Studiums), hatte ich nicht studiert. Ich hatte Musik gemacht und viel gelesen, aber sonst nichts. Ich mußte viel nachholen, arbeitete sehr schnell, so daß ich nach vierzehn Tagen das verlangte Niveau erreichte. Ich wußte dann, was das CGS-System[47] war, nachdem ich alles, was ich über Physik wußte, vergessen hatte – ich hatte eh sehr wenig Physik in der Schule gehabt! Hinzukam, daß wir uns dauernd Tests, den sog. »colles«[48], unterziehen mußten, deren Noten am Ende des Jahres bei der Hälfte der Gesamtnoten zählten. Im ersten Jahr des Medizinstudiums[49] waren Philippe und ich in der gleichen Testgruppe: Marette Francoise, Marette Philippe, wir wurden hintereinander aufgerufen. Wir bekamen die gleichen Tests, was für ihn nicht gut war, denn ich bekam immer die besseren Noten. Er war unglücklich und bekam wieder Akne im Gesicht. Ich sprach darüber mit Schlumberger, der mir sagte: »Philippe könnte eine Psychoanalyse machen, was ihm bestimmt helfen kann.« Und ich fragte: »Wie geht so etwas vor sich?« – »Man spricht mit einem Psychoanalytiker, um die Gründe herauszufinden, weshalb man blockiert ist.« Ich sagte: »Meinen Sie nicht, daß es daran liegt, daß er im September sein Abitur gemacht hat, und ganz einfach erschöpft ist?« – »Nein. Beobachten Sie einmal, wie er sich Ihnen gegenüber verhält; er möchte Ihnen immer helfen, den Mantel auszuziehen, ihn wieder anzuziehen, er will Sie daran hindern, mit X oder Y zu sprechen.« – »Ja, aber das ist wegen meiner Mutter: er muß ja mein Beschützer sein.« – »Eben. Er muß verstehen, daß es nicht seine Rolle ist, Ihr Beschützer zu sein, und daß das ganze ihn sehr unglücklich macht.« – »Also gut, und was muß er tun?« – »Er muß zu einem Psychoanalytiker gehen.« Ich sagte: »Gut. Ich werde mit meinem Vater darüber sprechen.« Zuerst sprach ich mit Philippe darüber, der mir antwortete : »Vielleicht würde es mir helfen, aber Vater wird mir niemals eine Psychoanalyse bezahlen wollen.« – »Ich habe keine Ahnung, ich werde ihn fragen.« Als ich nach Hause kam, fragte ich gleich meinen Vater. »Hör mal, Vater, ich möchte mit dir über unser Studium sprechen. Für mich läuft alles sehr gut, aber Philippe hat Schwierigkeiten, er kommt nicht richtig voran und ist deshalb sehr unglücklich. Wäre ich wenigstens nicht im gleichen Jahr wie er, wäre es nicht so schlimm, aber er stellt dauernd Vergleiche zwischen mir und sich selbst an. Es ist unangenehm für ihn und für mich. Ich kenne einen Kommilitonen, er heißt Schlumberger; er meint, daß eine Psychoanalyse Philippe helfen könnte. – «Das ist vielleicht gar kein schlechter Gedanke. Ich habe einige Werke über die Psychoanalyse gelesen, und tatsächlich...« Er kannte sich besser aus, als ich. »Und was muß er tun?« – »Zu einem Analytiker gehen. Schlumberger hat mir sogar einen Namen empfohlen.« – »Und wer ist es?« – »Laforgue.«

Von ihm haben Sie den Namen von Laforgue bekommen?

Ja, von Schlumberger. Er war damals bei ihm, um seine Psychoanalyse in Frankreich zu Ende zu führen. Er hatte bereits einen Teil seiner Analyse in Wien bei Nunberg gemacht; dieser hatte ihn dann zu Laforgue nach Paris geschickt, dessen Analyse mit Frau Sokolnicka von Freud kontrolliert worden war. Daraufhin sagte mein Vater: »Gut, ich bin damit einverstanden.« Zwei Tage später suchte er Laforgue auf, um ihm Philippe anzuvertrauen. So begann Philippe eine Psychoanalyse, und nach vierzehn Tagen konnte er viel besser arbeiten, das Studium fiel ihm leichter. Er wirkte gelöster. Was einfach daherkam, daß er mit jemandem sprach und sagen konnte, was er zu sagen hatte. Ich war darüber sehr glücklich; so kam es, daß wir beide am Ende des ersten Jahres unseres Medizinstudiums unser Examen bestanden haben.

War das für Sie ein Schlüsselerlebnis? Hat Sie das sehr beeindruckt?

Es war für mich eine interessante Erfahrung. Aber dann kam das Drama mit D. Meine Mutter war sehr ärgerlich, feststellen zu müssen, daß ich das Medizinstudium nicht aufgab – was sie gehofft hatte –, sondern mich dieses Studium im Gegenteil sehr glücklich machte.

Als ich damals mit dem Studium anfing, war ich im Konflikt mit mir selber gewesen, weil ich merkte, daß ich diesem »Verlobten«

damit sehr wehtat, Medizin zu studieren; es ging so weit, daß wir uns zerstritten. Wir hatten keinen wirklichen Grund, zerstritten zu sein. Wir sahen uns immer noch sonntags, wie vorher; wir waren zerstritten, weil ich Medizin studierte, und er nicht wollte, daß seine Frau Medizin studiert. Es tat mir weh, den einzigen Freund, den ich hatte, im Stich zu lassen. Gleichzeitig war ich mir nicht darüber im klaren, ob ich wirklich recht hatte, gegen meine Mutter und gegen diesen Jungen, den ich gern hatte, zu handeln. Mein Vater sagte nichts dazu.

So kam es, daß ich mich am Anfang des zweiten Jahres des Medizinstudiums – vielleicht hing es auch mit Philippe zusammen, ich kann es nicht so genau sagen – plötzlich von Schuldgefühlen geplagt fühlte; wegen der Entscheidung, die ich getroffen hatte; die möglicherweise doch nicht so gut war. Ich aber wollte doch immer nur Gutes tun! Wie konnte ich wissen, ob das, was ich tat, auch gut war?

Und ich bekam plötzlich Schlafstörungen – obwohl ich sonst immer hervorragend schlief – und war dann müde beim Lernen. Ich hatte mein Studium so gut angefangen! Und plötzlich merkte ich, daß ich bei den Vorbereitungen für die Tests nicht weiterkam. Ich ging zu meinem Vater und sagte: »Es geht nicht so weiter.« Philippe ist seinerseits zu meinem Vater gegangen und hat ihm erklärt: »Ich habe mit Laforgue über die Situation von Françoise gesprochen. Laforgue denkt, daß Françoise drei- oder viermal mit ihm sprechen sollte, daß es ihr dann schon besser gehen würde, wie es mir damals auch besser gegangen ist.« Daraufhin sagte mein Vater: »Ich habe nichts dagegen. Ich werde auch für Françoise zu Laforgue gehen.« Was er auch tat.

Danach bin ich zu Laforgue gekommen. Ich erinnere mich sehr genau an die drei ersten Sitzungen: ich konnte kein Wort sagen. Ich habe nur auf der Couch gesessen und geschluchzt – ich saß und habe nicht auf der Couch von Laforgue gelegen. Aber es hat mir so gut getan! Ich war unwahrscheinlich erleichtert. Ich wußte überhaupt nicht, was eine Psychoanalyse ist: »Sie sagen alles, was Sie denken«, hatte er mir gesagt. Da ich nichts dachte, weinte ich, das war alles. Aber es hatte mir so gutgetan zu weinen und während der drei Sitzungen nichts zu sagen, daß ich wieder sehr gut schlafen konnte. Ich habe dann beschlossen, mit der Analyse fortzufahren[50].

In welchem Jahr haben Sie mit Ihrer Analyse begonnen?

Es muß wohl im Februar 1934 gewesen sein. Ja, das stimmt, es war im Februar 34, im zweiten Jahr meines Medizinstudiums. Ein Jahr nach Philippe[51]. Es war zu der Zeit, als D. und ich beschlossen hatten, uns nie wiederzusehen[52].Er hatte seine Einberufung zum Militärdienst vorverlegt, um früher damit fertig zu sein. Danach wollte er sich auf sein Examen in Altphilologie vorbereiten. Und wie Kinder hatten wir uns gesagt: »Ja, wir werden uns wiedersehen. – Ich werde nur glücklich sein, wenn ich weiß, daß Sie glücklich sind usw.« Jeder sagte solche dummen Sätze. Ich hatte D. mein Wort gegeben und fühlte mich an mein Wort gebunden. Die Aussichten für mich waren gut, weil ich zwei Jahre vor mir hatte, in denen ich mich auf meine Arbeit konzentrieren konnte. Und gleichzeitig fühlte ich mich frei, weil ich ihn im Imaginären liebte. Auf der emotionalen Ebene respektierte ich ihn sehr und schätzte ihn als feinen, gebildeten Menschen. Er war kein Royalist. Sein Vater war Royalist und Parteifunktionär bei der »Action française«, wo er mit Maurras zusammenarbeitete, aber sein Sohn war politisch nicht tätig. Er sagte: »Ich habe genug Arbeit mit meinen philosophischen Texten!« Der Vater verwaltete das Landgut in Südfrankreich, wovon sie auch lebten, denn sein Einkommen von der »Action française« war nicht ausreichend, um für die ganze Familie aufzukommen. Dieses Landgut lebte vom Verkauf von Weinprodukten und Melonen.

Also fingen Sie damals bei Laforgue an?

Ich fing dann bei Laforgue an. Und kurz danach gab es einen neuen Krach mit meiner Mutter: dieses Mal ging es darum, daß ich mit meiner Analyse weitermachte. Sie zwang meinen Vater, mir das Wasser abzugraben. Er teilte es mir folgendermaßen mit: »Ich kann nicht mehr für dich bezahlen. Es kommt nicht in Frage, daß meine Ehe wegen meiner Kinder auseinandergeht. Ich stehe zu eurer

Mutter, und ihr werdet nachgeben müssen, nicht ich.« Es war ganz gut, daß er so sprach; es war klar. Daraufhin teilte ich Laforgue mit: »Ich kann nicht weitermachen; mein Vater kann nicht mehr bezahlen, und ich verdiene noch kein Geld.«

Philippe schlug mir vor: »Weißt du, wir besitzen Gegenstände, die wir verkaufen könnten. Und außerdem wirst Du – vielleicht nicht dieses, aber nächstes Jahr bestimmt – mit Spritzen und Verbänden etwas verdienen können.« Ich habe nicht lange gewartet und mich an die Anstalt gewandt, in der ich als Ausbilderin gearbeitet hatte, und gefragt, ob ich dort die Möglichkeit hätte, Spritzen zu geben und Verbände anzulegen, da man diese Schwesternarbeit morgens und abends machen konnte. Durch diese Arbeit habe ich etwas Geld verdienen können. Auf der anderen Seite hatte Laforgue mir gesagt – ob wahr oder nicht –, daß er in der Psychoanalytischen Vereinigung in Paris von meinem Fall erzählt hätte; die Prinzessin[53] hätte Stipendien für Analysanden eingerichtet, die ihren Analytiker besonders interessierten und geeignet wären, selbst Analytiker zu werden. Laforgue war der Meinung, daß ich das Zeug dazu hätte, Analytikerin zu werden. Wenn ich also Stipendiatin werden wollte, würde er für mich ein Stipendium für Psychoanalyse beantragen; so bekäme er die Hälfte der Kosten, für die ich aufkommen müßte, von diesem Stipendium ersetzt, und ich müßte nur noch die andere Hälfte tragen. Damals verlangte er von meinem Vater 25 FF pro Sitzung; und von heute auf morgen verlangte er von mir nur noch 15 FF[54]. Gleichzeitig reduzierte er die Zahl der Sitzungen pro Woche; von drei Sitzungen hatte ich nur noch eine[55]. Davor ging ich eben dreimal in der Woche zu ihm. Eine Sitzung dauerte 55 Minuten. Wenn ich während dieser Zeit nichts sagte, fand die Sitzung eben in der Stille statt. Man warf die Leute nicht hinaus, wenn sie nicht sprachen. Ich denke, daß es sehr wichtig ist, still sein zu dürfen. Diese drei ersten Sitzungen, in denen ich kein Wort sagen konnte, hätten heutige Psychoanalytiker kaum toleriert. Sie haben mir jedoch viel Erleichterung verschafft. Ich brauchte sie, um meinen Schlaf wiederfinden zu können.

Waren Sie zu diesem Zeitpunkt entschlossen, die Analyse zu Ende zu führen?

Natürlich! Aber ich hatte überhaupt keine Ahnung von der psychoanalytischen Theorie, außerdem war es verboten, sie zu lesen.

Hatte er Ihnen ausdrücklich verboten, psychoanlytische Literatur zu lesen?

Ja, ausdrücklich verboten! Das gehörte zu den Regeln, die man einhalten mußte, sobald man mit der Analyse anfing.

Sie waren also erst einmal bei Ihren früheren theoretischen Kenntnissen stehengeblieben. Sie kannten nur »Die Psychopathologie des Alltags« und »Fünf Vorlesungen über die Psychoanalyse.«

In Wirklichkeit hat er in den drei ersten Stitzungen nichts gesagt; erst als ich zu sprechen anfing, hat er sich über die Psychoanalyse geäußert: »Haben Sie etwas davon gehört?« – »Ja, durch Schlumberger, aber auch vorher hatte ich davon gehört…« Er hat mir gesagt: »Sie müssen wissen, daß Sie nur mit meiner Erlaubnis psychoanalytische Werke lesen dürfen, weil eine Psychoanalyse viel besser verläuft, wenn man nicht weiß, was eigentlich geschieht.« Und es war für mich tatsächlich so, daß ich nichts von meiner Psychoanalyse verstanden habe, rein gar nichts. Ich sagte es ihm auch. Er antwortete mir mit seinem elsässischen Akzent: »Sie glauben, daß Sie nicht verstehen, aber wenn Sie da (er zeigte auf den Kopf) nicht vertehen, verstehen Sie da (er zeigte auf das Herz).«

Wie lange hat Ihre Psychoanalyse gedauert?

Drei Jahre[56]. Mir erschien diese Zeit ziemlich lang, denn schon nach einem Jahr war ich wieder quicklebendig, es ging mir sehr gut; wenn mich Leute, die mich kannten, als ich krank war, gesehen hätten, hätten sie gemeint, ich bräuchte nicht mehr weiterzumachen. Ich hatte aber ein anderes Kriterium: mit Patienten konfrontiert, fühlte ich ganz genau, ob ich disponibel war oder nicht – denn damals war es im Medizinstudium so, daß man sehr schnell am Bett des Kranken war, daß man praktisch als Arzt fungierte, obwohl man mit dem Studium noch nicht fertig war. Und meiner Auffassung nach ist die psychoanalytische Kur eines Arztes erst dann zu Ende, wenn er während der Konsultation eines Patienten niemals an sich denkt.

Kein schlechtes Kriterium.

Und ich sagte zu Laforgue: »Das ist mein Kriterium.« Er fragte mich erstaunt: »Woher wissen Sie, daß Ihre Analyse noch nicht beendet ist?« – »Aus folgenden Gründen: Mit fast allen Leuten denke ich nicht mehr an mich; aber wenn es vorkommt, daß ich bei der Erzählung eines Vaters, einer Mutter oder eines Kindes denke: «So geht es mir auch«, dann beweist es, daß ich noch nicht fertig bin.» Ich glaube, ich hatte gar nicht so ganz unrecht. Und als es bei mir so weit war, daß ich von 8.30 Uhr bis 13 Uhr meine Sprechstunde halten konnte, ohne eine halbe Sekunde an mich gedacht zu haben, war ich der Ansicht, daß ich analysiert war. Richtig oder falsch.

Er war einverstanden, daß meine Analyse drei Jahre dauerte, was bei ihm bisher noch nicht vorgekommen war! Bei Freud dauerten die Analysen früher sechs Wochen.

Als ich meine Psychoanalyse begann, war ich noch Jungfrau, und ich war es immer noch, als ich mit der Analyse fertig war; Laforgue hat es mir nie vorgehalten. Er hat nie mit mir über die Tatsache gesprochen, daß ich kein sexuelles Verlangen hatte, niemandem gegenüber. Ich kannte viele Kommilitonen und hatte viele Freunde, Mädchen wie Jungen, aber ich verspürte kein sexuelles Begehren. Übrigens sprach ich mit ihm darüber in bezug auf D., weil ich klarer sehen wollte, was zwischen uns tatsächlich passiert war. Aber das war nicht das einzige Problem, das ich bei ihm ansprach: da war auch die Frage meiner Beziehung zu meiner Mutter, ferner die Frage, die ich mir damals stellte, woher ich nämlich wissen könne, daß das, was ich für «Das» Gute hielt, auch gut war. Ich war sehr gestört. Ich habe wirklich eine zweite Phase der Verrücktheit durchgemacht, ich war nicht mehr fähig, aufmerksam zu sein. Ich ging ins Kino – anstatt mit dem Geld Essen zu kaufen (beides konnte ich mir nicht leisten) – nur um im Dunklen zu sein und um Bilder zu sehen, ohne daß ich wußte, was ich da eigentlich sah; wichtig war für mich nur, daß alles sich bewegte, damit es in mir nicht erstarrte. In diesem Zustand befand ich mich eine ganze Woche, es war kurz vor Beginn der Analyse, als Philippe zu Recht mit meinem Vater über mich sprach. Es war übrigens ein Fehler von Laforgue, daß er mich, die Schwester von Philippe, als Analysand aufnahm, anstatt mich zu jemand anderem zu schicken.[57] Es ist schade, denn Philippe hat dafür mit einer ernsthaften Tbc-Erkrankung bezahlt.

Er hat dafür bezahlt?

Ja, er hat dafür bezahlt: er war auf der bewußten Ebene sehr glücklich, daß ich angenommen wurde; aber unbewußt sah es anders aus: diese vier Jahre ältere Schwester hatte ihm seinen Platz weggenommen.

Wahrhaftig, sie nahm ihm seinen Platz ein bißchen überall weg.

Es stimmt! Also ist er nach Passy[58] gegangen. Meine Eltern hatten Angst um ihn. Man muß dazu sagen, daß er zwei Jahre davor als Praktikant auf einer Tuberculose-Station gearbeitet hatte und mit Tbc-Kranken in engem Kontakt war. Er hatte sich bei ihnen angesteckt. Zunächst verlief die Krankheit bei ihm schleichend, dann folgte ein akutes Stadium und man fand riesige Kavernen. Meine Eltern dachten, daß er verloren wäre. Man suchte den Prof. R auf: es bestand sehr wenig Hoffnung. Philippe blieb mit Laforgue, der ihm antwortete, in brieflichem Kontakt. Innerhalb von sechs Monaten ging es ihm dann viel besser, es war unwahrscheinlich.

Und was mich betraf, war ich mit meiner Analyse bei Laforgue schon so weit, daß ich den Analytiker nicht wechseln konnte! Ich hatte ihm gesagt: »Vielleicht war Philippe sehr unglücklich darüber, daß ich zu seinem Analytiker ging; aber schließlich war er derjenige, der mich hierher geführt hat...« Laforgue antwortete nichts, oder er antwortete auf diese für ihn typische Art. Alle seine Interpretationen gingen immer in die Richtung: »Es gibt unglücklich und unglücklich«. Damit mußte man klarkommen!

Sie hatten Ihre Entscheidung im Grunde genommen schon gefällt, als Sie von Laforgue verlangt haben, die Analyse bei ihm zwei Jahre länger zu machen; damals wußten Sie schon, daß Sie Psychoanalytikerin werden würden.

Überhaupt nicht! Ich wußte nur, daß ich eine Kinderärztin sein würde, die psychologische Störungen, die zu somatischen Störungen führen, verstehen könnte; diese Störungen nannte man damals noch nicht »psychosomatisch«, aber für mich war klar, daß psychologische Störungen sich über somatische Störungen manifestierten. Und das erzählte ich eben.

Wann hatten Sie die Idee, Analytikerin zu werden?

Diese Idee ist mir, glaube ich, durch den 2. Weltkrieg gekommen. Ich habe meine Analyse 1937 beendet, und ab diesem Zeitpunkt durfte ich psychoanalytische Bücher lesen und mit einer Ausbildung als Analytikerin anfangen – denn Laforgue, wie viele andere, wollte, daß ich Analytikerin werde.

Haben Sie sich zu diesem Zeitpunkt in der SPP (Psychoanalytische Gesellschaft von Paris) eingeschrieben?

Ja, ja, natürlich. Ich ging zu den Vorlesungen und nahm an den Seminaren teil.

Aber Sie hatten keine Praxis?

Laforgue hatte mir empfohlen, eine Ausbildung als Analytikerin zu machen. Die Voraussetzung war, daß man drei Patienten mit Supervision analysierte, danach bekam man den Titel des Psychoanalytikers. Damals gab es keine Ausbildung als Kinderanalytiker. Man konnte nur Psychoanalytiker für Erwachsene werden. Wenn man mit Kindern arbeitete, tat man es ganz allein und auf eigenes Risiko.

Ich war Ärztin für organische Medizin, ich wollte Kinderärztin werden. Als ich mit dem Medizinstudium fertig war, fing ich eine Facharztausbildung als Kinderärztin an. Während meines Studiums mußte ich ein Praktikum in der Psychiatrie machen. Ich habe es auf der Station von Heuyer gemacht, der Kinderpsychiater am Krankenhaus von Vaugirard war. Es war schrecklich; bei Heuyer habe ich gelernt, was man nicht tun sollte. Auf diese Station kamen alle Kinder aus Frankreich und aus Navarre.

Und schon damals ist Ihnen bewußt geworden, daß es dort schrecklich war?

Ja, insbesondere für einen Kinderarzt! Für mich war es die Pflicht eines Kinderarztes, sich in ein Kind, das er behandelt, einzufühlen; stattdessen wurde jedoch bei Heuyer dem Kind gesagt: »Dir tut es überhaupt nicht leid, obwohl du abgehauen bist! Du siehst, daß deine Mutter dadurch beinahe verrückt geworden wäre, und es ist dir völlig gleichgültig!« Und da solche Worte den jungen Adoleszenten wütend machten, sagte Heuyer: »Nicht einzuschüchtern!« Dann schrieb er in seine Unterlagen: »Nicht einzuschüchterndes Kind. Mutter: total debil. Besserungsanstalt.« Ich fand es schrecklich! Eines Tages sagte Heuyer zu mir: »Anstatt sich auf eine Assistenzarztstelle vorzubereiten – das tat ich ja, da ich noch Praktikantin war – sollten Sie sich doch auf eine Stelle in der Psychiatrie vorbereiten, denn wir brauchen in den psychiatrischen Anstalten dringend Leute, die das Niveau heben würden.«

Wer hat Ihnen das gesagt, Heuyer oder Laforgue?

Heuyer. Laforgue sah ich damals nicht mehr. Wir waren zwar noch befreundet, aber wir sahen uns selten. Ich traf ihn bei der Psychoanalytischen Gesellschaft. Und während der Ferien trafen wir uns im »Club des Piqués« (Klub der Übergeschnappten), das war die Herberge von La Roquebrussanne.[60]

111

Vor ein paar Monaten habe ich ein Interview mit Alain Cuny gelesen, in dem er erzählte, daß er dort »eine unglaublich dynamische Frau« getroffen hätte, nämlich die zukünftige Françoise Dolto.

Es war so: Als ich zu Laforgue ging, begegnete ich einem jungen Mann, der mir den Weg versperrte: »Keiner geht durch!« Ich sagte: »Das wollen wir mal sehen!« – »Ja, ich weiß, daß Sie zu diesem Schwein gehen. Aber schauen Sie mal her, was ich da habe! (Er zeigt mir einen Revolver.) Das ist für ihn.« Daraufhin sagte ich: »Bis Sie soweit sind, möchte ich aber zu ihm gehen und mit ihm sprechen.« – »Nein, Sie kommen nicht durch!« – »Hören Sie mal, junger Mann, es wäre für Sie besser, heute abend ins Restaurant zu kommen, in dem ich zu Abend essen werde, und mich jetzt zu Laforgue durchzulassen. Sie könnten vielleicht über Ihre Absicht nachdenken, morgen haben Sie immer noch Zeit, ihn zu töten.« Ich schäkerte einfach mit ihm. Ich habe es nicht so tragisch genommen, und er fand es toll. Am Abend kam er zum Restaurant: es war ein wunderschöner Abend! Die ganze Zeit trug er Gedichte vor, von Baudelaire und anderen Dichtern.

War er damals schon Schauspieler?

Er war noch kein Schauspieler, aber er war Dichter und Maler. Und er liebte Gedichte. Er kannte sich in der Literatur und Kunst sehr gut aus. So lernte ich ihn also kennen.[61]

Also, Heuyer versuchte, Sie zu bewegen, Assistenzärztin in der Psychiatrie zu werden.

Genau. Es war so: ohne mit meinem Praktikum und mit meinen Vorbereitungen auf eine Assistenzstelle in Pathologie aufzuhören – diese Ausbildung machte man bei der öffentlichen Fürsorge – habe ich parallel dazu in Sainte-Anne einen Kurs über physiologische Anatomie der Neurologie belegt. Übrigens habe ich zu dieser Zeit öfters Lacan gehört, der dort völlig unverständliche Vorträge vor den Beschäftigten hielt; Er war in der Psychiatrie – aber nicht im

Pariser Bezirk – zusammen mit Henri Ey als Assistenzarzt tätig gewesen.

Boris war sehr erstaunt, daß die Neurologie und die Psychiatrie nicht Gegenstand des Medizinstudiums waren, denn in Rußland gehörten diese Fächer zum Studium der Allgemeinmedizin dazu. Danach machte jeder seinen Facharzt, aber im Rahmen des Studiums hatte sich jeder mit Neurologie und Psychiatrie beschäftigt. Während es in Frankreich ganz anders ist. Den Kopf? Kennt man nicht! Das Gehirn? Kennt man nicht! Man kennt die Nerven, aber das Gehirn nicht. Boris war auch in Sainte-Anne gewesen, um sich Vorträge anzuhören; das war, bevor ich dort arbeitete, damals kannten wir uns noch nicht. Und er geriet an diesen Witzbold von Lacan, der Vorträge über die Anatomie des Gehirns hielt. Er sagte von Lacan folgendes: »Dieser Mann ist kein Anatomie-Lehrer, er ist ein Dichter. Er ist völlig verrückt!« Es machte ihm durchaus Spaß, ihm zuzuhören, aber auf der anderen Seite lehnte er die Psychiater völlig ab: es wären unkompetente Leute, sie würden unwissenschaftlich vorgehen. Es war ein lustiger Zufall...

Ich persönlich war nicht sehr lange bei Lacan, da seine Kurse schon belegt waren. Ich habe einen Professor gehabt, der Langlois hieß und dessen Anatomiekurse sehr gut waren. Ich verstand ehrlich gesagt nicht sehr viel von dieser Geographie des Gehirns, es war sehr schwierig, aber was soll's...

Haben Sie das Gehirn auch seziert?

Ja, man kann alles, wenn man sich darauf einstellt.

Damals erfuhr ich, daß sich eine Assistenzärztin der Psychiatrie, die in der »Maison Blanche« arbeitete, wegen ihrer Heirat für drei Monate beurlauben ließ. Da ich Praktikantin im Krankenhaus war, habe ich mich als Vertretung für diese Ärztin beworben.

Ich habe dann drei Monate in der »Maison Blanche« gearbeitet[62]. Diese kurze Erfahrung hat gereicht, um mir den Beruf des Psychiaters im Krankenhaus endgültig zu verleiden. Ich sagte mir: »Diesen Leuten müßte man schon in der Kindheit helfen, und nicht erst im Erwachsenenalter. Alles, was diese Leute, die in einem Wahnzustand eingeliefert werden, erzählen, sind Dinge aus der Kindheit.

Ihre Störung mag sich erst mit achtzehn Jahren manifestieren, weil sie von jemandem am Arbeitsplatz verführt worden sind, der sie im Stich gelassen hat, oder weil sie in jemanden verliebt waren, der es nicht bemerkte, oder wegen sonstiger Geschichten; auf jeden Fall ist es so, daß der Papa immer wieder auftaucht. Es geht nicht um den konkreten Mann, mit dem sie schlechte Erfahrungen gemacht haben. Die Menschen, mit denen man aktuell in einen Konflikt gerät, sind nur Stellvertreter der Eltern. Einer Frau in den Wechseljahren z. B. erscheint nicht ihr Mann als kleiner Teufel am Bettende, sondern ihr Vater, weil sie den Briefträger scharf angeschaut hat, der ihr schöne Augen gemacht hat oder lauter solche Dinge.« Es waren immer solche Geschichten... Und ein anderer Aspekt der Anstalt, der mich angewidert hat, war diese Unsitte, den Frauen alles wegzunehmen: sie hatten plötzlich keinen Kamm mehr, keine Zahnbürste, keinen BH, nichts, nur ein Unterhemd aus grober Baumwolle und darüber ein Kleid. Es handelte sich um eine Vorsichtsmaßnahme, damit sich niemand strangulierte oder niemand die anderen verletzen konnte. Sie aßen mit Löffeln, weil Gabeln zu gefährlich wären! Kurzum, es war wirklicher Wahnsinn! Die Menschen, die sich um diese Kranken kümmerten, hatten aus der Anstalt ein regelrechtes Konzentrationslager gemacht...

Hinzukam, daß ich die einzige Ärztin war für... 1 200 Frauen! Die Jahre nach der Krise von 1929 gab es jeden Tag Einlieferungen; es waren meist senile Schwachsinnige, die von ihren Familien in die Anstalt abgeschoben wurden, weil die Leute keinen Platz mehr in den Wohnungen hatten. Und ich war nicht nur für den Empfang, die Behandlung der Leute, sondern auch für alles andere zuständig, was anfiel! Ich habe mindestens zehn Autopsien gemacht, um herauszufinden, woran manche von diesen Frauen gestorben waren. Und ich war allein! Ich machte die Autopsien ganz allein, auch den Autopsiebericht. Es war seltsam, all diese Frauen waren an Atherom gestorben. Alle hatten die Arterien voll mit weißem Zeug entlang der Arterienwände. Ich schloß daraus, daß sie an Atherom gestorben waren. Aber weiß der Teufel, woran sie gestorben waren, diese armen Frauen...

Eine von ihnen ist an einer akuten Blinddarmentzündung gestorben, die der Chef nicht ernstnehmen wollte, weil er sagte, es

114

wäre Samstag, man könnte bis Montag warten. Sie ist an Bauchfellentzündung gestorben. Ich habe mich bei solchen Fällen als Ärztin der staatlichen Krankenhäuser mitschuldig gefühlt und mir gesagt: »Nie bleibe ich in solch einer Anstalt, es ist fürchterlich!« Die Krönung des Ganzen war der Geist, der im Krankensaal herrschte: Es war der Geist einer Provinzgendarmerie! Es war wirklich, aber wirklich nicht vergleichbar mit den Krankenhäusern von Paris. So kam es, daß ich nicht mehr die Prüfung ablegen wollte.

Haben Sie seitdem der Psychiatrie endgültig den Rücken gekehrt?

Nicht nur der Psychiatrie, sondern ich habe auch der Ochsentour der offiziellen Medizin öffentlicher Fürsorge den Rücken gekehrt, weil ich Frau Aubry als Paradebeispiel vor Augen hatte – allerdings die Frau Aubry von damals, weil sie sich später geändert hat, nachdem sie eine Psychoanalyse gemacht hatte; es ist eine Frau, die ich sehr bewundere.

Frau Aubry, damals noch Frau Roudinesco, eine ehemalige Schülerin von Heuyer, kam jeden Tag auf seine Station – ich war damals noch Praktikantin – um sich mit irgendwelchen Geschichten bei ihm anzuschmeicheln, weil sie Assistenzärztin werden wollte – oder weil sie schon Assitenzärztin war und im Krankenhaus fest übernommen werden wollte. Und es lief nur über gute Beziehungen! Es hatte nichts, aber gar nichts mit den Fähigkeiten oder dem Wunsch von jemandem zu tun, Arzt zu sein! Absolut nichts.

Es waren nur schmierige Geschichten, die sie dem Chef erzählte. Und ich, noch Praktikantin, mußte mir ihre Storys anhören; ich sehe sie noch vor mir, mit ihrem kleinen geblümten Hut, der mit Kirschen verziert war, die beim Reden immerzu wackelten! Sie war wie ein Mann, der als Frau angezogen war, oder eine als Mann verkleidete Frau; man konnte nie wissen, ob es eine Mann-Frau oder ein Frau-Mann war.

Ich sagte mir: »Es ist schrecklich, so zu werden, wenn man im Krankenhaus nur auf die Hierarchie fixiert ist! Es ist zum Davonlaufen! Es sind weder Ärzte noch Menschen. Ich weiß nicht mehr, was sie sind. Es sind nur Leute, die Stellen suchen...«[63]

Haben Sie auf Grund dieser Problematik daran gedacht, Psychoanalytikerin zu werden?

Überhaupt nicht! Auf Grund dieser Problematik habe ich nur daran gedacht, meinen Arztberuf auszuüben, Kinderärztin zu werden, zu tun, was ich konnte, mir zu helfen wissen und in keinem engen Rahmen eingebunden zu sein. Und mich in der Stadt als praktizierende Ärztin niederzulassen, und zwar sofort. Genau das habe ich übrigens auch getan.

Sie haben sich als Kinderärztin niedergelassen?

Ja, sofort als Kinderärztin. Ich wurde am 11. Juli 1939 um 13 Uhr in einer mündlichen Prüfung zu meiner Doktorarbeit (Psychoanalyse und Kinderheilkunde) befragt und habe meine Promotion bestanden. Eine Stunde später – ich hatte nur Zeit, eine Kleinigkeit zu essen – ging ich zur Präfektur, um mein Diplom registrieren zu lassen. Zuerst hatte ich in der Fakultät mein Diplom verlangt. Man antwortete mir: »Was? Sie haben gerade Ihre mündliche Prüfung hinter sich und Sie wollen schon Ihr Diplom haben? – Ja, ich will mein Diplom haben, ich bin ja promoviert.« -»Sie haben selbstverständlich ein Recht darauf, aber es ist nicht üblich, am selben Tag das Diplom auszuhändigen. Kommen Sie in acht Tagen wieder.« – »In acht Tagen?! Wir haben bald den 14.Juli! Und ich fahre in Urlaub; ich möchte unbedingt jetzt Urlaub nehmen, weil ich mich spätestens am ersten September niederlassen will.« Daraufhin sagte mir die Angestellte: »Sie haben es aber sehr eilig. Aber das ist schließlich Ihr gutes Recht. Wir werden Ihnen eine Bescheinigung geben, daß Sie Ihre Promotion bestanden haben.« Und sie stellte mir diese Bescheinigung aus. »Jetzt möchte ich wissen, wie ich als Ärztin sofort arbeiten kann?« – »Sie müssen sich bei der Präfektur registrieren lassen.« Ich bin am gleichen Tag, am 11. Juli 1939, zur Präfektur gegangen. Sie fanden es sehr witzig, daß eine Dame, die vor zwei Stunden ihre Promotionsprüfung bestanden hatte, sofort zur Präfektur kam. Ich sagte ihnen: »Hören Sie mal, ich habe es sehr eilig! Ich habe Medizin studiert, um arbeiten zu können, und ich will arbeiten.« – »Ja, ja, es ist in Ordnung! Es ist wirklich in Ordnung! Bravo, bravo, Frau Doktor!...« Und sie lachten sich kaputt. Sie erinnerten sich übrigens noch daran, als ich nach dem Krieg – wie alle Leute – wieder zu ihnen kam. Während der deutschen Besatzung mußte ich zur Präfektur gehen, damit sie feststellten, ob ich Jüdin war oder nicht. Ich hatte »zum Glück« die entsprechenden Bescheinigungen, daß ich keine war. Auch bei dieser Angelegenheit habe ich jene Bescheinigung der Fakultät den Behörden vorlegen müssen, weil ich mein offizielles Diplom immer noch nicht bekommen hatte. Denn nach der Kriegserklärung war alles gestoppt, und niemand bekam sein offizielles Diplom.

Und die Frauen, die sich bei der Präfektur als Ärztin nicht hatten eintragen lassen, konnten in Paris bis zum Ende der Kampfhandlungen ihren Arztberuf nicht ausüben. Wenn ich mich nicht am selben Tag hätte eintragen lassen... Es war wirklich ein Zeichen der Vorsehung, die mich beschützte; diese sogenannten albernen Ideen von mir waren in Wirklichkeit Ideen, die mich retteten. Denn hätte ich bis zu meiner Rückkehr vom Urlaub am 15. August gewartet, wäre ich mit den Kriegsvorbereitungen konfrontiert gewesen – alle Behörden waren desorganisiert, die Fakultät und die Präfektur waren so gut wie geschlossen – und hätte weder meine Bescheinigung noch meine Registrierung als Ärztin bei der Präfektur bekommen. Mit der Kriegserklärung wurde es den Frauen tatsächlich untersagt, sich als Ärztinnen in Frankreich registrieren zu lassen, damit den Männern, die einen Beruf hatten und eingezogen worden waren, dadurch nicht geschadet wurde, daß sie ihren Platz einnahmen. So kam es also, daß ich mich als Ärztin sofort niederlassen konnte und meine Praxis gleich am ersten September eröffnete. Am Tag der Eröffnung bekam ich drei Patienten.

Hatten Sie schon Räume?

Ja. Ich wohnte schon in einer Wohnung, die ich gemietet hatte.

Und dort haben Sie mit der Praxis begonnen? Wo war sie?

Ja, dort habe ich angefangen. Die Praxis war am Square Henry-Paté 13. Dort habe ich mit der Praxis angefangen, ich hatte alle Apotheker benachrichtigt. Ich ging hin und sagte: »Ich habe mich als Kinderärztin und Ärztin für Allgemeinmedizin niedergelassen.« Damals durfte man zwei Fachrichtungen haben. Man konnte nach der Promotion seine Fachrichtung selber wählen. Ich hatte auf sechs Stationen als Kinderärztin gearbeitet, die alle Aspekte dieser Fachrichtung deckten: Kinderpsychiatrie bei Heuyer, Kinderchirurgie und -traumatologie. Ich hatte alle Dienste gemacht, die mich berechtigten, als Fachärztin abzurechnen. Man mußte auf mindesten drei Stationen Praktika in Kinderheilkunde gemacht haben, um sich Kinderarzt nennen zu dürfen. Ich hatte auch auf einer Säuglingsstation gearbeitet, ich weiß nicht mehr auf welcher. Außerdem hatte ich auf Stationen für Allgemeinmedizin und chirurgischen Stationen für Erwachsene gearbeitet. Also durfte ich auch als Ärztin für Allgemeinmedizin arbeiten und kleine chirurgische Fälle behandeln: Abzesse oder kleine Wunden, die man eben in der Praxis behandeln kann. So fing ich also mit der Praxis an.

5
Die Anfänge der psychoanalytischen Praxis

Es wäre der Krieg gewesen, sagten Sie, der Ihnen ermöglichte, sich als Psychoanalytikerin niederzulassen?

Es war tatsächlich der Krieg. Am Tag der Kriegserklärung, am 3. September 1939 übernahm ich zusätzlich zu meiner Praxisarbeit noch Vertretungen für Ärzte der Kinderklinik »Enfants-Malades«, die sich freinehmen wollten. Die meisten Stationen, auf denen ich gearbeitet hatte, befanden sich in der Klinik »Enfants-Malades«, die die einzige Kinderklinik war; ich war damals also auch ständig in der Klinik »Enfants-Malades«, aß dort zu Mittag, und war dort bald überall bekannt. Und um meine finanzielle Situation aufzubessern, vertrat ich Ärzte, die keine Nachtdienste machen wollten. Da mich alle Stationsärzte und Krankenschwestern kannten, wurde ich akzeptiert, als würde ich dort zum festen Personal gehören. Im Rahmen meiner Ausbildung als Assistenzärztin hatte ich bei ihnen mehrere Vorträge gehalten. Wie ich Ihnen bereits sagte, habe ich mich der Prüfung nicht unterzogen, weil ich niemandem den Platz wegnehmen wollte, denn ich wollte ja nicht dieser Hierarchie angehören, ich ging ihr aus dem Wege, weil ich der Meinung war, daß sie alle Leute verrückt machte. Man war kein Arzt mehr, man war ein Kettenglied in der Hierarchie. Ich fand das völlig unsinnig. Es war für mich endgültig vorbei.

Am jenem 3. September 1939 hatte ich eine Verabredung mit einer Freundin, die bei einem Praktikum meine Assistenzärztin gewesen ist. Wir waren außerdem entfernte Kusinen. Sie arbeitete in Laennec. Ich mußte also von der Klinik »Enfants-Malades« zu Laennec gehen. Wie ich am Place Duroc ankomme, fangen alle

119

Glocken an, Alarm zu läuten. Ich höre außer den Sturmglocken einen Höllenlärm: es war die Kriegserklärung, die seit dem Vorabend überall angekündigt wurde. Im Radio ging es nur noch darum. Auf dem Place Duroc habe ich verrückte Szenen erlebt und mir gesagt: »Was die Psychoanalyse sagt, stimmt wirklich!« Leute, die in Begleitung waren, rückten um eine Zeitung zusammen und lasen ganz still vor sich hin, den Kopf gesenkt. Diejenigen, die allein waren, suchten jemanden zum Sprechen, oder fingen, wenn sie niemanden fanden, zu schreien an, besonders die Frauen. So brüllte eine Frau, nachdem sie ihre Tasche in die Luft geworfen hatte: »Die Uhlans! Die Uhlans kommen! Mein Papa!« Sie war völlig durcheinander und brüllte herum! Ein Herr neben ihr versuchte, sie zu beruhigen: »Aber nein, gnädige Frau! Wir sind nicht im Jahr 1914! Es ist nicht mehr dasselbe! Wir sind im Jahr 1939!« Sie schlug auf den Herrn ein, kümmerte sich nicht um seine Worte: »Sie haben meinen Papa getötet, Sie!« Sie sagte alles, was ihr durch den Kopf ging. Ich sah am Place Duroc nur Verrückte oder merkwürdige und stille Menschentrauben, aber keine Menschen mehr, die ihren Weg weitergingen. Überall brüllte man »Kriegserklärung!«, »Kriegserklärung!« so, wie die kleinen Zeitungsverkäufer auf der Straße. Es war eine Art schäumende Verrücktheit, ein akutes Ödem der Lunge der Straße.

Ich komme also in Laennec an und sehe meine dort arbeitende Freundin. Es war Mittagszeit. Sie sagt mir: »Ich kann leider mit Ihnen nicht zu Mittag essen. Wir mußten drei Säle freimachen. Wir haben nur phantasierende Patienten!« Sie war auf einer Frauenstation. »Wir haben seit zwei Stunden zweihundert phantasierende Frauen bekommen.« Ich antwortete ihr: »Das glaube ich, ich habe die Leute auf der Straße ebenfalls phantasieren sehen.« Sie antwortete: »Sie können es sich nicht vorstellen…!« Ich bin dann bei ihr geblieben, um ihr ein bißchen zu helfen. Man zog die Frauen aus, zog sie wieder an, man gab ihnen Beruhigungsspritzen und legte sie dann mit Hilfe der Krankenschwestern ins Bett. Man versuchte, ihre Adressen zu bekommen. Das Personal war durch diese ungeheure Anzahl von Patienten völlig überfordert. Diese Frauen besaßen nichts mehr: sie hatten ihre Taschen verloren, andere hatten die Situation genutzt, um sie ihnen zu stehlen. Es herrschte eine große Verwirrung. Am Abend rief ich meine Kusine Mimi an: »Wie ist es gelaufen?« – »Ach, es ist wieder ruhig geworden. Eine der Krankenschwestern war wunderbar, sie ist phantastisch gewesen. Sie hat allen Frauen Milchkaffee und schöne Butterbrote angeboten. Dabei sagte sie: « Aber ja, hier ist dein schönes Butterbrot, du kriegst dein Breichen… Möchtest du ein Breichen?« Sie gab diesen Frauen Babynahrung und sprach mit ihnen dabei in einem netten Ton. Am nächsten Morgen hatten die meisten gut geschlafen, man fand auch ihre Sachen und Adressen wieder.

Ihr Vater oder ihr Mann war nicht am gleichen Tag eingezogen worden, aber sie hatten geglaubt, daß sie schon fort wären, wenn sie nach Hause kommen würden. Die Männer wurden erst nach zwei oder drei Tagen eingezogen, sie waren also noch zu Hause. Schließlich wurden nur vier oder fünf Frauen in Sainte-Anne eingeliefert; die anderen gingen wieder heim. Es war ein Fieber gewesen, eine Art Fieberschub der Straße…

Zu dieser Zeit haben Sie sich also als Psychoanalytikerin niedergelassen?

Zu dieser Zeit habe ich die Analysanden der Juden bekommen, die gezwungen wurden, wegzugehen. Erst ab diesem Zeitpunkt habe ich verstanden, daß die Psychoanalyse jüdisch ist. Bis dahin hatte ich meine Ausbildung fortgeführt. Ich hatte drei Analysanden und besuchte die Seminare von Spitz, Odier und Loewenstein. Loewenstein leitete klinische Seminare; Spitz sudierte die Schriften Freuds; Odier arbeitete über »klinische Fälle« bei Jugendlichen, d. h. über Probleme von Adoleszenten, Jungen und Mädchen, über schulische Probleme, Lernschwierigkeiten usw. Ferner besuchte ich die angebotenen Vorlesungen. In der letzten Sitzung von 1939 – ich hatte die mündliche Prüfung über meine Doktorarbeit am 11. Juli bestanden und die letzte Sitzung fand am 12. oder am 13. statt-haben sie mich als ordentliches Mitglied der Psychoanalytischen Gesellschaft von Paris (SPP) einstimmig gewählt, meine Doktorarbeit diente als theoretische Grundlage.

Hatten Sie mit ihnen über diese Doktorarbeit gesprochen?

Nein, nein! Ich hatte davor lediglich ein kurzes klinisches Referat gehalten, wodurch ich als Mitglied aufgenommen wurde.[64] Und ich machte meine Ausbildung weiter, wie ich es ihnen versprochen hatte; denn ich war der Ansicht, da ich Stipendiatin gewesen war, es ihnen schuldig zu sein, Psychoanalytikerin für Erwachsene zu werden. Damals konnte man nicht Kinderpsychoanalytiker werden.

Sie hatten es Ihnen ermöglicht, Ihre Psychoanalyse zu Ende zu führen, und Sie fühlten, daß Sie in ihrer Schuld standen?

Tatsächlich fühlte ich mich der Gesellschaft von Paris sehr verpflichtet, da sie mir die Weiterführung meiner Psychoanalyse ermöglicht hatte. Ich habe die Ausbildung gemacht, die sie erwartet hatten: »Nehmen Sie drei Patienten unter Supervision, und besuchen Sie die Vorlesungen. Danach können Sie tun, was Sie wollen, Sie wären dann mit der psychoanalytischen Ausbildung für die Behandlung von Erwachsenen fertig. Das hindert Sie aber nicht daran, weiterhin als Kinderärztin zu arbeiten, wenn Sie wollen.« Das habe ich auch getan.

Sie hatten also drei Patienten.

Ich habe tatsächlich drei Patienten bekommen, so wie es vorgeschrieben war. Und ich habe diese Doktorarbeit geschrieben, die sie alle zu originell fanden. Nur Jean Rostand schrieb mir einen Brief, um mir zu sagen, daß er von dieser Arbeit ganz begeistert war![65]

Hat sich Sophie Morgenstern nicht dazu geäußert?[66] Kannte sie Ihre Arbeit nicht?

Sie kannte sie schon ein wenig, denn ich hatte ihr ein Exemplar zugeschickt.[67] Aber sie war bei der mündlichen Prüfung zur Doktorarbeit nicht anwesend, da sie schon in Urlaub gefahren war. Sie wußte, daß der Krieg vor der Tür stand. Sie war in einem fürchterlichen Zustand...! Sie hatte ihre Tochter verloren, die an den Folgen einer Operation, die damals noch als schwere Operation

122

galt, gestorben war: es war eine Ablatio der Gallenblase, eine Operation, die heute harmlos ist. Nichts hielt sie mehr am Leben; ihre restliche Familie wohnte in Lvov in Polen und war von Hitler umgebracht worden. Sie befand sich also innerlich in einer dramatischen Situation.[68] Ich besuchte sie alle acht Tage: sie gehörte zu meinen Kontrolleitern, aber nicht in bezug auf die Medizin oder die Psychoanalyse, sondern in bezug auf die Kinder, die ich in der Kinderklinik sah, deren Störungen meiner Meinung nach psychologischer Natur waren – wie zum Beispiel diese kleinen Kinder, die ich in meiner Sprechstunde von »la porte« in der Klinik »Enfants-Malades«, wo ich jeden Tag war, malen ließ. Die Sprechstunde von »la porte« begeisterte mich. Ich empfing dort die Kinder, von denen die anderen Ärzte die Nase voll hatten, und die sie nicht mehr haben wollten. Sie hatten von diesen Kindern genug, weil sie dauernd das Bett voll machten, und sie nichts dagegen tun konnten. Sie konnten ihnen das Trinken verbieten, oder mit ihnen schimpfen, oder ihnen damit drohen, den Pimmel abzuschneiden, es half aber alles nichts. Schließlich sagten sie: »Wir haben hier eine Kollegin, die sich für das Pipi im Bett sehr interessiert. Wir können sie holen!« Und dort sah ich Bettnässer, Brechreizkranke, spasmodische, streitsüchtige Kinder, Anorektiker, Alptraumkinder. Ich war in der Sprechstunde von »la porte« bekannt als originelle Person, die alle Leute ganz gern hatten und witzig fanden. Man war erleichtert, wenn ich für die Sprechstunde verantwortlich war: »Sie wird keine Dummheit machen.« Sie fanden mich sympathisch, und ich kam auch mit allen sehr gut aus, während ich versuchte, die Rolle des Psychischen im Somatischen zu erläutern. Manche hörten zu, manche nicht. Es hat sich jetzt durchgesetzt, aber damals war es absolut revolutionär. Man nannte mich damals »die Verrückte«. Übrigens erfuhr meine Tochter Catherine noch von dieser Bezeichnung, als sie 1970 mit ihrem Medizinstudium anfing: eine Studentin wiederholte, was sie über mich gehört hatte, und das war eben: »die Verrückte!«. – »Aber warum sagst du denn, daß Françoise Dolto die Verrückte ist?« -»Weil alle es sagen.« – »Hast du schon mal Schriften von ihr gelesen?« – »Nein, Gott bewahre!« – »Du solltest es aber tun, es ist sehr interessant.« – »Wieso, hast du etwas von ihr gelesen?«- »Sie ist meine Mutter.« – »Ach, entschuldige, ich wollte dich nicht verletzen.« – »Hör zu, ich werde dir ein Buch von ihr ausleihen.« Und sie brachte ihr »Psychoanalyse und Kinderheilkunde«. – »Es ist nicht so dumm! Warum sagt man, daß sie verrückt ist?« – »Weil es etwas Neues ist.« Und so kam es, daß sie nach und nach ihre Meinung über mich änderte. Es gab mehrere Anekdoten in der Art.

Im Grunde genommen waren diese Vorurteile gegen mich auf den Einfluß von Lebovici zurückzuführen: er hatte Angst gehabt – was schon sehr seltsam war –, daß ich Karriere machen und ihm seinen Platz als Arzt im Krankenhaus wegnehmen würde. Aber es war doch ganz klar, daß ich es nicht vorhatte. Alle Leute wußten, daß ich keinen Titel haben wollte.

Ich finde übrigens, daß soziale Titel überhaupt nicht zum Beruf des Psychoanalytikers passen. Wenn man einen sozialen Titel trägt, kann man kein Psychoanalytiker mehr sein. Aber das Verhalten Lebovicis mir gegenüber hat merkwürdige Konsequenzen gehabt, ich muß es Ihnen erzählen. Um zu verstehen, muß man auf die Situation der Spaltung der SPP zurückkehren, die kurz vor dem Londoner Kongreß stattfand.[69]

Damals war Lacan Präsident der SSP, und es herrschte ein unglaubliches Durcheinander in der Frage der Ausbildung von Psychoanalytikern. Über Nacht hatte sich eine Gruppe gebildet, die einen Studiengang von mehreren Jahren forderte, in denen man an einer bestimmten Anzahl von Pflichtveranstaltungen teilnehmen mußte. Nach einer erfolgreichen Teilnahme während dreier Jahre A,B und C, wurde man zum Psychoanalytiker ernannt.

Eine Fabrik für die Produktion von Psychoanalytikern!

Ganz genau! Denn die Fakultät hatte von der Gesellschaft für Psychoanalyse verlangt, daß sie Leute mit Diplom ausbildet, um die Psychoanalyse als Fachrichtung anzuerkennen: es sollte also ein Diplom eingeführt werden, das auf Kursen aufbaute, deren Inhalte man lernen und vortragen konnte. Lernen und Wiedergeben: so stellte man sich die Ausbildung zum Psychoanalytiker vor! Man hatte auch in Erwägung gezogen, eine Abteilung innerhalb des Instituts zu gründen, in der Jugendliche, die nicht viel Geld haben –

im Grunde Stipendiaten – ausgebildet werden würden. Es hätte eine kleine Klinik gegeben, in der Leute von Psychoanalytikern, die sich noch in der Ausbildung befinden, fast kostenlos behandelt werden würden. Die Ausbildung für die Behandlung hätten diese Psychoanalytiker vom Institut für Psychoanalyse bekommen. Und auf Grund ihrer Teilnahme an den Kursen würden sie auf der anderen Seite zum Psychoanalytiker ernannt werden. So war also die Vorstellung. Natürlich öffnete dieses System der Willkür Tür und Tor: manche Psychoanalytiker, die schon sehr gut arbeiteten, wurden für das Jahr A eingeschrieben; sie mußten also die Kurse besuchen. Andere, die noch nichts getan hatten, wurden für das Jahr C eingeschrieben, damit sie ihre Ausbildung zu Ende führten. Und alles fand nach dem Gutdünken bzw.den Gegenübertragungen ihrer jeweiligen Analytiker statt...

Nach dem Prinzip: man entscheidet nach der»Nase des Kunden«.

Genau. Da haben sich die jungen Leute in der Gesellschaft für Psychoanalyse dagegen aufgelehnt. Lagache trat zurück, ohne zu wissen, daß man, wenn man aus der Pariser Gesellschaft zurücktrat, automatisch aus der Internationalen Vereinigung für Psychoanalyse ausgeschlossen war, da die Internationale die Franzosen nur dann anerkannte, wenn sie Mitglied der Pariser Gesellschaft waren. Er ist zurückgetreten, um nicht mit Nacht, der Prinzessin Bonaparte usw. eine Einheit zu bilden. Lacan war als Präsident anwesend, als Lagache ankündigte: »Ich trete zurück und gründe eine andere psychoanalytische Vereinigung.« Es war tatsächlich so gewesen, daß man die Leute, die von Lagache ausgebildet worden waren, beim Einschreiben für die Studiengänge A, B oder C oft benachteiligt hatte.

Gab es welche, die zur Rechenschaft gezogen wurden?

Ja, manche wurden zur Rechenschaft gezogen. Und die Prinzessin, die eigentlich auf der Seite von Lagache war, so zumindestens hatte sie es gesagt, stellte sich um zwölf oder ein Uhr nachts auf die Seite von Nacht. Auch das ein abgekartetes Spiel! Ich fand es wirklich blöd. Ich war ganz und gar für eine Ausbildung, die die Leute nicht daran hindert, ihren Analytiker selbst zu wählen. Denn diese Leute, die sich an das Institut wandten, besaßen nicht das Recht – unter dem Vorwand, daß sie kaum oder gar nichts bezahlten –, sich ihren Analytiker selbst zu wählen. Ich fand das psychoanalysefeindlich.

Als wir beim Londoner Kongreß eintrafen, wurde uns gesagt: »Alle, die aus der Pariser Vereinigung zurückgetreten sind, sind nicht mehr Mitglied der Internationalen und haben nicht mehr das Recht, an dem Kongreß teilzunehmen.« Da auch ich zurückgetreten war, traf es auch auf mich zu. Ich war Lagache und Juliette Favez gefolgt. Und als Lacan sah, daß wir eine Gruppe bildeten, hat er nach einer Stunde gesagt, daß er zurücktritt, um sich uns anzuschließen. So bildeten wir eine ganze Gruppe und konnten bei der Präfektur die Statuten der französischen Vereinigung für Psychoanalyse vorlegen. Danach haben manche von uns einen Antrag gestellt, um in der Internationalen wieder aufgenommen zu werden. Eine Kommission wurde beauftragt, unsere Arbeitsweise im einzelnen zu überprüfen. Wir sind ausgequetscht worden, weil sie wissen wollten, wie wir arbeiteten! Und diese Kommission kam zu dem Schluß, daß Lacan vertrieben werden müßte, und daß auch ich vertrieben werden müßte.

Bei Lacan war es wegen der Kurzsitzungen?

Genau.

Und bei Ihnen?

Bei mir wurde in den Akten des Stockholmer Kongresses[70] – in den Geheimakten der Untersuchungskommission – vermerkt, daß ich erstens Mitglied der Kommunistischen Partei wäre. Lebovici hatte es behauptet, während er…

Lebovici mußte im Grunde genommen mit sich selbst ins reine kommen, denn er hatte ja den berühmten Artikel, den Sie ken-

nen, auf Befehl von Moskau verfaßt, in dem er die Psychoana-
lyse denunzierte ... und dann ist er aus der KPF ausgetreten, um
sich seiner psychoanalytischen Karriere im Krankenhaus zu
widmen!⁷¹

Sehen Sie, ich kümmerte mich nicht um solche Dinge.

Wie dem auch sei, er hat in der Öffentlichkeit gesagt, daß ich
Mitglied der Kommunistischen Partei wäre. Das fürchteten die
Leute am meisten: stellen Sie sich vor, ein Psychoanalytiker in der
Kommunistischen Partei!

Zweitens hat er gesagt, daß ich meine Wochenenden mit meinen
Patienten verbringen würde.

Wie bitte?!

Dabei wußten damals alle Leute, daß ich noch kleine Kinder hatte,
daß ich mit ihnen und meinem Mann zum Fischen oder auf die Jagd
ging, und daß ich meinen Mann oder meine Kinder an keinem
Wochenende verließ.

Was hatte dieser Einfall »am Wochenende mit seinen Patienten«
zu bedeuten? War es eine Praktik, die damals gang und gäbe
war?

Keine Ahnung. Ich habe diese Dinge alle erst viel später erfahren.

Es ist trotzdem seltsam!

Aber ich habe es schwarz auf weiß gelesen, daß er diese Dinge über
mich behauptet hatte.

Sein dritter Vorwurf war: Ich wäre eine Anhängerin von Jung
geworden. Dabei hatte ich kein Wort von Jung gelesen! Es ist wirklich verrückt! Ich habe es von Hartmann erfahren, der einer meiner
Kontrollanalytiker war, und von Loewenstein. Als ich es von Hartmann erfuhr, sagte ich ihm: »Aber wie war das denn möglich? Sie
kannten mich ja: warum haben Sie nicht gesagt, daß es nicht stimm-

te?« Er antwortete mir: »Ich kannte Sie 1939, aber ich kannte Sie zwanzig Jahre später nicht mehr. Sie könnten sich durchaus geändert haben, woher sollte ich das wissen? – «Aber Lagache war auch anwesend. Er war der einzige, der berechtigt war, anwesend zu sein. Und er hat nichts gesagt? Er weiß doch, wer ich bin. Mir sagte er immer: Ich kenne niemanden, der so einen klassischen Behandlungsstil besitzt, wenn es sich um gleiche Fälle handelt, wie du; und gleichzeitig betreibst du Forschung, es ist sehr interessant. Worauf mir Hartmann sagte, indem er mir einen Klaps auf den Rücken gab: «Sehen Sie, Françoise, man glaubt, man hätte Freunde… Wenn Lagache die Hälfte von dem Viertel dieses Satzes gesagt hätte, wäre alles, was Lebovici behauptet hatte, weggefegt gewesen, denn für diejenigen, die Sie kannten, paßten diese Behauptungen überhaupt nicht zu Ihrer Person.« Auf Grund von solchen Behauptungen bin ich also von der Untersuchungskommission vertrieben worden.

Auf Grund der Behauptung Lebovicis und des Schweigens von Lagache.

Des Schweigens von Leuten, die mich kannten. Aber es hat mir letztendlich mehr genutzt als geschadet!

Doch was war Ihrer Meinung nach der Grund, warum Lagache schwieg?

Ich weiß es nicht. Vielleicht war es die Eifersucht eines Machos? Ich glaube, dahinter steckt ein Macho-Gehabe, aber ich weiß es wirklich nicht.

Es könnte stimmen, denn Lebovici arbeitet – mehr schlecht als recht – auch mit Kindern. Und seine Arbeit ist – das ist das Mindeste, was man dazu sagen kann – nicht sehr brillant; man weiß nicht recht, was dabei herauskommen wird…

Immerhin hat er sich als erster im sozialen Bereich engagiert.

… er könnte also eine imaginäre Konkurrenz zu Ihnen verspürt

haben[72], aber bei Lagache? Es gab nicht einmal diesen Aspekt.

Nein! Oder doch, vielleicht, man kann nie wissen... Ich weiß nicht, aber ich muß sagen, daß es Schicksal war, denn dieser Ausschluß hat mir letztendlich doch mehr genutzt als geschadet! Sonst wäre ich weiterhin zu diesen langweiligen Kongressen gegangen... Ich war wirklich erstaunt über diese Kongresse von Psychoanalytikern: während des Kongresses sahen sie so aus, als hätten sie ihren Regenschirm verschluckt, sie machten nur lange Gesichter. Und an dem Tag, an dem der Kongress zu Ende ging und sie ausgehen konnten, verhielten sie sich alle wie kleine Babys: sie zwickten sich gegenseitig in den Hintern, sie schlugen sich auf den Rücken, während sie an den Arbeitstagen wie Sterbende waren, die mit Gespenstergesichtern alles furchtbar tragisch fanden! Ich empfand dieses Milieu als völlig gekünstelt.

Die psychoanalytischen Institutionen haben Sie ebenso angeekelt, wie das psychiatrische Krankenhaus Sie angeekelt hatte.

Ja, das stimmt; mich hat es gewundert, daß diese Leute so falsch waren, daß sie bis zum Hals in ihrem Narzißmus steckten, als hätten sie Angst, lebendig zu sein.

Aber unter uns gesagt, es war an der »Ecole freudienne« nicht viel anders, oder?

An der »Ecole freudienne« war es genau dasselbe!
Doch um auf die Umstände zurückzukommen, durch die ich aus der Internationalen Psychoanalytischen Vereinigung ausgeschlossen wurde, ich denke, daß Laforgue – ohne daß es jemals explizit gesagt wurde – in der Internationalen keinen guten Ruf hatte, weil er im Grunde zu sehr auf das Klinische fixiert war. Er war sehr freudianisch, sehr für das Klinische. Hinzukam, daß er im Krieg eine ambivalente Haltung einnahm, weil er Elsässer war und seinen Militärdienst in der deutschen Armee absolviert hatte, wodurch er viele Franzosen hat retten können; aber viele Franzosen machten

ihm Vorwürfe, weil die Deutschen ihm z.B. erlaubten, mit dem Auto zu fahren. Nach dem Krieg ist er nach Marokko gefahren, wo er weiterhin als Psychoanalytiker gearbeitet hat. Dann ist er nach Paris zurückgekehrt, wo er bis zum Ende seines Lebens seinen Beruf ausgeübte.[73]

Was hat ihn bewegt, nach Marokko zu fahren?

Ach, er war überzeugt, daß eine Revolution in Frankreich stattfinden würde.

Ehrlich? Eine kommunistische Revolution?

Ich weiß nicht genau. Ich sah ihn damals nicht mehr. Er war ein ängstlicher Mensch. Und außerdem stand die politische Situation in Frankreich nach dem Krieg wirklich auf wackligen Füßen.

Er hat es also vorgezogen, sich in Marokko niederzulassen? Sie haben ihn seitdem nicht mehr gesehen?

Ich glaube, sein Frau hatte finanzielle Interessen in Marokko. Seine zweite Frau. Er hatte wieder geheiratet; seine zweite Frau war sehr wohlhabend, sehr reich. Ich denke, daß sie irgendwelche Besitztümer in Marokko hatte. Genau weiß ich es nicht. Ich sah ihn nicht mehr. Wenn er manchmal nach Paris kam, meldete er sich bei mir, dann sahen wir uns... Er war sehr überrascht, als er Boris kennenlernte. Da habe ich etwas Interessantes in bezug auf die Übertragungsstituation erlebt. Ich war felsenfest überzeugt, daß ich mit meiner Übertragung gegenüber Laforgue fertig war. Ich hatte 1937 meine Analyse beendet, ich habe 1939 meine Promotion bestanden und 1942 geheiratet; Laforgue war für mich sehr weit weg. Als Laforgue zum ersten Mal nach Paris zurückkam, war ich bereits verheiratet. Ich ging also mit Boris Laforgue besuchen. Damals waren wir zwar motorisiert, aber wir besaßen kein Auto, sondern ein Motorrad. Wir fuhren also mit dem Motorrad zu ihm. Und plötzlich habe ich eine fürchterliche Angst bekommen, so daß ich Boris bat, anzuhalten. Ich weiß es heute noch, es war auf dem

Boulevard Delessert; Laforgue wohnte in der Rue la Tour. Und ich sagte zu Boris: »Weißt du, es ist unglaublich, ich habe wirklich gedacht, die Übertragung gegenüber Laforgue längst überwunden zu haben. Aber stell dir vor, ich habe Angst, wenn ich daran denke, daß du ihm nicht gefallen würdest. Ich bin völlig verrückt!« Er lachte und antwortete mir: »Was wird denn geschehen, wenn ich ihm nicht gefalle?« – »Das ist es eben, was ich nicht weiß.« Wir haben gelacht und sind dann weitergefahren. Das erste, was er sagte, als wir bei ihm ankamen, war: »Wie hast du geschafft, ganz allein und ohne mich, einen Mann zu finden, der so gut zu dir paßt?«

Er duzte Sie?

Ja, in der Pariser Gesellschaft mußte man sich duzen, sobald man als ordentliches Mitglied aufgenommen wurde. All diese Mitglieder waren per Du. Dabei wußte ich bei manchen nicht einmal ihren Namen. Zum Beispiel wußte ich nicht den Unterschied zwischen Lagache und Lacan. Ich sah sie immer zusammen, die beiden sprachen immer, aber auch immer zusammen. Sie waren: Lagache-Lacan. Die jüngeren Analytiker, zu denen ich gehörte, wußten nicht, wer Lagache und wer Lacan war. Sie wußten nur, daß die beiden jene Nervensägen waren, die die anderen beim Zuhören von irgendwelchen Vorträgen furchtbar störten, da sie unentwegt miteinander sprachen. Ab und zu sagten wir: »Psst!« Wir, die jüngeren, saßen immer hinten; und Lacan drehte sich um und schaute mit einem finsteren und rachsüchtigen Auge in unsere Richtung, weil wir ihm angedeutet hatten, er möge bitte schön schweigen.

Und an dem Tag, an dem wir uns endgültig voneinander trennten, weil der Krieg ausbrach, nämlich im Juli 1939 – es war der Tag, an dem ich als Mitglied aufgenommen wurde – mußte ich alle duzen und von allen geduzt werden; damals war es nicht so üblich, wie heute. Seit 68 duzen sich alle in den Krankenhäusern: die Ärzte, die Krankenschwestern... Das war damals ganz anders. Aber innerhalb der Vereinigung gehörte es nunmal dazu, es war wie das Erkennungszeichen einer geheimen Gesellschaft oder einer Sekte. Die Psychoanalyse hatte auch diese Seite.

Die Seite der Initiation.

Ja, der Initiation. Wie die Ringe, die Freud damals besaß, die sieben Ringe[74]. Das war etwas, das dem Brauch einer esoterischen Gruppe entsprach. Ich fand es witzig. So kam es, daß ich Lagache duzte, den ich nicht kannte, ebenso Lacan, den ich nicht kannte, so daß viele Leute seitdem dachten, daß ich mit Lacan sehr gut befreundet gewesen wäre.

Waren Sie mit ihm denn nicht sehr gut befreundet?

Nein! Aber ich schätzte die Leute sehr, die bei Lacan analysiert worden waren, denn sie konnten sich sehr schnell auf Kinder einstellen. Das fand ich wirklich erstaunlich. Kein einziger Analysierte von Lagache, Bouvet oder Nacht war dazu in der Lage. Sie waren gegenüber bestimmten Verhaltensweisen völlig blockiert.

Es ist mehr der Aspekt des therapeutischen, klinischen Erfolges seines Ansatzes, der Sie zu Lacan führten, als seine theoretischen Schriften.

Ja! Darum habe ich, als er seine Schule gründete, auch gedacht, daß es für mich gut wäre, dazuzugehören. Doch seine Seminare besuchte ich nicht und beschäftigte mich auch nicht mit seinen Theorien. Ich dachte nur, daß es besser wäre, nicht allein zu bleiben. Es ist tatsächlich sehr schwierig, allein zu bleiben, wenn man Analytiker ist: man muß sich mitteilen können, man muß mit anderen sprechen. Es handelt sich um eine Arbeit, die den Narzißmus im Positiven wie im Negativen zu sehr fördert, wenn man immer allein ist. Man muß seine Gedanken austauschen, man muß sehen, daß andere ebenso gewissenhaft arbeiten, wie man es selbst tut, aber dabei eine ganz andere Art haben. Das ist sehr wichtig.

6
Der zweite Weltkrieg

Ich möchte auf Sie als Psychoanalytikerin zurückkommen: Es war also der zweite Weltkrieg, der Ihnen sozusagen einen Vorwand bot, sich in Ihrer Praxis als Psychoanalytikerin zu definieren. Mir fällt auf, daß Sie sehr oft über den Krieg von 1914 gesprochen und auch geschrieben haben, dafür aber umso weniger über den zweiten Weltkrieg. Dabei gibt es eine erstaunliche Parallele in bezug auf Ihre Erfahrungen mit der Verrücktheit: in Ihrer Kindheit sind Sie der sozialen Verrücktheit im Krieg 1914 begegnet und am Anfang Ihrer Praxis sind Sie mit einer anderen, nicht weniger scheußlichen Verrücktheit konfrontiert gewesen. Wie haben Sie diesen zweiten Weltkrieg erlebt? Für Sie gab es natürlich eine wichtige Begegnung mit... Boris Dolto.

...und hinzu kam die Geburt Ihres ersten Kindes zu dieser Zeit, was sehr wichtig war.

Und die Flucht von sehr guten Freunden, weil sie Juden waren.

Ich wollte Ihnen gerade diese Frage stellen, die mich persönlich interessiert: Wußten Sie während des Krieges, daß es Judenvernichtungslager gab, oder wußten Sie es nicht?

Nein, überhaupt nicht!

Haben Sie es aber geahnt?

Niemals!

Haben Sie nie davon sprechen hören, nie irgendwelche Gerüchte mitbekommen?

Nein! Ich hörte von Arbeitslagern, das ja. Wenn man die Juden in einem Lager einsperrte, so deshalb, um sie zu bestehlen. Das war für mich eine mögliche Erklärung für solche Einrichtungen. Für mich hatte das nichts mit Rassenmord zu tun. Sie wollten die Juden nur bestehlen, ihr Geld haben.

War Ihnen der Begriff Rassenmord bis 1945 völlig fremd?

Völlig, aber völlig fremd! Ich muß dazu sagen, daß ich »Mein Kampf« nicht gelesen hatte. So wie ich damals strukturiert war, war für mich Völkermord unvorstellbar.

Aber wie dachten Sie über den Antisemitismus?

Daß es unmenschlich ist, gegen die Juden zu sein. Ich wußte auch, daß die Nazis gegen die Zigeuner waren, ich aber war sehr für die Zigeuner. Ich hatte im Rahmen meiner Ausbildung im Krankenhaus Bretonneau[75] gearbeitet, das neben einem Zigeunerviertel lag, wo Zigeuner lebten, die mir sehr sympathisch waren. Wahrscheinlich waren mir die Zigeuner so sympathisch, weil sie an Zentraleuropa erinnerten und dadurch meine süddeutschen Wurzeln wachriefen. Ich fühlte mich den Zigeunern sehr verbunden: ihre Musik, ihre Geige berührten mich sehr. Ich mochte die Zigeuner wegen ihrer Beziehung zum Unsichtbaren, zur Kunst. Ich wußte, daß die Deutschen gegen die Zigeuner waren, daß sie alle Zigeuner umbrachten. Sie waren unfähig, die Feinheit solcher Völker wie Juden und Zigeuner zu verstehen. Außerdem war die Religion der Nazis gegen den jüdischen Gott, gegen den jüdisch-christlichen Gott gerichtet.

Ich stellte es mir so vor, daß sie in gewisser Weise gegen die Christen waren.

Was dachten Sie über die Judenverhaftung in Frankreich?

Ich bin in der Beziehung ungeheuer naiv gewesen...! Eine Freundin von mir aus Österreich, die Psychoanalytikerin war, rief mich eines Tages in Paris an – sie sprach sehr schlecht Französisch –, um mich zu bitten, sie bei dem Polizeirevier ihres Stadtteiles zu begleiten, weil sie sich dort im Rahmen der Volkszählung anmelden mußte. Und ich begleitete sie.

Sie war Jüdin?

Sie war Jüdin.

Wußten Sie, was das bedeutete?

Nein, weil sie Österreicherin war. Und, da die Deutschen in Paris waren, behauptete die französische Polizei, daß sie all diese Leute gegen die Nazis beschützen und sie in Sicherheit bringen wollte. Denn es war die Pariser Polizei, die das tat. Das »Vel d'Hiv« zum Beispiel[76], das waren nicht die Deutschen... Das war eben das Fürchterliche daran, als man es später erfuhr...

Es war tatsächlich die französische Polizei...

Und sie sagten, daß sie sie in ein Lager schicken würden – man sagte nicht Internierungslager, sondern Konzentrationslager –, um sie vor den Deutschen in Sicherheit zu bringen. Manche sind übrigens nach Katalonien nahe der spanischen Grenze geschickt worden, wo sie nicht sofort von den Deutschen erreicht werden konnten, die ihre Landsleute zurückholen bzw. – falls diese Juden waren – in ein Konzentrationslager in Deutschland schicken wollten. Sie erhielten keine Nachricht von ihrer Familie[77]. Manche, wie Frau Morgenstern, hatten über Briefe vor dem Krieg von den Verfolgungen von Lvov erfahren; aber das war in Polen. Es gab deutsche Juden, die nichts wußten. So wußte diese österreichische Freundin nicht, daß ihre Familie in einem Lager war. Sie wußte nur, daß die Deut-

schen ihrem Vater verboten hatten, seinen Beruf auszuüben. Sie
fürchtete, daß die Deutschen sie in Frankreich festnehmen und
nach Deutschland schicken würden. Solche Leute waren also damit
einverstanden, sich unter dem Schutz der französischen Polizei in
einem Konzentrationslager für Ausländer in Frankreich aufzuhal-
ten.

*Und Sie haben wirklich geglaubt, daß die Juden nach dem Krieg
zurückkehren würden?*

Ich war felsenfest davon überzeugt! Ich habe so sehr daran geglaubt, auch, als wir eine Wohnung suchten... Boris und ich
besichtigten freie Wohnungen... Sie sind überall wie Pilze aus dem
Boden geschossen. Man sah ein Schild: »Wohnung frei« und ging
hinein. Zum Glück war es bei dieser Wohnung hier nicht der Fall!
Wir haben aber mehrere Wohnungen gesehen, die sehr schön waren, sehr gut eingerichtet mit Teppichboden, Wandschränken usw.,
für die man keine Übernahmekosten bezahlen mußte. Und wenn
man Fragen stellte, antwortete man uns: »Aber nein! Überhaupt
nicht! Sie sind im Urlaub«, »Sie brauchten die Wohnung nicht
mehr« oder »Übrigens wollte der Herr schon lange nach Argenti-
nien auswandern« usw. Man erzählte uns alles mögliche: »Er hat
mir alles geschenkt; er hat mir gesagt: sie müssen jemanden finden,
Frau Sowieso – die conçierge –, weil wir die Miete nicht bezahlen
können... Jemand anders muß sie bezahlen.« Sie erzählten irgendwelche Lügengeschichten. Beinahe hätten wir unter solchen Bedingungen die wunderbare Wohnung (Rue Chanoinesse) von R.
gemietet, der nach dem Krieg ein Freund von Boris geworden ist.
Damals war er noch ein Junge. Als er zurückkam, war er ein Erwachsener. Beinahe hätten wir diese Wohnung genommen, aber ich
habe Boris gesagt: »Hör mal, es kommt mir merkwürdig vor, daß
man außer der Miete keine Übernahmekosten bezahlen muß, schau
doch mal, was alles in der Wohnung ist. Irgend etwas Krummes
steckt dahinter, ich möchte nicht in diese Wohnung einziehen.« Ich
habe richtig gehandelt.

Wann haben Sie von dem fürchterlichen Geschehen erfahren?

Erst gegen Kriegsende! Ich glaubte, daß die Juden nach dem Krieg zurückkehren würden. Es war fürchterlich, die Wahrheit zu erfahren... Man konnte es nicht glauben!... Vor allem, als man die ersten Bilder sah!

Es war schon schrecklich genug, diejenigen zu sehen, die keine Juden waren und die in der Gefangenschaft über alle Maßen gefoltert worden sind!

Wie sollte es also den überlebenden Juden ergangen sein, die man vernichten wollte!

Haben Sie im Laufe des Krieges nie mitbekommen, daß Ihre Brüder in der Résistance aktiv waren?

Doch, ich habe es schon mitbekommen! Jacques kam zwischen zwei Reisen zu uns.

Sagte er Ihnen nicht, daß es Konzentrationslager für Juden gab?

Er erzählte nichts: »Ich bin zur Zeit hier. Frag mich nicht weiter. Ich weiß nicht, wo ich in einem Monat sein werde.«

Sagte er Ihnen nichts darüber, was er tat, was er wußte?

Nichts! Man wußte nur, daß er mit de Gaulle war. Das war alles. Außerdem wußten wir, daß er – wie würde ich sagen –, wenn er einen Aufschlag seiner Jacke umklappte, zeigte, daß er Engländer war; wenn er den anderen Aufschlag umklappte, zeigte er, daß er Deutscher war, je nachdem. Er war angeblich bei der deutschen Polizei und sammelte für die Nazis nützliche Informationen. Er war aber in Wirklichkeit bei der englischen Polizei, beim Intelligence Service.

Und wir haben von Freunden erfahren, daß de Gaulle ihn sehr schätzte, weil er immer wieder gesagt haben soll: »Wenn Sie einen komplizierten Fall haben, geben Sie Marette die Unterlagen, in drei Stunden werden wir klarer sehen.«

Er war ein sehr eifriger Mitarbeiter, der von dem General begeistert war.

Und was hielten Sie von der Résistance? Haben Sie von der Résistance in Frankreich gewußt...

Aber natürlich, denn wir haben oft für die Résistance Geld gespendet; außerdem haben wir Widerstandskämpfer beherbergt, wenn sie auf der Durchreise in Paris waren. Ich war übrigens etwas gekränkt, weil die Widerstandkämpfer uns nicht recht vertrauten. Wenn sie manchmal bei uns übernachten sollten, überlegten sie sich es im letzten Moment doch anders und sagten: »Hören Sie mal, es macht Ihnen doch nichts aus, wenn wir hier nicht bleiben, oder? Wir haben gut gegessen, wir sind vielleicht undankbar, aber wir wollen lieber gehen.« Ich sagte: »Sie vertrauen uns nicht, wie?« Sie antworteten nicht und gingen.

Was hatten sie, Ihrer Meinung nach, für einen Grund?

Vielleicht lag es daran, daß Boris Russe war. Vielleicht war ihnen die Anwesenheit eines Kindes nicht ganz geheuer. Vielleicht... ja, Jean war intelligent, er war einige Monate alt. Er ist im Februar 1943 geboren. Mit achtzehn Monaten – bei der Befreiung – sprach er schon sehr gut. Er hätte etwas erzählen können, obwohl wir ihm das Schweigen beigebracht hatten: »Diesen Herrn da, den hast du nicht gesehen.« – »Ja, verstehen.« Wir sagten ihm das vor dem Herrn: »Seien Sie unbesorgt, dieses Kind wird nicht reden.« Wir haben immerhin einige Leute auf der Durchreise im Zimmer nebenan mehrere Nächte beherbergt.

Hatten Sie nicht Lust gehabt, sich selbst der Résistance anzuschließen?

Ausgeschlossen! Ich hatte ein Kind, es ging nicht.

Boris gehörte als Arzt der Gruppe der Widerstandkämpfer von Paris an. Deshalb kamen auch welche zu uns. Er hat unter anderem Leute vom Bahnhof Montparnasse behandelt, die, als Eisenbahner verkleidet, für die Résistance arbeiteten. »Wenn ich eines Abends nicht nach Hause komme, kümmere dich nicht um mich, suche mich nicht. Das würde nur bedeuten, daß ich mich unter einem Decknamen verstecke.« Ich weiß nicht mehr, wie dieser Deckname hieß, er begann mit einem B oder einem D. Ich weiß es nicht mehr. Er fügte dann hinzu: »Mach dir keine Sorgen. Ich habe den Chef des Widerstandsnetzes benachrichtigt. Wenn mir etwas zustoßen sollte, wird er dir Bescheid geben.« Es ist nie vorgekommen.

Ist er nie verhört worden?

Doch! Boris ist von den Deutschen verhört worden. In der Zeitung »Je suis partout«[78] wurde er in einem Artikel denunziert. Als er älter war, ging ihm diese Geschichte immer noch nach; er hat diese Zeitungsnummer nie wieder gefunden. Es war der Besitzer einer anderen Massage-Schule, die nicht so gut war, wie Boris' Schule, der ihn denunziert hatte. Er hatte behauptet: »Er ist ein russischer Jude, der angeblich Direktor der französischen Massage-Schule ist; aber er ist Jude und Russe. Er ist ein kommunistischer Jude!« Daraufhin kamen vier Deutsche zu ihm in der Rue Cujas und verlangten von ihm, er solle beweisen, daß er kein Jude sei. Er sagte: »Ich bin ein Orthodoxer, ich gehöre der Gemeinde der Rue Daru an.« – »Ziehen Sie sich aus!« Er war gezwungen, sich auszuziehen, um zu beweisen, daß er nicht beschnitten sei. »Wir bitten um Verzeihung, Herr Doktor«, sagten sie dann, stramme Haltung einnehmend. Boris hat es mir erst acht Tage später. Er war so aufgewühlt gewesen, daß er es mir nicht sofort erzählen konnte.

Ja, es war wirklich furchtbar! Ich erinnere mich an eine Jüdin, die den Judenstern trug, sie war so arm dran! Sie war so unglücklich darüber, daß sie von heute auf morgen keine Beschäftigung mehr hatte! Sie war keine richtige Psychoanalytikerin. Sie arbeitete – so wie viele Leute, die eine psychoanalytische Ausbildung machen – mit psychisch Kranken zusammen, denen sie half, mit ihrer Situation fertigzuwerden. Sie konnte damit ein bißchen Geld verdienen. Und plötzlich, von heute auf morgen, verdiente sie nun keinen Pfennig mehr! Solche Leute wie ich, oder wie wahrscheinlich Frau Jenny Aubry (sie wurde nach dem Krieg Psychoanalytikerin), wir versuchten, ihr zu helfen. Jenny Aubry, die damals noch Jenny Roudinesco hieß, war Jüdin. Ich weiß nicht, wo sie sich im Krieg aufhielt, denn sie war verschwunden. Ihr Mann war ein russischer Jude, ich kann mich daran erinnern, daß er ein streng Gläubiger war.

Ich wollte Ihnen eben in bezug auf das Judentum eine Frage stellen: es wurde oft behauptet – viele Zeilen sind darüber geschrieben worden, die mich übrigens ganz bestimmt nicht immer überzeugen –, daß kein bloß historischer Zusammenhang zwischen der Psychoanalyse und dem Judentum besteht, nicht wahr?

Bestimmt! Ganz bestimmt! Aber das liegt ganz einfach daran, daß ein grundsätzlicher, gedanklicher Zusammenhang besteht zwischen der Tatsache, daß ein Subjekt existiert, und daß das Subjekt nur in Verbindung mit dem Jüdisch-Christlichen existieren kann. Es gibt kein Subjekt ohne Gott. Ich existiere, weil Gott existiert. Ich kann nicht ohne Gott existieren. Derjenige, der als Subjekt seiner Sprache denkt und spricht, ist zwangsläufig mit Gott verbunden. Es ist seltsam, daß die Psychoanalytiker das nicht so sehen! Natürlich, für Lacan war das Subjekt ein Loch; er hatte sehr viel Angst vor diesem Abgrund, der seiner Meinung nach das Subjekt war. Er klammerte sich am Rand fest. So kann man es aber nicht sehen! Man wird nie wissen, was das Subjekt wirklich ist, wenn man nicht weiß, daß es einfach ein in Fleisch eingehülltes Teilchen Gottes ist. Es ist Begehren zu leben. Dieses Begehren zu leben, das ist Gott in jedem von uns. Das Subjekt von der Zeit vor der Sprache tritt mit der Sprache in Erscheinung, nicht nur mit der gesprochenen Sprache, sondern mit jedem signifikanten Akt. Fleischwerden ist ein signifikanter Akt des Gott-Subjekts. Ich wüßte nicht, wie man anders denken könnte. Wenn wir uns in der christlichen Volkstradition bewegen – nicht in der kirchlichen Tradition –, dann ist der Sinn des Subjekts der Sprache, wenn das Subjekt zu Gott spricht, und Gott ihm antwortet, nicht die Volkstradition, sondern die Bibel, das Evangelium: eben das Unbewußte.

Sie schreiben hier der Psychoanalyse eine eher jüdisch-christliche Dimension, aber keine spezifische Verbindung mit dem Judentum zu.

Aber sie wird immer mit dem Judentum verwurzelt sein, denn das Christliche hat ohne das Jüdische keinen Sinn!

Hat die Tatsache, daß Freud Jude war, für Sie eine Bedeutung?

Ja, aber wichtig war vor allem, daß er es geleugnet hat. Weil er gesagt hat: »Nein, ich bin kein Jude«, konnte er die Psychoanalyse erfinden.

Er hat nie gesagt: »Ich bin kein Jude«, sondern: »Ich bin nicht gläubig.« Er hat aber immer beteuert, daß er Jude sei – kein Israelit, sondern Jude.

Nun gut. Aber weil er nicht gläubig war, entdeckte er die Wurzeln des Glaubens. Weil er nicht gläubig war, hat er an den Menschen geglaubt. Niemand war gläubiger wie er, aber er glaubte, daß er nicht gläubig wäre, weil er nicht an alle Eseleien glaubte, die man ihm erzählte – vor allem die Rabbiner-Geschichten über die Macht der Rabbiner: »Ich bin ein toller Kerl, weil ich Rabbiner bin; du bist dumm, weil du usw… Also mußt du mir Geld bezahlen, damit ich leben kann.« All diese Geschichten von den Institutionen haben mit der Religion nichts zu tun. Das heißt, sie haben insofern schon mit der Religion zu tun, als die Religion in einer Institution eingebettet ist. Aber sie haben nichts mit dem jüdischen Geist zu tun.

Was Sie sagen bezieht sich mehr auf die Position eines Gläubigen allgemein als auf die Tatsache, daß er Jude ist.

Ich glaube nicht, daß die Psychoanalyse von einem Nicht-Juden hätte erfunden werden können. Ich glaube, daß es auf der Hand liegt, daß in einer bestimmten Epoche die signifikante Sprache dessen, was im schöpferischen Unbewußten stattfand – schöpferisch in bezug auf die fleischliche Kohärenz eines Menschen, auf die biologische Kohärenz, die bewirkt, daß ein Mensch als sprachliches Wesen auf die Welt kommt –, nur von einem Juden kommen konnte. Es konnte nicht anderes sein.

Es konnte nicht von einem Christen kommen? Oder ist es dasselbe?

Es ist dasselbe!

Es ist für Sie dasselbe?

Es ist für mich dasselbe. Christus war in aller Ewigkeit. Und in einem bestimmten historischen Augenblick hat Christus in der Gestalt eines sprechenden Menschen gesprochen.

In einem bestimmten historischen Augenblick werden die Juden Christen, bzw. werden manche von ihnen Christen, andere bleiben Juden – haben Sie das etwa so gemeint?

Ja, aber mit dem Unterschied, daß sie Christen sind, ohne es zu wissen. Das heißt, daß sie Angst haben, die mentalen Bezüge ihrer Kindheit preiszugeben, so wie jemand Angst hat, seine Neurose preiszugeben.

Sie denken also, daß in einem bestimmten historischen Augenblick alle Juden Christen werden.

Ich bin sicher, ganz sicher!

Sie sind sicher?

Ja, alle Juden! Auf jeden Fall waren die Juden während des Krieges Christus. Christus am Kreuz, das sind die Juden. Die Juden verkörpern Christus, ohne es zu wissen.

Sie wissen nicht, daß sie mit Christus verbunden sind, weil sie ihn verkörpern.

Es ist bemerkenswert, aber auch ein wenig erstaunlich, daß es in der französischen Psychoanalyse zwei große Namen gibt: Lacan und Dolto.

Zur Zeit. Es ist auch ein bißchen Mode.

Nein, es ist keine Frage von Mode, Francoise! In der Geschichte der französischen Psychoanalyse seit ihren Anfängen – sagen wir mal seit Ende des Krieges 1914 – gibt es eine ganze Reihe von beachtlichen Namen, aber nur zwei herausragende, nämlich Lacan und Dolto. Man kann über viele Leute reden, die für die Psychoanalyse einen wichtigen Beitrag geleistet haben; aber unabhängig von der Mode werden Lacan und Dolto immer bleiben.

Ich werde mehr vom Verhältnis zum Klinischen in der Übertragungssituation getragen, während er sich mehr auf das Verhältnis zum Denken in der Übertragungssituation bezieht.

Sie sind tatsächlich auf eine ganz andere Art Psychoanalytikerin. Es wird sicherlich andere wichtige Namen in der Psychoanalyse geben, aber diese beiden Namen werden meiner Meinung nach – ich nehme es auf mich – in die Geschichte der Psychoanalyse eingehen. Diese beiden Namen werden immer bleiben. Aber keiner von beiden ist Jude.

Das stimmt…

Sie haben schon daran gedacht? Hat es Sie schon einmal nachdenklich gemacht?

Nein, aber ich denke, daß ich irgendwo eine jüdische Großmutter gehabt habe…

143

Denken Sie, daß Sie irgendwo eine jüdische Großmutter gehabt haben oder denken Sie vielmehr – ich beziehe mich jetzt auf das, was Sie vorhin sagten –, daß die Psychoanalyse so reif geworden ist, daß sie auf ihre Kindheit verzichten kann? Und daß Freud Lacan-Dolto geworden ist, so daß er nicht mehr Jude zu sein braucht, da die Juden, wie Sie sagten, Christen geworden sind?

Ja. Aber Sie sagen, daß er nicht mehr Jude zu sein braucht, es geht aber nicht um »brauchen«!

Das Wort ist vielleicht nicht sehr geschickt.

Ohne sein Judentum hätte er nie das Begehren begreifen können. Sein Begreifen des Begehrens ist das Begreifen des Begehrens, in dem Gott anwesend ist, ohne daß der Mensch es weiß. Gott mit dem Perversen vereint, Gott mit dem Verdrängtem vereint, das Leben mit dem Wunsch nach dem Tod vereint: mit allem, was das menschliche Drama ausmacht, nämlich in der Erbsünde ewig gefangen zu sein. Man darf nicht vergessen, daß der Mythos der Erbsünde der Menschheit ermöglicht hat, Wurzel zu schlagen.

7
Die Psychose

Aber Sie konnten persönlich das Begehren und alle Sackgassen des Begehrens weder dadurch begreifen, daß Sie Jüdin sind, noch dadurch, daß Sie an die Erbsünde glauben, da Sie mir früher gegenüber behauptet haben, daß es keine Erbsünde gibt.

Nein! Im Gegenteil! Ich sage, daß wir immer drin sind. Obwohl Christus uns daraus geholt hat, sind wir wir mit den Konsequenzen der Erbsünde konfrontiert: indem wir das Leben immer beurteilen müssen, um zu wissen, ob es gut oder ob es schlecht ist. Wir beschäftigen uns immer mit der Frage der Frucht von dem Baum der Erkenntnis des Guten und Bösen, des Besseren oder weniger Guten. Darin besteht unsere Verrücktheit, die wir nicht ändern können. Darin besteht eben die Erbsünde: daß wir alles sprechen müssen, was kommen wird, anstatt zu leben, ohne zu beurteilen, was wir gesagt haben. Im Grunde genommen beschäftigen sich die Psychoanalytiker mit der Textverarbeitung der Erbsünde. Sie sind permanent mit der Textverarbeitung der Erbsünde beschäftigt: »Wir haben das gedacht... Ich habe wegen meiner Mutter das gedacht... Weil sie mir das eingebläut hat... Aus Liebe zu ihr habe ich das gedacht... Ich wollte meine Mutter heiraten, aber ich habe es nicht getan, weil man das nicht tun darf... Wer sagte, daß man es nicht tun dürfte? Die anderen! Und wenn du es getan hättest? Ich konnte es nicht, weil ich zu viel Angst hatte... usw. usw.« All dies hat mit der Erbsünde zu tun: es geht immer um das Bessere und das weniger Gute. Anstatt zu leben und zu krepieren, ohne es zu merken.

Aber die Psychoanalytiker artikulieren solche Probleme doch nicht mit Kategorien wie »Sünde«! Sie sind die erste, die dagegen sind!

Aber sie werden als Sünde empfunden!

Sie werden als Sünde empfunden, aber eben nicht von den Psychoanalytikern!

Die Psychoanalytiker sind gezwungen, sich außerhalb zu stellen, um sich mit der Frage zu konfrontieren: »Was ist überhaupt eine Sünde?« Was als Sünde empfunden wird, ist auch eine Sünde. Ob es wirklich eine Sünde ist oder nicht, wird keiner jemals erfahren. Aber die Tatsache, daß etwas als Sünde empfunden wird, ist devitalisierend. Was als Sünde empfunden wird, ist für denjenigen, der glaubt, diese Sünde begangen zu haben, selbst wenn er sich diese Sünde nur eingebildet hat, devitalisierend. Die Vorstellung des Inzests ist notwendig, die Realisierung des Inzests ist tödlich. Die Vorstellung des Inzests stimuliert die Entwicklung der Intelligenz, sie bedeutet gleichzeitig Leiden auf der bewußten Ebene. Die Realisierung des Inzests macht verrückt; ich habe zwei Fälle gehabt, die wirklich auf den ausgelebten Inzest zurückzuführen waren.

Seinen Namen, seine Staatsangehörigkeit, seinen Beruf wechseln und seiner Mutter sagen: »Du bist nie meine Mutter gewesen, es ist nicht wahr! Du hast mich von einer anderen Frau gestohlen und du behauptest, du wärest meine Mutter.« Es handelt sich um den Fall eines Mannes, der einen Monat lang eine wahnsinnig intensive inzestuöse Liebe mit seiner Mutter ausgelebt hatte. Er hatte seine Mutter verloren, als er zwei Jahre alt war, sein Vater hatte ihn nach Australien mitgenommen. Er sah seine Mutter mit sechsundzwanzig Jahren wieder. Sie haben sich heftigst ineinander verliebt und diese Liebe einen Monat lang ausgelebt. Wenn ich eines Tages sterbe, wird man die Briefe wiederfinden, die sie mir damals anvertraute. Ich weiß nicht, was ich damit gemacht habe.[79] Es sind dramatische Briefe von dieser Frau, die in Paris lebte und danach ihren Sohn nie mehr wiedersah. Er hat nach dem Geschlechtsverkehr mit seiner Mutter versucht, sich umzubringen, hat aber nur fertiggebracht, seinen Freund neben sich im Auto zu töten. Wenn dieser Freund gestorben ist, so deshalb, weil er wie verrückt gefahren ist, nachdem er mit seiner Mutter geschlafen hatte; er hatte das Gefühl, verrückt zu sein und nicht mehr das Recht zu haben, zu leben. Er hat seinen Freund, einen Holländer, dabei getötet. Und die Mutter dieses Holländers hat sich um den Freund ihres Sohnes gekümmert, der mit mehreren Brüchen davonkam. In seinem letzten Brief schrieb er an seine Mutter: »Ich weiß, was eine Mutter ist: es ist jemand, die, selbst wenn ihr eigener Sohn tot ist, in der Lage ist, einen anderen zu lieben, damit er überlebt, damit im Freund ihres Sohnes, den sie liebt, jemand überlebe, der ihren Sohn geliebt hat. Das ist eine Mutter, das bist nicht du! Drecksau! Hure! usw« Der Brief, den er ihr davor geschrieben hatte, war dagegen ein außerordentlich schöner, poetischer Liebesbrief gewesen. Es ist unglaublich, wie sehr der Inzest zerstören kann.

Bei dem anderen Fall ging es um einen armen, verrückten Fünfzehnjährigen, mit dem die Mutter in ihrem Bett schlief. Er war völlig verrückt. Er streichelte vor mir ihre Brüste, der Vater war anwesend und reagierte nicht. Er stand hinter seiner Mutter, steckte seine Hände in ihren Ausschnitt und massierte ihre Brüste; sie stand vor mir, und der Vater ließ alles geschehen: »Der Arzt hat uns gesagt, daß er im Moment ein bißchen freudianisch wäre, und uns empfohlen, ihn zu Ihnen zu schicken.« So kam es, daß ich diesen fünfzehnjährigen Kerl sah, einen prächtigen Jungen – vielleicht ein bißchen zu dick –, der aussah wie ein Riesenbaby. Ich wollte allein mit ihm sprechen. Ich sagte zum Vater: »Sie erlauben Ihrem Sohn, seine Mutter in der Art zu streicheln?« Daraufhin antwortete der Sohn: »Aber sie gehört mir! Sie ist meine Mutter, sie gehört ihm nicht!« Ich sagte: »Sie ist deine Mutter, aber sie ist seine Frau.« Er schaut sie an und schüttelt den Kopf, um »nein« zu sagen. Er war im Grunde nicht so verrückt. Er phantasierte, also war er verrückt… für die Gesellschaft. Er ging nicht in die Schule, er lief wie ein Idiot hinter seiner Mutter her, drückte sich an sie, fast hätte er sich an ihrem Rock festgehalten! Die Sprechstunde mit diesem Kind ist sehr witzig gewesen. Ich habe die Eltern ins Wartezimmer geschickt und dem Jungen gesagt: »Wissen Sie, daß es verboten ist, sich für den Mann seiner Mutter zu halten?« – »Von wem?« – »Von den Menschen. Selbst bei den Affen gibt es in dieser Beziehung Schwierigkeiten! Sie können nicht einerseits ein intelligenter Junge sein und sich gleichzeitig für den Mann Ihrer Mutter halten.« Daraufhin sagte er: »Stimmt.« – »Was stimmt? Daß Sie ihr Mann sind?« – »Ich bin ihr Mann.« – »Nein! Sie haben keine Kinder mit Ihrer Mutter gehabt.« – »Also, um solche Kinder zu bekommen, wie mich…!« Ich wußte überhaupt nicht, was ich davon halten sollte. Er war verrückt, und doch nicht verrückt. Plötzlich erblickt er eine Ikone oder eine ähnliche Figur an der Wand und sagt: »Aber ich liebe Jähsus, Jähsus.« – »Was sagt er Ihnen, Jesus?« – »Er sagt mir, ich soll mich um meine Mutter kümmern.« Und verdreht dabei die Augen. Daraufhin sage ich ihm: »Was sehen Sie denn da, in der Ecke?« Er wollte mich nicht anschauen. »Ich liebe Jähsus.« – »Ja, weil er an der Wange seiner Mutter ist.« Er antwortet nicht. Ich füge hinzu: »Aber Jesus hat nicht seine Mutter geheiratet! Als er ihr die Krone auf den Kopf setzte, war er schon tot. Es war viel später! Aber davor hat er das getan, was sein Vater von ihm verlangt hatte.« Ich spreche mit ihm auf diese Weise. Da er nicht antwortet, fahre ich fort: »War Jesus einverstanden, daß Sie zu mir kommen?« Darauf sagt er: »Ich sag dir nichts… Du bist zu neugierig, ich sag dir nichts!« – »Aber wenn du hier bist (ich sage «du« zu ihm, da er mich duzt), so vielleicht deshalb, weil Jesus dich hierher gebracht hat?» Keine Antwort. «Findet Jesus es gut, daß du hierher gekommen bist?« Da fängt er an, hin- und herzuschauen, nach links, nach rechts.» Man muß es wissen! Ist er links oder ist er rechts?« – »Ich weiß es nicht.« – »Mach die Augen zu, vielleicht wird dir Jesus dann antworten. Ist er einverstanden, daß ich mit dir spreche, und daß du mit mir sprichst?« Daraufhin machte er wirklich die Augen zu und sagte: »Ja, er möchte es schon.« – »Also, ich sage dir im Namen Jesus, daß man nicht leben kann, ohne verrückt zu werden, wenn man wie ein großes Baby bleiben will, das sich für den Mann seiner Mutter hält.« Dicke Tränen fließen ihm über das Gesicht. Ich sagte: »Was ist los?« – »Nein, Jesus will nicht.« – »Was will er nicht?« – »Jesus sagt: Du sollst dich um deine Mutter kümmern.« – »Aber sich um sie kümmern, bedeutet, sie gern haben, und nicht, nicht lesen lernen wollen, nicht in die Schule gehen und wie jemand leben, der nach dem Tod seiner Eltern in einer psychiatrischen Anstalt landen wird.« – »Ja.« – »Glaubst du, daß Jesus das möchte?« Aber er antwortete nicht mehr, er war jetzt völlig verschlossen. Ich habe ihm gesagt, daß er für eine Psychatherapie nicht motiviert sei, und hinzugefügt: »Wenn du wiederkommen willst, wirst du es deiner Mutter sagen; dein Vater wird bestimmt damit einverstanden sein, weil es ihn sehr unglücklich macht, daß du in deinem Leben versagst.«

Er war wirklich ein seltsamer Verrückter! Ich bin sicher, daß kein Psychoanalytiker, kein Psychiater jemals ein derartiges Gespräch mit jemandem geführt hat. Ich bin wirklich sicher! Ich sag es so, ganz intuitiv...

Sehen Sie einen grundsätzlichen Unterschied zwischen Psychotikern und Neurotikern? Oder glauben Sie im Grunde genommen nicht so sehr an die Psychose?

Ich glaube, daß ein Übergang von einem in den anderen Zustand möglich ist. Dabei spielt die Projektion eine große Rolle: die Tatsache, daß man jemanden für verrückt hält, trägt viel dazu bei, ihn wirklich verrückt zu machen.

Die Neurose und die Psychose scheinen für Sie keine klar voneinander gestrennten Strukturen aufzuweisen?

Nein, überhaupt nicht! Überhaupt nicht! Die Psychose ist meiner Meinung nach eine zerstörende Entwicklung, die auf Projektionen zurückzuführen ist, die jemand erfährt, der sich in einer bestimmten Art und Weise verhält. Wenn jemand, der sich so verhält, von dem anderen für verrückt gehalten wird, wird er eingeschätzt wie jemand, zu dem man keine Beziehung mehr hat, oder wie jemand, mit dem man nicht die gleiche Beziehung haben kann, wie zu den anderen Leuten. Deshalb denke ich persönlich nicht – wie ich es Ihnen schon sagte –, daß die Verrücktheit an der Struktur einer Person liegt. Ich denke, daß es sich um eine Unordnung handelt, die auf der Verzweiflung beruht, keinen Mitmenschen zu haben, der einen anerkennt, der sich in einem wiedererkennt. Ich glaube, daß es darauf zurückzuführen ist. Ich denke, daß ein Psychotiker, mit dem man spricht, wie man fühlt, schon weniger psychotisch ist, so daß bei ihm der Prozeß in Gang gesetzt werden kann, daß er den Unterschied zwischen dem Imaginären und der Realität akzeptiert – wobei die Realität ein Imaginäres ist, das auch für alle anderen Menschen gültig ist. Denn die Realität ist nichts anderes als ein für alle anderen Menschen allgemeingültiges Imaginäres. Das Reale ist geistiger Natur, aber die Realität hat mit Sinneswahrnehmung zu tun, man könnte sie als »Gemeinsinn« bezeichnen. Wenn ich behaupte: »Das ist eine Flasche«, und jemand anders neben mir sagt: »Aber nein! Das ist keine Flasche, sondern... (er sagt nicht, was es ist, aber zeichnet in der Art von Picasso etwas völlig Schräges); und wenn man ihm die Frage stellt: «Was kann man damit machen?«, und er antwortet: »Zeichnen«, werde ich denken, daß er verrückt ist, weil es eine Flasche ist und er es leugnet. Aber daß er leugnet, daß es eine Flasche ist, bedeutet, daß er leugnet, was ich sage. Wenn er leugnet, was ich sage, so deshalb, weil er auf mich überträgt, jemand zu sein, der ihm nicht erlaubt, so zu sein, wie er ist und so zu fühlen, wie er fühlt. Es ist also mein Fehler, auf seine Übertragung einzugehen. Um ihm zu helfen, muß ich auf das eingehen, was er denkt, was für ihn die Sinneswahrnehmung der Realität ist, die sich von meiner unterscheidet. Von da aus versuche ich zu wissen, unabhängig von dem Bild, das er davon gezeichnet hat, was diese Sache in ihm wachgerufen hat, woran sie ihn erinnert, was sie in ihm für eine Lust auslöst, ob er seine Zeichnung berühren möchte usw. Und so kann ich mit diesem Psychotiker Kontakt aufnehmen.

Es ist eine therapeutische Strategie, die ich übrigens täglich in meiner klinischen Praxis anwende, die für mich aber nicht impliziert, der Psychose keine erkennbare Struktur zugrunde zu legen.

Aber nein! Es ist keine Strategie. Ich glaube einfach daran. Man spricht von Strategie, wenn man nicht daran glaubt und den anderen überlisten will. Es geht nicht darum, den anderen zu überlisten, nicht psychotisch zu sein. Es geht darum, ihm zu helfen – dabei bleibt er psychotisch, d. h. daß er eine Vorstellung von der Realität hat, die sich von der Wahrnehmung der anderen unterscheidet – das Recht auf seine Existenz wiederzubekommen und zwar von der Zeit an, als er leugnete, daß dieselben Wörter, wie sie die anderen gebrauchen, dieselben Empfindungen ausdrücken können. Das war so, weil er als Kind von der Person, die sich um ihn kümmerte, nicht anerkannt wurde – es ist immer mit der kindlichen Situation verknüpft –, obwohl er gegenüber dieser Person gleichberechtigt, ja ihr vielleicht sogar überlegen war.

Hier muß man ansetzen, wenn man Psychosen beim Kind vorbeugen will.

Es ist völlig richtig! Die Frage der Vorbeugung finde ich tatsächlich eine der wichtigsten.

Aber ja! Wenn man in diesem Beruf alt wird, begreift man, wie wichtig diese Frage ist. So viele Dinge spielen sich vor dem vierten Lebensjahr ab! Und die Gesellschaft tut nichts, sie schaut zu, wie die Eltern oder die Erwachsenen im Allgemeinen ihre Machtbefugnis gegenüber den Kindern ausnutzen und die Kinder wie Unterentwickelte oder, schlimmer noch, wie Haustiere, die man dressieren muß, behandeln. Die Grundlage der sogenannten Kindererziehung ist im Wesentlichen nach dem Modell der Viehzucht konzipiert worden...

... in der die Sprache nicht voll zur Entfaltung kommt.

... in der die Sprache entstellt wird, weil das, was das Kind in seinem ganzen Verhalten gegenüber seiner Mutter sagen will, nicht entschlüsselt wird. Dabei sind die Kinder seit ihrer Geburt, und schon vor der Geburt, ständig in der Sprache. Seitdem man die »Haptik«[80] entwickelt hat, weiß man, daß der Fötus eine Sympathie für den Vater, für die Mutter hat, daß er die Beziehung, die durch Berührung zwischen ihnen hergestellt wird, mag. Es ist unwahrscheinlich! Diese allmähliche Entdeckung der Frühreife des menschlichen Wesens hat mich sehr beeindruckt; und ich habe festgestellt, daß frühreife und sensible Kinder – es sind die phantastischsten Kinder der Gesellschaft – am meisten gefährdet sind, Zurückgebliebene, Autisten oder Psychotiker zu werden.

Es stimmt! Mir ist in der Psychiatrie aufgefallen, daß dort eine Situation herrscht, die in einem Punkt mit Auschwitz vergleichbar ist. Auch in Auschwitz sind so viele Nobelpreisträger, so viele große Dichter, so viele große Wissenschafler, so viele verschiedene hervorragende Menschen unter diesen grauenerregenden Bedingungen gestorben.

Unter diesen vagabundierenden Hebephrenen – wie die Psychiater sie bezeichnen –, die ihren Kopf gegen die Mauern der Anstalten schlagen und in einem fürchterlichen Zustand sind, könnte man sicherlich eine ganze Reihe von Nobelpreisträgern, Universitätsprofessoren, großen Denkern, Künstlern usw. finden.

Ganz bestimmt! Auf jeden Fall eine regelrechte Elite, wenn man sie mit dem völlig unterentwickelten Milieu vergleicht, in dem sie großgeworden sind. Wenn ich von Frühreife spreche, meine ich die Kinder, die von ihrer Geburt an bis zum dritten Monat frühreif waren, und die dann irgendwann den Mut verloren haben, weil sie nicht gehört wurden und keine Antworten bekamen. Sie haben sich in einer verinnerlichten symbolischen Funktion eingeschlossen, in der Begegnungen zwischen Empfindungen ihres Körpers innerhalb des körperlichen Zeit-Raum-Gebildes und Empfindungen bzw. Wahrnehmungen, die von außen durch die Ohren, die Augen, den Tastsinn zu ihnen kommen, als Signifikanten dienen. Und diese Begegnungen nehmen für sie langsam den Wert von Signifikanten an, als ob sie Wörter wären. Und nach und nach fangen sie an, die Sprache zu ersetzen, die die Erwachsenen draußen unter sich verwenden.

Ganz genau! Es trifft genau, was ich denke. Ich glaube in der Tat, daß man noch zu wenig berücksichtigt hat, daß eine sprachliche Frühreife beim Neugeborenen vorhanden ist, und daß es einer langen Arbeit bedarf, bis dieses die subjektivierte Sprache erlangt.

Wenigstens könnte ein Erwachsener, der einen Säugling nicht verstehen kann, die Existenz dieses Säuglings anerkennen und diesem Kind, diesem Menschen sagen: »Ich verstehe nicht, was du mir sagen willst, aber ich weiß, daß du mir etwas sagen willst. Und ich habe dich lieb.« Ein momentanes Unverständnis, das auf diese Weise zugegeben wird, ist nicht gefährlich, da es die Beziehung zur Sprache wiederherstellt. Und genau das ist wichtig, wenn nicht sogar entscheidend.

Das bedeutet aber nicht – entschuldigen Sie, daß ich insistiere –, daß es keinen Unterschied in der Struktur zwischen Psychotikern und Neurotikern gibt, im Gegenteil!

Aber was nennen Sie denn Struktur? Wenn man »Struktur« sagt, klingt es so, als ob es kein Zurück gäbe. Als ob man für die Gesellschaft nicht kreativ werden könnte.

Das glaube ich nicht!

Was ist für Sie ein Psychotiker, wenn Sie sagen, daß er eine Struktur hat? Was ist denn ein Psychotiker?

Ich kann es Ihnen schon erklären, aber ich bräuchte mindestens ein Buch dazu.[81] Nein, der wesentlichste Aspekt liegt meines Erachtens nicht in der Nicht-Umkehrbarkeit – sonst würde ich als Psychoanalytiker nicht hauptsächlich mit Psychotikern arbeiten –, sondern in einer besonderen Eigentümlichkeit: es sind nicht die gleichen Mechanismen, überhaupt nicht, zum Beispiel in bezug auf die ödipale Problematik: sie funktioniert meiner Meinung nach nicht im Imaginären oder, allgemein gesprochen, in der Psyche eines Psychotikers, man muß mit ihm ganz anders reden.

Das ist für mich klar wie Kloßbrühe. Es ist so, weil der Inzest für den Psychotiker nicht unbedingt auf der genitalen Ebene funktioniert. Der Inzest kann durchaus auf der oralen Ebene stattfinden: die Begegnung der Zungen beim Kuß erzeugt für ihn ein »Zungenwesen«, aber keinen Menschen, weil für ihn der Koitus einen ganz anderen Sinn hat, als für uns – für uns ist er die Begegnung eines Gliedes und einer Vagina.

Ich gehe sogar noch weiter: ich bin nicht sicher, ob der Begriff Inzest überhaupt bei einem Psychotiker einen Sinn hat.

Das meine ich auch! Aber er hat insofern einen Sinn, als alles für den Psychotiker pervertierbar ist, damit er nach seinen eigenen Vorstellung Kreaturen schaffen kann, die keine Menschen sind. Und das ist darauf zurückzuführen, daß er in seiner Frühkindheit geglaubt hat, daß die Intensität seiner Libido, die sich in aktiver Oralität oder in passiver Oralität manifestiert hat, das war, was ihn aufbaute, oder das war, wodurch Babys gezeugt werden. Und er glaubt, daß er mit seiner Mutter Babys gezeugt hat. Er glaubt sogar, daß sein Samen ein Bataillon wäre. Ich habe solch einen Fall in der psychiatrischen Ambulanz »l'Infirmerie spéciale du dépot«[82] gehabt. Es war ein Mann, mit dem zusammen wir mit Heuyer ein Gespräch hatten. Wir arbeiteten einmal in der Woche in der »Infirmerie spéciale du dépot«. Und einmal machten sich alle Leute über einen Mann lustig – einen Penner, den man nachts von der Straße aufgelesen hatte –, der behauptete, daß er Heuyer, der ihm Fragen stellte, vernichten könnte, wenn er wollte, weil ihm eine ganze Armee zur Verfügung stünde; er würde diese Armee jederzeit aus dem Boden stampfen können. Sie stünde ihm immer zur Verfügung, aber er würde sie lieber in den Höhlen der Erde verschwinden lassen, als sich darauf einlassen, solch einen dummen Mann wie Heuyer zu vernichten. Seine Soldaten wären aber jederzeit zum Angriff bereit. Die Armee war sein Samen.

Die Krankenpfleger machte sich entsprechend über ihn lustig und erzählten: »Ja, er holt sich einen runter und dann sagt er: «Sehen Sie, wie alle meine Soldaten herauskommen usw.« Er war wie ein Kind, das phantasiert, daß es seinen Vater umbringen könnte. Dies macht den Psychotiker eben aus: er hat Kinderträume, aber er ist fünfunddreißig oder vierzig Jahre alt. Er ist so, wie ein Kind denkt. Er wäre verrückt, wenn er es sagen oder aufzeichnen würde. In Comics sieht man allerlei Zeichnungen in der Art: Titten, komische Weiber, Krieger, brennende Schwänze usw. Alle sind verrückt in den heutigen Comics. Aber derjenige, der sich erlaubt, so zu leben, wie die in den Comics, ist wirklich verrückt. Ich weiß nicht recht warum. Vielleicht haben die Ärzte nicht genügend Phantasie, um mit ihm zu lachen? Sie könnten ihm sagen: »So war es, als du klein warst. Wie hieß denn deine Mutter?« Wenn man in die Zeit zurückgeht, in der er klein war, und von da an alles wieder aufrollt, müßten seine Symtome verschwinden. Es ist auch so bei Leuten, die Stimmen hören. Nie fragt man sie: »Wessen Stimme hörst du?« Nie fragt man das. Also glauben sie weiterhin an diese Stimmen. Alle vierzehn Tage kann man in dem psychiatrischen Gutachten lesen: »Er fängt an zu glauben, daß diese Stimmen vielleicht doch keine Stimmen sind. Internierung fortgesetzt.« Anstatt ihn zu fragen: »Ist es die Stimme eines Kindes? Ist es die Stimme eines Mannes? Ist es die Stimme einer Frau? Ist es die Stimme von jemandem, den es gibt?« Eines schönen Tages wird er doch etwas antworten. Sobald er anfängt, zu antworten, wird er alles ausschütten.

Ich kenne einen ähnlichen Fall von einem Mann, dem ich habe helfen können. Er hörte die Stimme seiner Schwester, die gestorben war, als er acht Jahre alt war. Er hat Wahnvorstellungen bekommen, aber nicht nach diesem Ereignis, sondern viel später, als er von seiner Freundin im Stich gelassen wurde, während er Architektur studierte. Diese Freundin hatte denselben Vornamen wie seine Schwester. Er bekam nach dieser Trennung Gehirnfieber, wie man früher sagte (so habe ich selbst die Krankheit meiner Mutter bezeichnet, als sie damals nach dem Tod meiner Schwester im Sommer so sehr gelitten hatte, als sie 40° Fieber und Wahnvorstellungen bekam und uns »Vipern« nannte.) Nachdem diese Freundin sich von ihm getrennt hatte, erlebte er die Trauer um seine kleine Schwester wieder, über deren Tod in seiner Familie nie gesprochen worden war. Und er bildete sich ein, seine Schwester würde zu ihm sprechen, um ihm zu helfen, mit der schmerzhaften Trennung von seiner Freundin fertigzuwerden. Fünfzehn Jahre lang war er in der Psychiatrie eingesperrt! Seine Familie fand sich damit ab, daß er auf Staatskosten von morgens bis abends in der Anstalt auf und ab lief, mit seinen langen Beinen, und daß er nur noch ein armer Irrer war, der mit einer Stimme sprach. Warum hat sich niemand dafür interessiert, wer diese Stimme war?

In solch einem Fall wird die Psychose allerdings zur Struktur.

Würden Sie sagen, daß die Psychose ein besonderer – und besonders schlimmer – Fall von Neurose ist?

Ein anderer, besonders schlimmer Fall. Der Kode der Begegnung verschiedener Empfindungen in Zeit und Raum ist ein anderer. Unser Leben besteht aus Wahrnehmungen, die in derselben Zeit, manchmal in demselben Raum, manchmal sogar in demselben Zeit-Raum einander kreuzen. Das ergibt eine Achse, die aufgebaut wird und den Neurotiker ausmacht. Ein Neurotiker besitzt eine Achse, die, wenn ich es so sagen kann, ungefähr auf dieser Achse liegt, weil bei ihm bestimmte Wahrnehmungen der Augen und der Ohren zusammentrafen, die er von Mal zu Mal bei seinem Nachbarn überprüfen konnte, der das gleiche wahrnahm. Also versteht man sich mit den anderen. Nach dem Motto: Wer Ohren hat, der höre! Man hat das gleiche gehört, also erkennt man sich. »Hast du gesehen, ich bin etwas begegnet, das «wau wau!« machte, ich habe es gehört; es hatte vier Pfoten, die trotteten, also: Hund, wau!wau!» Also macht der Hund «wau! wau!«

Ein verrücktes Kind sieht einen Hund und sagt »miau«; oder es sagt »Katze«, wenn es einen Hund sieht. Aber das ist dasselbe, denn es hat nicht im gleichen Moment wie die anderen »richtig gehört«. Wir haben Wahrnehmungen, durch die wir uns im gleichen Augenblick und zur gleichen Zeit ähnlich sind. Ich glaube, darum geht es bei der Psychose: es ist eine Geschichte von Zeit, die nicht auf dieselbe Art und Weise mit dem Raum zusammenfällt, wie bei den Leuten, die mit diesem Menschen zusammenleben, der Kind heißt. Von daher besitzen die Psychotiker keinen Kode, durch den sie sich verständigen können. Um sich in einem schwierigen Augenblick zurechtzufinden, müssen sie auf einen Kode der Vergangenheit zurückgreifen, als es noch nicht offenkundig war, daß sie sich mit anderen nicht verstanden. So begreife ich die Psychose.

8
Die orthodoxe Liturgie

Aus diesen Gründen glaube ich, daß man, um Psychoanalytiker zu sein, die institutionnellen Regelungen der Menschen anerkennen muß; gleichzeitig muß man dem Geist eines Menschen als Subjekt dienen, dessen Körper man als Signifikanten des Zeugungsaktes im Gesetz betrachtet, und nicht als Signifikanten des tierischen, wortlosen Begehrens des Fleisches.

Was mich betrifft, hätte ich mir nie vorstellen können, Psychoanalytikerin zu sein, wenn ich nicht gläubig gewesen wäre. Ich war keine fromme Kirchgängerin – in meiner Familie waren wir überhaupt nicht fromm – und die Psychoanalyse hatte mich gelehrt, daß die Religion im Grunde eine Form von Neurose ist und nur Schuldgefühle auslöst. Durch meine Arbeit jedoch, aber vor allem durch meine Heirat mit Boris, d. h. durch den Kontakt mit der orthodoxen Liturgie, habe ich erfahren, daß Religion etwas ganz anderes ist.

Der Horizont des liturgischen Diskurses der Katholiken hat sich für mich durch diese Erfahrung grundlegend verändert. Die Katholiken sind immer mit der Frage der Gerichtsbarkeit beschäftigt, denn wir haben das Christentum über die römische Sprache, über die römische Hierarchie überliefert bekommen. Die Eheschließung war eine Entführung der Frau durch den Mann, wodurch diese endgültig zum Besitz dieses Mannes wurde und somit für die Römer auch kein Subjekt mehr war. Die Christen haben sie wieder zum Subjekt gemacht, aber es gab im römischen Recht eine richtige Karambolage! Im römischen Recht ist sie die Beute ihres Bräutigams, der sie entführt und sie über die Schwelle des väterlichen Hauses trägt; um sie zu ihm nach Hause zu führen, denn sie ist unfähig, selbst für die Übergänge zu sorgen. Er sorgt an ihrer Stelle für die Übergänge und führt sie zu sich nach Hause als Gefangene in seinem Spinnennetz. Im Grunde genommen ist das, was der Vater beim römischen Bräutigam ist, die sadistische Mutter in der römischen Gerichtsbarkeit; hinzukommt noch dieses Salische Gesetz, das das Vorrecht des Mannes gegenüber dem Weib garantiert.

Die orthodoxe Liturgie hat nicht im geringsten etwas damit zu tun. In der orthodoxen Liturgie sind Mann und Frau in ihrem Wert als Subjekt sowohl vor Gott als auch vor dem Gesetz gleichberechtigt, denn das Gesetz ist kein Gesetz des Gerichtsherrn, sondern ein Gesetz der Barmherzigkeit. Zum Beispiel wird behauptet, daß die Orthodoxen drei Scheidungen – nicht vier, sondern drei – anerkennen würden. Das stimmt aber nicht! Die Orthodoxen sagen – es ist phantastisch! –: Wenn Leute sich scheiden lassen, beweist es, daß sie nicht verheiratet waren, denn die Ehe ist unauflösbar. Die Tatsache, daß sie sich haben scheiden lassen, ist der Beweis, daß sie nicht verheiratet waren. Dann geschieht folgendes: Die ganze Gemeinde fühlt sich schuldig, daß sie nicht klar gesehen bzw. verstanden hat, daß diese beiden jungen Leute, die sich liebten, sich in einem Begehren verfangen hatten, das mit dem Begehren Gottes in ihnen nicht in Einklang war. Die beiden wußten es nicht, und niemand hat es gemerkt, obwohl die ganze Gemeinde Zeugin war. Also müssen alle Gemeindemitglieder Buße tun, um sich verzeihen zu lassen, daß sie zugelassen haben, daß diese beiden armen Personen heirateten, Kinder auf die Welt setzten und unglücklich wurden in einer wilden Ehe, die nur in ihrer Einbildung von Gott gesegnet war. Aber es war nicht der Wille Gottes, Gott ist nur überlistet worden. Und so sieht die Sache schon ganz anders aus!

Die Orthoxen haben ein Gesetz – denn man muß in einer Institution schließlich eine Güterverwaltung haben –, wonach sie ihre Pflichten, vor allem gegenüber Kindern aus geschiedenen Ehen, regeln. Sie sind diesbezüglich wirklich phantastisch, sie sind sehr dicht am Unbewußten. All dies habe ich erfahren, als ich geheiratet habe, und dadurch habe ich mir die christliche Dimension, die vom Judentum überliefert wird, wieder angeeignet, die die Logik der menschlichen Leidenschaften, und überhaupt nicht die Logik der juristischen Leidenschaft beinhaltet, die für das römische Recht so charakteristisch ist. Es ist wirklich nicht vergleichbar.

In bezug auf die Kinder geschieht folgendes: Ein Mann und eine Frau können zum Beispiel sechs Kinder zusammen haben, und trotzdem kann ihre Ehe für ungültig erklärt werden. Man spricht ganz einfach von einer »ungültigen Ehe«, man redet überhaupt nicht von Scheidung. Es wird gesellschaftlich anerkannt, daß die Ehe ungültig ist, daß man es nur nicht gemerkt hat. Es ist schon merkwürdig, wenn man sagt: »Da sie sich scheiden lassen, beweist es, daß sie nicht verheiratet waren.« Übrigens sagen die Orthodoxen: »Es gibt Eheleute, die sich von morgens bis abends streiten, sich aber um alles in der Welt nicht scheiden lassen wollen, weil sie verheiratet sind, und so in ständigem Streit verheiratet sind. Es war der Wunsch Gottes, wir wissen nicht warum, aber es ist nun mal so. Und da sie sich nicht scheiden lassen wollen, sind sie eben verheiratet. Nie im Leben würden sie sich scheiden lassen.« Man kennt ja diese Ehepaare, die wie Katze und Hund zusammenleben, aber nicht voneinander loskommen wollen. Sie sind durch ihre sadistischen Triebe miteinander verheiratet, die sich für das Leben zusammengetan haben.

Aber wenn einer der Partner eine Psychoanalyse macht, kann es durchaus sein, daß diese »Hunde und Katzen« sich scheiden lassen?

Es kommt vor, weil die Psychoanalyse sich zwischen sie gestellt hat, vielleicht.

Und sie können eine Trennung verkraften, weil ihrer Beziehung kein echtes Begehren zugrunde lag.

Leider finden Scheidungen im Laufe einer Analyse statt, was zu der Zeit, als ich selbst in Analyse war, verboten war. Das Gesetz bzw. der Vertrag lautete: »Solange Sie in Analyse sind, dürfen Sie weder heiraten noch sich scheiden lassen. Sie dürfen Ihren legalen Stand nicht verändern. Wenn Sie es dennoch tun wollen, müssen Sie die

Kur beenden.« Damals gehörte diese Klausel zum Vertrag, und man klärte die Leute darüber auf; ich habe es mit meinen Analysanden auch so praktiziert. Ich habe es u. a. bei einem Mann angewandt – ich weiß seinen Namen nicht mehr –, der nach Georgien fuhr. Er war in meiner Analyse, und erzählte mir eines Tages: »In drei Monaten heirate ich.« Ich sagte: »Nein! Wenn Sie es aber dennoch tun wollen, brauchen Sie morgen nicht zu Ihrer Sitzung zu kommen.« – »Wie bitte?« – »Nein! Ich habe Ihnen am Anfang der Analyse gesagt: Sie dürfen im Laufe Ihrer Psychoanalyse weder heiraten, noch Ihren legalen Stand verändern. Wissen Sie warum? Weil weder Sie noch ich wissen, was Sie tun. Erst wenn Sie mindestens drei Monate von Ihrem Psychoanalytiker getrennt sind, werden Sie vielleicht wissen, was Sie tun. Man kann nicht leichtfertig heiraten oder wichtige Entscheidungen treffen, die einen der Gesellschaft gegenüber verpflichten. Das ist aber der Fall, wenn man nicht ganz frei ist und jeden Tag mit jemandem spricht, der eine Bezugsperson ist.« Ich denke, daß diese Worte ihn sehr glücklich gemacht haben. Innerhalb einer Woche hat er beschlossen, mit der Analyse aufzuhören, um zu heiraten. Es war in Ordnung so. Er war übrigens ein sehr netter junger Mann.

Ich möchte auf die Kinder aus geschiedenen Ehen in Rußland zurückkommen. Die Dinge waren folgendermaßen organisiert:

Die Gemeinde war der offizieller Friedensrichter. Es gab keine Trennung zwischen Staat und Kirche wie bei uns, wo es das Standesamt gibt. Der Priester konnte auch der Standesbeamte sein, wenn man es wünschte; man konnte auch vor dem Standesamt ohne Priester heiraten, wenn man wollte. Es gab da viele Möglichkeiten (und Möglichkeiten gibt es immer)! Selbst zu den Zeiten, als Prinzen und Herzöge noch herrschten, konnte man den Herzog aufsuchen und ihn bitten, Urkunden zu unterschreiben, die die Kirche nicht unterschreiben wollte. So war es in etwa organsisiert. Erst nach der Revolution von 1917 wurde alles ganz anders.

In Rußland war jeder verplichtet, irgendwo eingetragen zu sein: in der Synagoge, wenn man Jude war, auch wenn man die Religion nicht ausübte; in der Kirche, wenn man Protestant war; und wenn man Orthodoxer war, dann in der orthodoxen Kirche. Die Weisen versammelten sich, ich weiß nicht, wie viele sie waren. In der ka-

tholischen Kirche heißen sie Kirchenverwalter; es sind die sogenannten Weisen[83]. Früher spielten sie eine größere Rolle, weil sie
bei wichtigen juristischen Problemen das Entscheidungsrecht hatten – diese Entscheidungen wurden mehr oder weniger auf der
Grundlage des römischen Rechts getroffen. Napoleon hat das Bür-
gerliche Gesetzbuch eingeführt, weil man seit der Zeit Galliens
nach dem römischen Recht lebte. Aber bei den Russen war die
Situation eine andere. Im Falle der Trennung der Eltern schrieb das
Gesetz vor, daß die Söhne und Töchter bis zu ihrem siebten Lebensjahr in der Familie der Mutter bleiben mußten. Wenn die
Mutter mit ihnen zusammenlebte, umso besser, oder... umso
schlechter! Wenn die Mutter nicht da war, wurden sie einem Ehepaar aus der Familie der Mutter anvertraut: Großeltern, Onkeln
und Tanten, die selbst schon Kinder hatten. Wenn das Kind sieben
Jahre alt wurde, fand eine geheime Zusammenkunft der Gemeinde
statt, die über die weitere Zukunft des Kindes befand. Wenn die
Mutter wieder verheiratet war, und ihr Mann in der Lage, einen
Sohn großzuziehen, und wenn andererseits der Vater nicht wieder
geheiratet hatte und in unsicheren Verhältnissen lebte, wurde das
Kind bei der Mutter untergebracht, weil da ein Ehemann vorhanden war. Wenn im Gegenteil der Vater wieder verheiratet war, die
Mutter aber auch, ging das Kind zum Vater. Wenn beide Eltern
nicht wieder geheiratet hatten, irgendwo anders hingezogen waren,
wurde der Junge einem Ehepaar aus der Familie des Vaters anvertraut, das mindestens ein Kind großgezogen hatte, das älter sein
mußte, als der Junge (z.B. wurde ein siebenjähriger Junge einem
Ehepaar aus der Familie des Vaters anvertraut, das einen Sohn im
Alter von mindestens acht Jahren hatte); das Mädchen wurde einem Ehepaar aus der Familie der Mutter anvertraut, das wenigstens
eine Tochter hatte, die älter war, als das Mädchen. So war das
Gesetz. Und es funktionierte vorzüglich.

Alle Kinder – selbst die aus wilden Ehen – wurden bis zum Alter
von fünf Jahren als die Stätte des Heiligen Geistes betrachtet. Alle
Kinder kannten ihren Erzeuger. Die Eltern konnten also nicht
unverheiratet sein, da sie angeben mußten, wen sie gezeugt hatten,
selbst wenn sie nicht kirchlich geheiratet hatten. Es gab Leute, die
nicht heiraten wollten und uneheliche Kinder hatten. Aber es wa-

ren im Grunde sehr wenige. Auf jeden Fall trugen die unehelichen Kinder den Namen ihres Zeugers. Wenn man Boris hieß, mußte man einen Vater haben, der ein Dimitri, ein Paul oder ein Jean war. Man war eben Sohn von Paul: Von Paul… wie heißt der Nachname? Aber das spielt keine Rolle. Alle nannten ihn Dimitri, Sohn von Paul, der ihn mit seinem Familiennamen zwar nicht anerkannt hatte, der aber trotzdem sein Vater war. Bei den Russen erkennt man das Genetische, bei den Römern das Gesetzliche an. Es ist für einen Christen eine unwahrscheinliche Öffnung, von einem religiösen Brauch zu einem anderen überzuwechseln.

Zum Beispiel war es bei den Orthodoxen verboten (seit dem Krieg von 1940 hat sich sehr viel geändert, die Orthodoxen wurden verfolgt), die Liturgie in Form von gedruckten Schriften zu verbreiten. Die Liturgie war in den großen religiösen Büchern abgedruckt, die auf dem Altar liegen. Kein Gemeindemitglied besaß den Text, aber alle konnten schon mit drei oder spätestens fünf Jahren die ganze Liturgie auswendig. Das kam daher, weil den Kindern – vom Vater auf den Sohn, von der Mutter auf die Tochter – beigebracht wurde, was man in der Kirche singen mußte, denn alle sangen in der Kirche zusammen. Sind Sie schon einmal in einer orthodoxen Kirche gewesen?

Nur einmal in meinem Leben.

In der Rue Daru?

Ja, es war bei der Beerdigung von Boris.

Ach ja! Aber Sie haben nicht gesehen, wie es normalerweise in der Kirche zugeht, weil an diesem Tag die Leute natürlich reservierter waren, als sonst, da es sich um einen Totenkult handelte. Es ist eine sehr schöne Liturgie, die mit der Verzweiflung beginnt und in der Freude endet. Sie endet beim fröhlichen Ankommen im Jenseits, wo die Seele des Toten von den Unsichtbaren, die auf ihn gewartet hatten, empfangen wird; dem Toten wird auf Grund der Gebete, die man für ihn gesprochen hat, alles verziehen. Es gibt ein richtiges Happy End. Aber sonntags in der Kirche geht es ganz anders zu:

162

die Kinder dürfen sich völlig frei bewegen, es ist wirklich erstaunlich. Sie laufen überall herum, sie spielen, lachen, spielen Verstekken, alles wird akzeptiert. Ab und zu muß man sie ein bißchen beruhigen, aber damit hat es sich. Wenn sie zur Bilderwand nach hinten gehen oder auf die Treppe steigen wollen, lenkt man sie ab, indem man sie eine Ikone küssen oder eine Kerze anzünden läßt, um sie zu beschäftigen; aber niemand schimpft mit ihnen, da sie die Stätte des Heiligen Geistes sind. Und wenn ein Kind Dummheiten macht, so deshalb, weil seine Eltern nervös sind. Es ist für einen Psychoanalytiker wunderbar, zuzusehen, wie die Kinder sich auf den Boden legen, herumsingen, und wie die Erwachsenen ihnen dabei selig zuschauen, sie anlächeln, wenn sie sich so in der Kirche benehmen. Es ist sehr merkwürdig. Und das, was für die Kinder gilt, gilt auch für die Erwachsenen in bezug auf deren Fantasmagorien, deren Fantasmen. Es ist sehr erstaunlich. In einem wunderbaren Roman, den ich zur Zeit lese, »Vladimir Roubaiev« von Serge Lentz[84] wird übrigens darauf eingegangen. Dieser Roman ist sehr spannend, weil darin die Urwüchsigkeit der Fantasmagorien und Fantasmen sowie die Gewalttätigkeit der Russen genau beschrieben werden. Sie ist verrückt, diese russische Gewalt, eine Gewalt, die vollkommen erlaubt ist. Sie erfährt keinelei Verdrängungen durch die Kirche. Die Verrückten, die Verrückten Gottes oder die Verrückten des Teufels oder die Verrückten von sonst was, sie gehören zum Leben. Das erklärt dieses ausgeprägte Gefühl der gegenseitigen Verantwortung der Leute füreinander, das in ihrer Gastfreundschaft zum Ausdruck kommt. Man kann gut verstehen, daß die Russen Kommunisten geworden sind, trotz der Pervertierung, die der Kommunismus später erfahren hat.

Die Gastfreundschaft ist so stark ausgeprägt, daß sich alle Leute ihre Fantasmen gegenseitig erzählen, so daß sie – wenn sie im Reich Gottes sind – vielleicht wirklich die Nachfahren der Juden der Bibel aus der Zeit vor der lateinischen Zivilisation sind. Und dies erklärt auch, warum die Leute mit Gott sprechen. Manchmal irren sie sich und sprechen mit dem Teufel. Der Teufel antwortet, was er will. Aber es handelt sich um die gleiche Fantasmagorie, der man in der Bibel begegnet, wenn jemand anfängt, mit Gott zu sprechen, und Gott ihm alles mögliche antwortet. Im Grunde spricht ein

Mensch zu einem anderen, idealisierten Menschen, den er Gott nennt. Der Mensch ist bewohnt von allen möglichen Fantasmen von Monstern, Teufeln, Schlangen mit Federn, Schweinen auf Rollen usw. Infolgedessen ist jeder mit jedem einverstanden. Es herrscht eine Art Urwüchsigkeit, ein ungeheures Triebleben. Niemals könnte die Psychoanalyse in Rußland erfunden worden sein. Weil alle Fantasmen, die die Leute auf der Couch von sich geben, dort ausgelebt werden; sie brauchen sich nur zu besaufen, um sie auszuleben, und am nächsten Morgen kann sich niemand mehr erinnern. Alles liegt zertrümmert auf dem Boden herum, aber was soll's, sie waren am Tag davor nun mal besoffen gewesen!

Es gibt also Möglichkeiten, Phantasmen zu sozialisieren.

Bestimmt! Und hier eröffnen sich jemandem, der Psychoanalytiker und Christ ist, neue Perspektiven. Bei den Russen sagt man nie: »Beten Sie, damit Sie nicht denken.« Man weiß bei ihnen eigentlich nicht, was Denken ist. Denken, das ist: leidenschaftliche Vorhersagen machen; man gibt also Prophezeiungen. Ich glaube nicht, daß die Russen recht wissen, was Denken eigentlich bedeutet, mit Ausnahme von den russischen Juden vielleicht. Die Russen, sie fressen, sie kratzen ab, sie denken, sie treiben Unzucht, sie brüllen, sie lieben, sie hassen, sie verabscheuen, sie rennen, sie sind unbeweglich, sie beten, sie vergewaltigen sich: ihr Geist lebt nach Belieben der Wirbelstürme und der Winde des Planeten. Ein sehr christliches Leben, da Gott immer da ist, in irgendeiner Ecke, um einen zu ermahnen: »Du übertreibst! Christus ist für Euch gestorben, du müßtest dich daran erinnern usw.« Das ist das Erstaunliche an der russischen Mentalität!

Das führt bei einem Psychoanalytiker – zumindest bei mir – zu einer Umwälzung des Denkens: zu der Erkenntnis, daß das Christentum nicht auf die jüdisch-lateinische Umsetzung des Christentums zu reduzieren ist, daß es etwas anderes ist.

Im Grunde genommen hat die orthodoxe Liturgie eine Revolution in Ihrem Leben ausgelöst, die mit der Revolution vergleichbar ist, die die Psychoanalyse ausgelöst hatte: nämlich eine neue Art zu denken, mit dem anderen in Kontakt zu treten, ihn zu verstehen.

Ja.

9
Die Methode

Sie haben vorhin einen Begriff benutzt, den Sie, ich weiß es, sehr gern mögen, nämlich »die Methode«. Ist es für Sie wichtig, daß die Psychoanalyse eine Methode ist?

Ja, sehr wichtig. Zunächst einmal in bezug auf den Vertrag: man muß vor der ersten psychoanalytischen Sitzung der Person sagen, daß sie von nun an diejenige sein wird, die mehr sprechen wird, als der Analytiker, der da ist, damit sie, indem sie zum Analytiker spricht, zu ihren eigenen Ohren spricht: »Hören Sie zu, so gut Sie können, was Sie mir sagen, um zu verstehen, warum Sie es mir sagen.« Das sagt man bei der ersten Sitzung. Oder: »Sie sagen alles, was Ihnen in den Sinn kommt und auch alles, was Sie empfinden, selbst wenn Sie nicht verstehen, warum Sie so empfinden. Die Sitzung dauert etwa... (ich sagte immer die Dauer der Sitzung). Sie verfügen über diese Zeit, um zu sprechen, um zu schweigen, um Sie selbst zu sein.«

Sagen Sie ihnen die Dauer der Sitzung oder die Dauer der Kur?

Der Sitzung, damit die Leute Zeit haben, zu schweigen, wenn sie schweigen wollen. Ich finde es sehr wichtig, damit sie die Möglichkeit haben, sie selbst zu sein.

Haben Sie in Ihrer Praxis die Dauer der Sitzungen niemals verschieden gehandhabt oder sehr kurze Sitzungen durchgeführt?

Ein- oder zweimal, aber ich habe es immer erklärt: »Heute möchte ich lieber jetzt aufhören. Das nächste Mal sprechen wir über den Grund.« Einmal habe ich früher aufgehört, weil ich beinahe eingeschlafen wäre:» Sie langweilen mich zu sehr. Ich weiß nicht warum, aber es liegt an mir, es liegt nicht an Ihnen. Ich bitte Sie um Entschuldigung, aber es ist wirklich so.« Die Leute akzeptieren immer Worte, wenn man ihnen etwas Wahres sagt. An diesem Tag war ich sehr müde.

Ich spielte auf die Pseudo-Theorie der kurzen Sitzungen von Lacan an...

Ich bin völlig dagegen! Ich habe die üblen Folgen dieser Methode häufig erlebt, diesen Sadismus, der den Patienten fühlen läßt, daß er ein schlechter Analysand wäre, wenn man ihn rausschmeißt: »Wenn Sie nichts mehr zu sagen haben, dann gehen Sie.« Die Analyse ist kein Taxometer! Man muß Zeit haben, zu schweigen, und manchmal muß man die Zeit haben, zwei oder drei Sitzungen in einer Sitzung unterzubringen, warum auch nicht? Ich persönlich finde, daß wir nur unsere Zeit verkaufen können; die Zeit von jemandem, der ausgebildet wurde, zuzuhören. Also muß der andere wissen, wieviel Zeit er für das Geld , das er uns gibt, zur Verfügung hat. Für manche Leute ist die ausgemachte Sitzungsdauer zu lang. Nach einigen Sitzungen stellt man es fest; da kann man sagen: »Die Sitzung scheint Sie zu ermüden, wenn Sie so lange bleiben. Sie können vor Ende der Sitzung gehen. Wir haben zwar noch Zeit, aber es wäre nicht schlecht, wenn Sie gehen würden.« Man muß jedoch nach meiner Meinung die Zeit dieser Person aufbewahren. Sie muß nicht weggehen, nur weil der nächste Analysand ungeduldig hinter der Tür auf- und abläuft. Das wollte ich zu der Frage der Zeit sagen.

Was die Methode betrifft, besteht das Wesentlichste darin, zuzuhören und dabei immer zu versuchen, präsent zu sein – was schwierig ist, da man manchmal mit seinen eigenen Gedanken beschäftigt ist, anstatt sich auf die Gedanken des Patienten zu konzentrieren. In solchen Situationen muß man sich sagen: »Irgend etwas stimmt nicht«, oder: »Diese Person langweilt mich.« Dahinter steckt im Grunde genommen die eigene Angst. Es wäre deshalb unehrlich, diese Person länger in der Sitzung zu behalten, denn es würde bedeuten, sie in einen Angstzustand zu versetzen, der sich von einem Unbewußtem auf das andere überträgt.

Zunächst muß man also in sich selbst hineinhorchen: erfüllt man wirklich die Aufgabe des Psychoanalytikers? Denn es ist schwierig zu hören, wenn jemand schweigt, weil er sich durch den Analytiker oder durch das, was er zu denken hat, gehemmt fühlt. Die Methode erfordert, daß man diese Schwierigkeit zuläßt und versteht, was geschieht. Ich denke persönlich, daß es auch zur Methode gehört, daß man nach jeder Sitzung dem Patienten ein Wort sagt, das ihn in den sozialen Sprachraum zurückversetzt; man sollte vermeiden, sich von ihm stumm, wie Hunde, die auseinandergehen, zu verabschieden (einerlei, ob man ihm dabei die Hand schüttelt oder nicht). Man muß das Weggehen sozialisieren. Deshalb sollte man auch, wenn der Patient bezahlt, ihm etwas sagen, etwa: »Es war eine gute Sitzung«, oder: »Bis zum nächsten Mal!«, oder: »Bis Mittwoch!« Man muß ein Wort sagen, damit eine Rückkehr zum Sozialen möglich ist, wo zwei gleichberechtigte Bürger sich gegenübertreten, damit die Person nicht mit einer hemmenden Phantasievorstellung seiner Minderwertigkeit nach Hause geht: »Ich habe dies und jenes gesagt, der Psychoanalytiker sagte daraufhin nur «hm! hm!«, und dann hat er nichts mehr gesagt, als ich wegging usw.» Diese armen Leute erfinden unnötigerweise alle möglichen Geschichten, nur weil der Psychoanalytiker eine schlechte Methode angewandt hat! Wenn der Psychoanalytiker die Methode befolgt, kann er dagegen die Vorstellungen des Analysanden in der Psychoanalyse klären. Aber wenn der Analytiker durch sein eigenes Verhalten irgend etwas bei dem Patienten auslöst , muß er es auch zugeben können. Das wollte ich zu der Methode sagen.

Für mich gehört, ebenso wie für Freud, zur Methode, die Begriffe, mit denen die Träume erzählt werden, wieder aufzunehmen. Ich schrieb immer die Träume, die mir die Patienten erzählten, wie die Tonfolge eines Musikstückes auf: wenn der Ton am Ende der Erzählung höher wurde, schrieb ich schräg nach oben hin; wenn er im Gegenteil tiefer wurde, schrieb ich schräg nach unten. Ich sagte mir: «Das muß irgend etwas bedeuten, wenn der Traum in diesem gleichen, seltsamen Ton zwei- oder dreimal hintereinander erzählt wird.« Ich wußte nicht, was, aber ich versuchte, so viel wie möglich zu notieren, was ich wahrnahm. Vielleicht handelt es sich um eine der wichtigsten Aufgaben eines Psychoanalytikers: so viel wie möglich zu notieren. Gleichzeitig muß man warten können, bis der Patient selbst darauf zu sprechen kommt; dann kann man ihm sagen, daß man es gemerkt hat, daß er sich in dieser Weise wiederholte, und daß man zu analysieren versucht hätte, was dahinter steckt – es müßte schon etwas Wichtiges sein, sonst würde er sich nicht in dieser Art wiederholen. Die Methode gibt uns die Möglichkeit, herauszufinden, was sich von der Vergangenheit des Patienten in seinem Verhältnis zum Analytiker wiederholt, und nicht was in der heutigen Realität stattfindet; was die reale Situation an Möglichkeiten bietet, Phantasmen auszulösen, in denen die Vergangenheit wiederholt wird: aber es geht um keine realen Gefühle. Wenn mir zum Beispiel jemand sagt: »Heute gehen Sie mir auf die Nerven!«, muß ich ihm genauer zuhören. Er meint damit nicht Francoise Dolto, die ihm auf die Nerven geht. Man fragt ihn: »Was für eine Beziehung fällt Ihnen dabei ein? In welche Zeit Ihres Lebens fühlen Sie sich zurückversetzt?«

Eben darin besteht die Methode: herauszufinden, was für eine frühere Beziehung aus der Vergangenheit durch eine solche Bemerkung wieder hochkommt, die dann eine ganze Triebstruktur – in diesem Zusammenhang benutze ich den Begriff »Struktur« – von der Zeit zwischen zwei Kastrationen sichtbar werden läßt: von der Zeit nach der Entwöhnung bzw. vor der Beherrschung des Schließmuskels, oder von der Zeit nach der Beherrschung des Schließmuskels bzw. vor der klaren Kenntnis des Inzestverbotes. Das heißt, daß uns das, was wir als Beziehungszusammenhang erkennen – der in dem Moment in der Analyse wieder erlebt wird –, die Möglichkeit gibt, zu sehen, mit welcher Triebstruktur wir zu tun haben: es handelt sich nämlich um einen Rest, der nicht gesprochen oder nicht gesagt worden war, der kaum bewußt, aber bis ins Innerste empfunden worden war.

Bei manchen Patienten erlebt man dann sehr kuriose Reaktionen: Wiederbelebungen von falschen Blinddarmentzündungen, plötzliche Urinfunktionsstörungen zwei oder drei Tage lang und ähnliche Dinge. Es sind Rashes, »Ausschläge«,[85] – ich gebrauche ein Wort, das auch die Mediziner benützen – die an eine Zeit ihres Lebens erinnern, als sie nur dieses Mittel hatten, um etwas auszudrücken, was sie empfunden hatten, aber nicht mit Worten ausdrücken konnten. Und das erleben sie in der analytischen Situation wieder. Oder sie werden z. B. durch das Wetter an irgend etwas erinnert; oder irgendein Ereignis in der Geschichte der Stadt, in der sie sich befinden, erinnert sie an eine bestimmte Zeit, zum Beispiel an den Tag der Kriegserklärung, als die Sturmglocke läutete. Es ist immer die Wiederholung einer Geschichte in einer anderen Zeit, die Wiederholung eines Ereignisses in einem anderen Raum, die bewirkt, daß die Welt wieder so wird, wie sie war, als der Betroffene vier Jahre alt war. Es sind Erinnerungen aus der Vergangenheit, die durch bestimmte Begegnungen in Zeit und Raum oder in der Beziehung zwischen dieser Person und ihrem Analytiker wiederbelebt werden. Es kann auch das Phantasma eines Geruchs sein, das den Patienten an irgend etwas erinnert: »Finden Sie nicht, daß es komisch riecht? Finden Sie nicht, daß es nach Gas riecht?« – »Nach Gas? Was denken Sie, wenn Sie Gas riechen?« Natürlich kann es vorkommen, daß es sich tatsächlich um eine undichte Gasleitung handelt; wenn man während der Sitzung nichts gerochen hatte, kann man durch den Hinweis des Patienten aufmerksam werden und sagen: »Sie haben Recht, es riecht nach Gas!« Man schaut nach und stellt fest, daß das Gas ausströmt, weil die Flamme von einem Windzug ausgelöscht wurde. Man bedankt sich beim Analysanden: »Vielen Dank! Sehen Sie, man kann eben nicht immer alles analytisch interpretieren!«

Ich denke in diesem Zusammenhang an die Geschichte eines Kindes in Trousseau, das immer mit einem Telefon herumlief, mit der Telefonschnur um seinen Hals. Es war sehr merkwürdig. Es war sieben oder acht Jahre alt. Es lief mit gebeugten Knien; seine Stirn war sehr schmal, sein Haaransatz sehr tief. Es war sehr lieb. Es trug stets ein altmodisches Telefon mit sich herum und klemmte den Apparat mit dem Hörer unter seinen Arm. Ich dachte an die Nabelschnur, ein naheliegender Gedanke. Aber man konnte so viel darüber sprechen, wie man wollte: es ließ sein Telefon nicht los. Also ging es nicht um die Nabelschnur, denn wenn man die Geschichte symbolisiert, verschwindet das Symptom. Eines Tages dachte ich: »Vielleicht geht es wirklich um das Telefon...!« Und ich sagte zu der Mutter: »Ihr Kind interessiert sich sehr für Fläschchen und andere Gegenstände von Säuglingen (ganz zu schweigen von dem Stoffpüppchen im Mutterleib, das es neben dem Telefon auch immer bei sich hatte), erinnern Sie sich nicht an irgend etwas, was sich am Telefon ereignet hatte, als Sie mit Franck schwanger waren, oder als er ein kleines Baby war?« Und plötzlich fällt ihr etwas ein: Sie hatte am Telefon den Tod ihres Vaters erfahren, als sie mit Franck schwanger war, und war in Ohnmacht gefallen. Sie wußte nicht mehr, wie lange sie ohnmächtig dagelegen ist, bis ihr Mann sie fand, als er nach Hause kam. Sie war damals fünf Monate mit Franck schwanger gewesen. Der Junge hörte zu, was seine Mutter mir erzählte, er kuschelte sich an sie und streichelte sie dabei. Ich sagte ihm: »Du tuest jetzt, was du damals hattest tun wollen. Aber du warst in ihrem Bauch, du konntest sie nicht trösten. Du wolltest, daß sie aufwacht, aber deine Mutter war in Ohnmacht gefallen, weil sie den Tod deines Großvaters erfahren hatte. Du warst eifersüchtig, daß sie sich mehr um einen Toten kümmerte, als um dich, aber gleichzeitig wolltest du deine kleine Mama, die traurig war, trösten.« Ich habe so mit ihm gesprochen, seitdem war es mit dem Telefon vorbei: er hat nie wieder ein Telefon mit sich herumgeschleppt. Außerdem lief er nicht mehr mit gebeugten Knien, sondern konnte beim Laufen seine Beine gerade halten. Monatelang suchte ich um die Nabelschnur herum! Alle suchten mit mir in dieser Richtung. Dieses Kind hatte eine Ischämie[86] gehabt, die durch einen Knoten an der Nabelschnur zustandekam; die Mutter behauptete, daß man es ihr nicht gesagt hatte. Aber sie hatte die Geschichte des Todes ihres Vaters und diesen Ohnmachtanfall völlig vergessen. Sie war sehr auf ihren Vater fixiert gewesen. Dieser Ohnmachtanfall, dessen Dauer sie nicht mehr wußte, hatte sich wohl ereignet, als sich bei dem Kleinen gerade die Wahrnehmung der Sprache durch den Bauch der Mutter herausbildete, als er seinen Vater, seine Mutter und seinen Großvater sprechen hören konnte. Denn diese sahen sich täglich. Es waren Kunsthandwerker, Spiegelgraveure aus Florenz. Übrigens sind sie nach Florenz zurückgekehrt. Franck hat Glück gehabt, daß sie nach Italien umge-

171

zogen sind; dort ist er nie in eine psychiatrische Anstalt eingewiesen worden. Erstens hat er halbtags die Schule besucht – die allgemeine Schule –, denn in Italien werden alle Kinder halbtags in der Schule aufgenommen, ob sie schwergestört, wahnsinnig oder sonstwas sind. Die andere Hälfte des Tages ging er in ein Behandlungszentrum für schwererziehbare Kinder, in dem er zweimal in der Woche einen Psychoanalytiker sah. Außerdem spielte er dort auch zweimal in der Woche Fußball. Sein Psychoanalytiker interessierte sich sehr für dieses Kind, das ein ganz gesundes Gefühlsleben hatte und zu Hause seiner Mutter behilflich war. Es hatte einen jüngeren Bruder, der viel Erfolg hatte. Später hat er in einem subventionierten Bauernhof gearbeitet, wo er sehr beliebt war; man erzählte, er hätte dort eine Liebesbeziehung mit einem Mädchen gehabt, das auch ein bißchen marginal, aber ebenfalls sehr beliebt war. Sie werden wohl nicht viel miteinander gesprochen haben, weil er stumm war und nie gesprochen hatte. Ich weiß das alles, weil er mir einmal im Jahr zum Neujahr schreibt, um mir zu erzählen, wie es ihm geht.

Wir waren sehr beeindruckt damals, als wir, die Mitarbeiter von Trousseau, hörten: »Er ist wieder gesund!« Aber Sie sagen, daß er noch immer stumm ist. Wir hatten nämlich geglaubt, als Sie es uns damals sagten, daß er wieder gesund geworden war. Konnte er keine Fortschritte mehr machen? Aber vielleicht ist es auch vernünftig, einzusehen, daß es manchmal so ist: »Es ist gut so. So ist nun einmal sein Leben.«

Er lebt harmonisch mit seinen Mitmenschen zusammen, er ist beliebt, er ist an allem beteiligt, was für den Alltag wichtig ist.

Ja, aber damals wußten wir das nicht!

Aber ich wußte schon, daß er so weit war! Er verhielt sich wie ein gesundes Kind, er war zwar stumm, aber nicht taub. Warum sollte es ihm schließlich nicht gut gehen?

Wenn man den Begriff Methode in der Psychoanalyse mehr vertieft, kommt man einer Ethik nahe, oder einem Stil, der über

172

Zeitpunkt und Ort der psychoanalytischen Sitzung weit hinaus-
geht.

Vollkommen richtig!

Und entwickelt dadurch eine generelle psychoanalytische Hal-
tung: in bezug auf das Hören, auf die Aufmerksamkeit, die man
dem anderen schenkt und sogar auf eine bestimmte Art von
Interventionen.

Und vor allem sollte man sich davor hüten, mehr Erklärungen von sich zu geben, als verlangt werden! Diese Mutter verlangte nicht mehr Erklärungen. Ihr Sohn wurde von den anderen akzeptiert, er war glücklich, er schlief nach seinem Rhythmus, er aß ganz normal, er war nicht mehr verzweifelt, er klebte nicht mehr an ihr, er beschmutzte sie nicht mehr: es war ein Kind, das das Recht hatte, so zu leben, wie es nun einmal war. So wie man es in bezug auf das Zahnen sagt, man muß Knospen treiben, damit die Zähne wachsen, so muß man wahrscheinlich auch in bezug auf die Sprache schon im Mutterleib Knospen treiben; das Knospentreiben ist bei ihm vermutlich dadurch unterbrochen worden, daß es zu dem sprachlosen Zustand der ohnmächtigen Mutter zurückgekehrt ist. Während dieses Ohnmachtanfalls hat das Kind der Mutter seine ganze Energie gegeben, es hat sie nicht mehr gehabt, um mit ihr Wörter auszutauschen.

Es ist übrigens interessant zu wissen, daß sich diese Frau in Italien als Pflegerin für schwererziehbare Kinder ausbilden ließ, wodurch sie Geld verdienen und ihren Sohn in eine andere Schule schicken konnte: »Ich dachte, daß Frau Dolto es nicht richtig finden würde, daß ich in der gleichen Schule bin, wie mein Sohn. Ich weiß nicht, ob es von mir richtig war.« So schrieb sie mir, sie sprach mich in der dritten Person an: »Ich habe gedacht, daß Frau Dolto usw.« Ich habe ihr geantwortet: »Sie hatten völlig recht.« So kam es, daß sie in einem Kinderheim als Erzieherin arbeitete – allerdings nur halbtags, da diese Kinder morgens oder nachmittags in spezielle Einrichtugen geschickt werden. Mit dreizehn oder vierzehn Jahren lernen sie dann einen Beruf: sie sind Gesellen eines Erwachsenen, der ihnen eine Arbeit zeigt. In Kücheneinrichtungen wird ihnen beigebracht, wie sie Gemüse schälen, kochen; in der Wäscherei lernen sie Wäsche waschen, bügeln, die Waschmaschine bedienen usw. Diese Betreuer werden in Italien nicht nach ihren Qualifikationen eingestellt. Man verlangt von ihnen keine Diplome oder ein Psychologiestudium. Sie besuchen vielleicht einige Kurse in Psychologie, aber man erwartet von ihnen vor allem, daß sie Erfahrungen mit der Betreuung von Kindern haben. Diese Frau hat also für ihr Leben aufkommen können, indem sie sich um Kinder kümmerte, die so waren, wie ihr eigener Sohn; dabei verzichtete sie darauf, mit ihrem Sohn zusammenzusein, damit er nicht zu sehr an ihr kleben blieb, da er inzwischen das Recht erworben hatte, unabhängig zu sein.

Ich finde, daß die Leute in Italien, bei den »ehemaligen Römern«, weniger juristisch denken als bei uns. Dort herrscht ein fürchterliches Durcheinander, aber alles klappt wunderbar. Bei uns ist alles reglementiert, deshalb bewegt sich nichts. Es ist wirklich komisch. Wie dem auch sei, Italien ist eine Wohltat für psychotische Kinder. Diese Frau war sehr glücklich, mit ihrem Sohn in Italien zu sein. Er war überall akzeptiert, nie wurde er in den Restaurants schief angeschaut, wie es in Frankreich der Fall war. Er ist stumm, gut, er ist nun mal stumm. Wenn man geliebt wird, überall beliebt ist, damit kann man gut leben! Man ist stets in Kontakt mit den anderen.

Aber worum geht es in Ihrer Theorie über die »psychotische Struktur«?

Ich schicke Ihnen meine Arbeit zu. Aber vorher möchte ich Ihnen eine Frage stellen in bezug auf die Institutionen: Haben nicht Sie selbst versucht, kleinere Institutionen zu schaffen, die lebendiger sind als die anderen? Ich denke dabei an Ihre Sprechstunde von Trousseau, an den Stil, der dort herrschte, an das »Maison Verte« (Grüne Haus), oder das »Maison Ouverte« (Offene Haus).

Es sind meiner Meinung nach keine Institutionen!

Deshalb ging es dort auch so lebendig zu.

174

Es war völlig informell. Darum war es mit dem »Maison Verte« auch so schwierig, weil es beschrieben wurde als das, was es nicht war. Es kann nicht beschrieben werden als das, was es ist, außer daß es dem bedeckten Teil einer öffentliche Parkanlage entspricht, in der die Eltern sich ausruhen und die Kinder zusammen spielen können. Es ist ein völlig informeller Ort, an dem die Mitarbeiter allerdings eine gewisse psychoanalytische Ausbildung besitzen, ohne daß sie sich dort wie Psychoanalytiker unter Vertrag verhalten; vielmehr begreifen sie sich als analysierte Bürger, die darauf achten, daß das Nicht-Gesagte in bezug auf die Wahrheit, die ein Kind erlebt, oder die seine Umgebung betrifft, vermieden wird. Das ist alles.

»Maison Verte«, »Maison Ouverte«, bedeckter (couverte) Teil einer öffentlichen Parkanlage... der Signifikant »vert« (grün) kommt viel darin vor...

Tatsächlich! Das Grüne Haus ist ein Haus wie ein öffentlicher Park, und die öffentlichen Parks sind im Grünen.

Es ist merkwürdig, das Haus nach einer Farbe zu benennen...

Es waren die Kinder, die es so bezeichnet haben! Es hat sich so ergeben. Dieser Name wurde nicht in unserem Statut festgehalten. In unserem Statut steht: »Frühkindheit und Elternschaft«. Die Kinder haben diesen Ort – der ein blauangestrichener Laden war – »Aballon«(Zum Ballon) oder »Ayeau« (Zum »Sasser«, Wasser in Kindersprache) genannt. Manche Kinder sagten: Wir gehen »à Ballon« (zum Ballon), weil rote Luftballons am Fenster hingen, oder »à Yeau« (zum »Sasser«), weil sie dort mit Wasser spielten, oder »à là-bas« (zu dort). Kurzum, jede Mutter hatte einen eigenen Namen, um diesen Ort zu bezeichnen, weil »Frühkindheit und Elternschaft« sich nicht sagen ließ! Es war also »La Boutique« (Der Laden). Die Kinder nannten diesen Ort »La Boutique Verte« (Den Grünen Laden), während er in Wirklichkeit blau war, aber sie sagten grün. Nach zwei Jahren mußten wir den Mietvertrag kündigen, weil wir in einem ehemaligen Waschsalon untergebracht waren, und der Besitzer den Laden zur kommerziellen Nutzung vermieten wollte. Nach vierundzwanzig Monaten mußten wir also ausziehen. Wir waren eine wunderbare kleine Einrichtung an dem Place Saint-Charles, zentralgelegen zwischen den Hochhäusern des fünfzehnsten Arrondissements, so daß die Leute des Viertels von diesem kleinen Treffpunkt für Kinder begeistert waren. Es war ganz unmöglich, damit aufzuhören; die Mütter, die dort wohnten, waren sehr betroffen, sehr verzweifelt.

Schließlich fanden wir dank der Hilfe des Bürgermeisters und seiner Mitarbeiter, die sich für unsere Arbeit interessierten, einen staubigen Raum mit einer großen Glastür, das als Ausstellungsraum für Autos benutzt wurde; es gab nur Elektrizität, sonst gar nichts. Der Raum lag in einer Vertiefung zwischen zwei Einfahrten, die zu der Tiefgarage der Hochhäuser führten. Und stellen Sie sich vor, entlang dieser Einfahrten standen Tanksäulen! Wir saßen im Dunklen, und mußten den ganzen Tag das Licht brennen lassen. Uns wurden diese Räumlichkeiten als Übergangslösung zur Verfügung gestellt, bis ein Architekt des fünfzehnten Arrondissements beauftragt wurde, für uns einen adäquaten Raum zu bauen.

Als dieser sogenannte adäquate Raum fertig wurde, stellte sich heraus, daß er für unsere Zwecke unmöglich war: wir konnten diesen wie drei Stockwerke hohen Raum nicht annehmen, denn die Heizkosten wären enorm gewesen, und wir hatten keinen Pfennig. Es war ausgeschlossen. Der Architekt hatte wirklich nichts verstanden: er hatte in dem Gebäude zwei gleiche Eingangstüren eingebaut, eine führte zu einer Kinderkrippe, die andere war für »Frühkindheit und Elternschaft« vorgesehen. Das war unmöglich, denn es wäre für das einzelne Kind wie ein russisches Roulett gewesen: das Kind wäre durch die eine oder die andere Tür hineingegangen, je nachdem, wo seine Mutter es abgesetzt hätte. Außerdem war es für die Verantwortlichen sehr peinlich, denn sie hatten gedacht, daß sie kleine Sprechstundenzimmer einrichten mußten. Aber wir hatten keineswegs vor, Sprechstunden zu halten! Die Leute hatten nichts verstanden, was ich mit diesem Projekt vorhatte! Und damals dachte sogar Bernard This, der mit uns zusammenarbeitete, daß man eine Sprechstunde zur Frühbehandlung von Kindern einrichten mußte. Ich habe ihm gesagt: »Man darf nicht alles durcheinanderbringen. Hier geht es nicht um Behandlung.«

Also war unser Projekt damit auf Eis gelegt. Doch eine Dame von der katholischen Fürsorgeorganisation »L'Action catholique« besaß auf dem Gelände der Hochhäuser im ersten Stock Räume für ihre Organisation, die die C 3 B hieß: es war eine Einrichtung, um Kinder und Jugendliche in ihrer Freizeit zu beschäftigen. Sie hat uns gesagt: »Ich kann Ihnen zwei von meinen Räumen zur Verfügung stellen.«

Sie war eine sehr nette, dynamische Dame, eine Wohltätigkeitsdame voller Energie, doch wollte sie sich die Psychologen für unser Projekt selbst aussuchen, mit ihnen den Vertrag schließen, über alles entscheiden! Es hatte nichts mehr mit dem zu tun, was wir wollten, nämlich einen Ort der Freiheit zu schaffen. Es war unmöglich, mit ihr zusammenzuarbeiten.

Unter diesen Umständen war es also sehr schwierig, unser Haus für Kinder und Eltern zu eröffnen.

Schließlich erfuhren wir von dem erwähnten Architekten, daß eine zweistöckige Wohnung in einem sozialen Mietshaus frei wäre. Wir sind sofort hingegangen, ich und diejenigen, die wußten, was wir suchten, insbesondere Marie-Noelle Rebois und Marie-Hélène Malandrin. Und so fanden wir Räumlichkeiten, die für unsere Zwecke ideal waren.[87] Der Architekt konnte nicht fassen, als er uns sagen hörte: »Es ist ideal! Wir hätten es nicht besser treffen können! Genau so etwas haben wir gesucht!« – »Also, wenn ich gewußt hätte, was Sie suchen!« Unter diesen Bedingungen haben wir mit unserem Projekt begonnen. Unsere Einrichtung hieß weiterhin »La Boutique Verte« oder »La Maison Verte«. Die Leute nannten sie weiterhin so. Schließlich haben wir ein Häuschen aus weißem Holz, das zu unserer Kindermöbelausstattung gehörte, und in dem die Kinder liebendgern spielten – sie gingen dauernd hinein und dann wieder hinaus oder sie hielten sich darin auf –, grün angestrichen! »La Maison Verte«, das könnte also dieses Kinderhäuschen sein, das mit einem Holzzaun umgeben war, den wir nachträglich ebenfalls grün angestrichen haben.

So bekam »La Maison Verte« einen Sinn. Aber, ich wiederhole, die Kinder haben es ursprünglich so genannt, obwohl es blau war! Es gab nichts Grünes an dem Haus zu sehen.

Aber sie sahen es grün.

Ja.

»La Maison Verte« war also eine Vorbeugungseinrichtung, und Trousseau eine Behandlungseinrichtung?

Trousseau war eine banale Sprechstunde im Krankenhaus.

Haben Sie eine gute Erinnerung daran behalten?

Eine sehr gute, eine ausgezeichnete Erinnerung!

Haben Sie den Eindruck, daß Sie dort gute Arbeit geleistet haben?

Eine ungeheure Arbeit! Dieses Krankenhaus hat seitdem auf jeder Station einen Psychologen und einen Kinderpsychiater. Es ist das erste Krankenhaus in Frankreich, das Kinderpsychotherapien mit Psychoanalytikern durchgeführt hat. Und das ist sicherlich darauf zurückzuführen, daß die Psychoanalyse mit dieser Sprechstunde, die ich 1941 begonnen hatte, bekannt gemacht wurde – es war sogar Ende 1940! Ich habe damit Ende 1940 begonnen und Ende 1978 aufgehört.[88]

Ach so! Sie sind von 1940 bis 1978 auf der gleichen Station geblieben?

Ja, genau. Und seitdem ich weg bin, arbeiten dort an meiner Stelle Gérard Guillerault und Edwige Fride, die mehrere Jahre schon in Trousseau gearbeitet hatten. Da war auch Danièle Lévy. Seine Sprechstunde gehört zu einer medizinischen Station, die sich ganz hinten im Krankenhaus befindet, während meine vorne an der Pforte war. Aber verwaltungsmäßig gehört sie zu der Station hinten. Dort habe ich gearbeitet, ohne jemals dafür bezahlt worden zu sein.

Sie sind in Trousseau nie bezahlt worden?

Nein, weil ich nicht das Recht hatte, als Assistenzärztin dort zu arbeiten; ich war ja während meiner Assistenzarztzeit nicht an diesem Krankenhaus gewesen. Aber interessant für mich war, daß die Leute glaubten, daß ich bezahlt wurde und die Kinder bezahlen ließ; und das genügte mir. Nach einer Weile habe ich dann verstanden, wie wichtig es war, daß die Kinder mit ihrem Willen dazu beitrugen, zu ihrer Stunde zu kommen; und wenn sie nicht kommen wollten, mußten eben die Eltern, die wollten, daß ihre Kinder kommen, an ihrer Stelle kommen. Also sah ich Eltern oder Kinder, je nachdem, wie sich das Kind entschieden hatte, ob es kommen wollte oder eben nicht. Das funktionierte sehr gut.

Ich hatte drei Mitarbeiterinnen hintereinander, die letzte war genial: sie war eine Frau, die ein natürliches Gespür für zwischenmenschliche Beziehungen hatte; sie hieß Frau Arlette (es war ihr Familienname), ist inzwischen verheiratet und heißt Frau Boone, – heute führt sie als Rentnerin ein sehr interessantes Leben, da sie eine aktive und intelligente Frau ist –, Frau Arlette also sagte mir folgendes:

»Wissen Sie, Frau Dolto, daß Sie an keinem einzigen Dienstag bei der Sprechstunde gefehlt haben, seitdem ich mit Ihnen zusammenarbeite?«

Ob ich Schnupfen hatte, oder meine Kinder krank waren, nie habe ich einen Dienstag verpaßt. Ich wußte es nicht mehr! Das zeigt deutlich, wie sehr diese Sprechstunde mich trug. Meine Kinder sind auf die Welt gekommen, als ich diese Sprechstunde schon abhielt. Wenn ich also an keinem Dienstag gefehlt habe, so muß ich hingegangen sein, selbst wenn sie krank waren.

Was »La Maison Ouverte« betrifft, handelt es sich um eine Einrichtung für das dritte Alter, die seit zehn Jahren in der Rue Cujas 21 existiert. Das hat nichts mit »La Maison Verte« zu tun. Die alten Leute machen dort Stickereiarbeiten, erzählen sich gegenseitig ihre Erinnerungen, Kindergeschichten oder solche Dinge.

Sie befindet sich also im gleichen Haus, wo Boris seine Praxis hatte?

Ja, sie ist in den Räumen der ehemaligen französischen Schule für Orthopädie und Massage, die jetzt für Versammlungen und Begegnungen außerhalb der medizinischen Versorgung zur Verfügung stehen; einmal in der Woche findet dort den ganzen Tag ein Treffen von alten Leuten statt, die sich zu verschiedenen Aktivitäten dort versammeln. Für das fünfte Arrondissement ist es eine Lebenseinrichtung.[89]

Was stellt für Sie, in Ihrem Imaginären, die grüne Farbe dar? Erinnert sie Sie an etwas?

Das Grüne... Man sagt »eine grüne Hand haben«, wenn man Blumen gut zu pflegen weiß. Nein, es stellt für mich nichts anderes dar, als die Natur. Ja, genau, die Freihiet, die Freiheit des Lebens in der Natur.

Ich fand lustig, daß die Leute unsere Einrichtung »La Maison Verte« nannten, denn ich sagte dazu immer »Place Saint-Charles«. Unter uns sagten wir »Place Saint-Charles«, auch als es für die Mütter schon »La Maison Verte« war.

Ich möchte das Thema »Methode« mit etwas Humor und einer kleinen Überraschung abschließen: ich erinnere mich an eine Geschichte, die Sie mir vor langer Zeit erzählt hatten. Es ist eine Geschichte, die mich völlig perplex gemacht hat, und die ich wirklich erstaunlich finde. Es handelt sich um eine psychoanalytische Intervention in einem Bereich, der absolut nicht psychoanalytisch ist.

Eine Intervention von mir?

Ja, Sie haben es mir selbst erzählt! Es ist von daher bestimmt wahr! Einmal haben Sie als Psychoanalytikerin einem berühmten Boxer geholfen, einen sehr wichtigen Boxkampf zu gewinnen!

Ach, ja!...

Es ist doch unglaublich, oder?

Daß es geklappt hat?

Nein, nicht daß es geklappt hat, denn ich glaube an die Psycho-analyse und an die Kraft Ihrer Worte. Aber es ist unglaublich, daß jemand – wie soll ich mich ausdrücken? – die Psychoanalyse in solch einem Bereich anwendet!

Ach was! Boris behandelte ihn. Er hatte ihn kennengelernt, weil er sich die Hand gebrochen hatte, an der Handwurzel. Der Bruch war nicht gut geheilt, so daß er jedesmal bei seinen Boxkämpfen Schmerzen an dieser Hand hatte. Also mußte man ihn unbedingt heilen, und jemand hatte seinem Trainer gesagt: »Er muß zu Dolto gehen!« Dolto war damals sehr bekannt als jemand, der die be-rühmten Balletttänzer von Cuevas wieder auf die Beine stellte – sie kamen aus der ganzen Welt zu ihm, wenn sie einen Muskelriß oder Knochenbruch hatten: Boris behandelte sie so, daß sie völlig geheilt waren. Nie blieb irgend etwas zurück, was ja oft nach einer Ver-stauchung oder einem geheilten Bänderriß vorkommt. Dieser Bo-xer suchte also Boris auf. Er war unmöglich, weil er damals nicht auf seine Geliebte verzichten konnte. Wenn sie nicht bei ihm war, war er unerträglich, er hörte nicht zu, er arbeitete nicht mit. Und Boris'Methode war eine Art Bewegungstherapie, d.h. es ging ihm nicht um die Massage eines sich passiv verhaltenden Patienten. Es war vielmehr eine Arbeit mit dem Patienten zusammen, damit die-ser fühlte, was getan wurde und er selbst die Hälfte der Arbeit übernahm, während der Krankengymnast die andere Hälfte tat und ihm dabei alles erklärte. Aber dieser Boxer hörte nicht zu, wenn seine Geliebte nicht dabei war. Wenn sie dabei war, machte er ihr schöne Augen und hörte auch nicht zu. Daraufhin hat Boris los-gebrüllt und dieser Frau gesagt: »Wollen Sie wirklich, daß er seine Weltmeisterschaft gewinnt, oder ist es Ihnen scheißegal? Nein, im Ernst...!« Sie ist von Boris regelrecht angeschnauzt worden. »Sie verhalten sich wie jemand, die dafür sorgt, daß derjenige, den sie liebt, scheitert.« Daraufhin fing sie an zu weinen: »Es ist gut so. Weinen Sie sich aus. Aber dir möchte ich etwas sagen, hör genau zu: sie liebt dich schon, aber wenn du bei deiner Meisterschaft versagst, wirst du für sie der letzte Idiot sein!« So sprach er mit ihm und es war ganz richtig von ihm.

Auf der anderen Seite hat der Trainer Boris folgendes anvertraut: »Er ist sauer auf mich. Er wird bei der Meisterschaft nur gewinnen können, wenn er mir vertraut; und ich schaffe es nicht! Es ist immer irgend etwas nicht in Ordnung. Sie sehen selbst, er will sich angeblich die Hand behandeln lassen, aber gleichzeitig entzieht er sich der Behandlung. Irgend etwas klappt nicht, er bemüht sich nicht wirklich, wieder fit zu sein.« Boris hat ihm geantwortet: »Kommen Sie heute zum Abendessen zu uns und erzählen Sie meiner Frau, was los ist.« Er ruft mich an: »Deck den Tisch für eine Person mehr, der Trainer von Sowieso kommt zum Essen mit.«

Wir haben dann von dem Trainer erfahren, daß der Vater von diesem Boxer furchtbar gewalttätig war. Er hing seinen Sohn an den Füßen auf, um ihn zu schlagen! Und das kleine Kind, das von seinem Vater so terrorisiert worden war, hatte sich geschworen, später stärker zu werden, als sein Vater. Wenn er merkte, daß sein Vater zornig war, haute er schnell ab; aber manchmal konnte sein Vater ihn wieder einfangen; und um ihn schlagen zu können, wie er wollte, hängte er ihn an den Füßen wie ein Stück Fleisch auf, und drosch auf ihn ein. Es war fürchterlich. Später wurde dieser Mann ein phantastischer Boxer: zunächst in den Straßen seiner Stadt, dann nahm er am Boxtraining teil, um sich an Meisterschaften zu beteiligen. Er war wahnsinnig stark! Und der Vater fühlte langsam, daß sein Sohn stärker geworden war als er und er ihn jetzt an seinen Füßen aufhängen könnte. Es gab noch etwas, was mit diesem Boxer los war: er konnte nie, schon als Kind, zu Ende führen, was er angefangen hatte. Wenn er nicht ganz schnell den Kampf durch k.o gewann, war es vorbei. Aber im Grunde hatte er sehr viel Angst, seinen Gegener k.o zu schlagen. Er wollte nicht durch k.o gewinnen; er sagte, daß es den Gegner für dessen Leben zerstörte und daß ein Sport jemanden nicht für sein Leben zerstören darf; man könnte nur für eine Stunde zerstören, nur für die Zeit eines Kampfes. Er hatte Skrupel, dem anderen zu schaden. Also mußte er schnell gewinnen, sonst kam er nach einer Weile nicht weiter, und der Kampf konnte ewig dauern, bis er schließlich von den Punkten her gewann, allerdings in einem nicht sehr ästhetischen und gefährlichen Erschöpfungszustand. Auf der anderen Seite behauptete die Frau dieses Boxers, daß sie eigentlich reich genug wären; und nach der Erzählung des Trainers war sie immer sehr sauer, wenn er mit ihr nicht zusammenschlief, weil sie so eifersüchtig war, daß sie glaubte, daß er, wenn er nicht mit ihr schlief, mit einer anderen Frau schlief. Übrigens hatte sie guten Grund, eifersüchtig zu sein, denn es gab schließlich eine Geliebte in seiner Geschichte! Für ihn kam die Vorbereitung eines Meisterschaftskampfes dem Eintritt in eine Zelle gleich: er mußte Diät einhalten, die totale Enthaltsamkeit war angesagt, damit er seine Energie durchs Bumsen nicht vergeudete, er mußte Aufbaunahrung zu sich nehmen usw. Es ist ein obligatorisches, physisches und psychisches Training, das hingenommen wird, wenn der Trainer glaubwürdig ist: dieser ist dann der Mentor, der den Boxer stets begleitet, mit ihm Karten spielt, für Ablenkung sorgt, mit ihm Musik hört. Es bedarf viel psychologisches Einfühlungsvermögens, um der Trainer eines Cracks zu sein.

Dieser Trainer sagte mir also: »Ich weiß nicht, was ich machen soll, um ihn dazu zu bringen, seine Kämpfe zu Ende zu führen.«

Ich habe ihm geantwortet: »Hören Sie, ich glaube, während der Pause vor der nächsten Runde, und wenn Sie den Eindruck haben, daß er jetzt seinen Vorteil voll ausnutzen muß, daß jetzt der entscheidende Augenblick gekommen ist, wo er gewinnen muß, sagen Sie ihm, wenn er wieder aufsteht: ‹Du kannst auf ihn losgehen, er ist nicht dein Vater!‹ Und das hat er auch getan! Unmittelbar nach dem Kampf hat dieser Boxer seinem Trainer gesagt: »Wie kamst du auf die Idee, mir das zu sagen? Denn plötzlich hatte ich keine Skrupel mehr, drauflos zu schlagen!«

10
Ein zwangloses Gespräch

Ist es bei Ihnen oft vorgekommen, in anderen, nicht-analyti-
schen Bereichen als Analytikerin zu intervenieren?

Wahrscheinlich schon. Aber wenn der Trainer nach dem Boxkampf
Boris nicht gesagt hätte: »Der Ratschlag von deiner Frau war wirklich toll!«, hätte ich mich wahrscheinlich nicht mehr daran erinnert,
ihm das gesagt zu haben. Wissen Sie, ich sage oft Dinge, die mir
logisch erscheinen, aber dann vergesse ich sie wieder. Ich habe zum
Beispiel vor zehn Tagen einen Brief von einer Frau – einer Mutter –
bekommen, deren Unterschrift unlesbar war. Sie schrieb mir folgendes: »Sie wissen es vielleicht nicht mehr, aber Sie haben uns, mir
und meinem Sohn, vor dreißig Jahren das Leben gerettet. Ich weiß,
daß Sie krank sind, und es wird Sie vielleicht freuen, zu wissen, daß
alle Leute Sie am Leben behalten wollen, weil Sie sich nicht nur für
uns, sondern für alle so eingesetzt haben. Bei uns liegt es schon
dreißig Jahre zurück, damals haben Sie uns das Leben gerettet: Ich
bin mit einem verrückten Kind zu Ihnen gekommen, dessen
Schicksal schon besiegelt schien, und ich bin von Ihnen weggegangen mit einem wunderbaren, gesunden Kind, das seitdem auch
immer gesund geblieben ist – heute ist er Elektroingenieur. Ich bin
völlig verzweifelt zu Ihnen gekommen, und Ihnen habe ich es zu
verdanken, daß ich glücklich von Ihnen weggegangen bin.« Ich
werde leider nie erfahren, was ich ihr gesagt hatte. Wahrscheinlich
handelte es sich um ein ganz normales Kind, von dem behauptet
wurde, daß es verrückt wäre... Und sein Schicksal wäre schon
»besiegelt«. Das Seltsame ist, daß ich nie erfahren werde, was ich
ihr gesagt habe, denn ich kann ihr ja nicht antworten.

Auf jeden Fall finde ich die Formulierung ganz hübsch: »Ver-
zweifelt gekommen, glücklich weggegangen«. Es ist ein bißchen
die Geschichte Ihres Lebens...

Ja! Aber ich bin nicht verzweifelt gekommen, als ich ein Kind war...

Und Sie sind auch nicht weggegangen!

Ich bin noch nicht weggegangen... Als ich ein Kind war, habe ich
mich auf eine alte Freundin der Familie verlassen können, die sehr
lieb zu mir war, als es um diese fürchterliche Geschichte mit meinem angeblichen Verlobten ging. Damals war ich verzweifelt.
Meine Mutter sagte mir, daß dieser Mann meinetwegen sein Leben
lang Alkoholiker oder drogenabhängig sein würde, nur weil ich die
Verlobung nicht mehr aufrechterhalten wollte. Das kam mir merkwürdig vor, und ich verstand überhaupt nicht, aus welchen Gründen sie behauptete, er wäre für mich der richtige Mann, wenn er
doch so labil wäre. Seltsam! Wegen dieser Worte meiner Mutter
habe ich mich ihm gegenüber immer verpflichtet gefühlt, bis er
seine »agrégation de lettres« (Prüfung in Literatur- und Sprachwis-
senschaft, Anm.d.Übers.) bestanden hatte. Als ich seinen Namen
auf der Liste fand- ich schaute mir jedes Jahr die Liste der Kandi-
daten an, die die »agrégation« bestanden hatten – und also wußte,
daß er seine Prüfung bestanden hatte, habe ich ihm einen Brief
geschrieben, um ihm zu gratulieren: »Wenn Sie wünschen, daß wir
uns treffen, um über das Wort, das wir uns gegenseitig gegeben
hatten, zu sprechen, wonach wir uns geschworen hatten, daß keiner von uns glücklich sein dürfte, wenn der andere es nicht wäre, so
bin ich bereit, Sie wiederzusehen. Ich weiß überhaupt nicht, wie
diese Begegnung zwischen uns sein wird, aber ich habe die Erinnerung an eine wunderbare Freundschaft mit Ihnen, in einer
schwierigen Phase meines Lebens.« Er hat mir nicht geantwortet.
Eines Tages sagte ich zu Mutter: »Weißt du, D. hat seine
«agrégation» bestanden.» – «Ja, das habe ich bereits gewußt!« –
»Und warum hast du es mir nicht gesagt?« – »Ich dachte, daß es
dich in keinster Weise interessieren würde. – «Es interessierte mich

sogar sehr, denn ich fühlte mich an ihn gebunden durch das Wort, das ich ihm gab. Jetzt aber fühle ich mich davon befreit. Du hättest es mir durchaus sagen können, denn es beweist, daß er es geschafft hat, daß er weder Alkoholiker noch drogenabhängig geworden ist.« – »Du bist manchmal wirklich dumm!«

Als ich Boris kennengelernt habe – es ist sehr lustig, ich habe es Ihnen nicht erzählt –, habe ich meinen Eltern Bescheid gesagt. Es war auch geradezu komisch, den Eltern zu sagen, daß ich in Boris verliebt war, denn ich war damals dreiunddreißig Jahre alt! Es war Weihnachten, und man mußte den ganzen ersten Weihnachtstag bei der Familie schmoren. Diesmal habe ich Bescheid gesagt: »Ich habe Besseres zu tun.« – »Und wer ist dieses Bessere?« – »Es ist Boris Dolto«. Als ich sagte, er stamme aus der Krim, hat Vater seinen Atlas geholt, mit der Lupe nachgeschaut und gesagt: »Natürlich konnte sie uns nur einen Tartaren in die Familie bringen!« Mutter sagte: »Ich würde ihn schon gern zum Mittagessen einladen, ich würde ihn schon gern einladen! Aber ich weiß nicht, ob wir ihn am ersten Weihnachtstag einladen sollten... Was wird Victor denken?« (Victor war der Kammerdiener). Da sagte mein Vater entschieden: »Hör mal, Suzanne, Victor ist unser Angestellter; er bestimmt doch wohl nicht darüber, wen wir einladen.« – »Ja, ja, aber denk an die Tratscherei, davon hängt doch der guter Ruf eines Hauses ab! Und wie sieht es aus, wenn man eine einzige Tochter hat und einen Herrn einlädt, der offensichtlich nur wegen der Tochter kommt; und dabei nicht einmal weiß, woran man ist?« Daraufhin sagte mein Vater: »Also tun wir, was wir für richtig halten.« Er schaute mich an und fügte hinzu: »Wie denkst du darüber? Glaubst du, daß dieser Herr die Absicht hat, dich eines Tages zu heiraten?« – »Keine Ahnung. Wir haben nie darüber geredet. Wir sind glücklich zusammen, warum eigentlich nicht? Ich würde mich sehr freuen.« –»Hör zu, du kannst mit ihm reden, wenn er uns besuchen will, werde ich ihn gern empfangen.«Vater hatte so eine Art, mir einen Klaps auf den Rücken zu geben, ohne viel dazu zu sagen: «Ich freue mich für dich.« Er sah es mir an, daß ich glücklich war.

So kam es, daß Boris bei meinen Eltern zu Besuch war; und er fand es wunderbar. Er fand es phantastisch, es erinnerte ihn an die Stücke von Tschechow! Es war eben wie in Rußland. Die Leute in

186

Rußland besitzen eine andere Mentalität: Man mußte zu der Familie gehen, um um die Hand der Tochter zu bitten, selbst wenn diese vierzig Jahre alt war und zum vierten Mal heiratete. Es war also ganz witzig! So fand ich aus dieser bewußten Hemmung heraus, mein Leben nicht leben zu dürfen, solange nicht klar war, daß ich das Leben von D. nicht zerstört hatte; andererseit hatte ich mir gesagt, daß wir uns wiedersehen würden, sobald wir reifer geworden wären – wenn wir zueinander passen würden. Dieses Jahr[90] starb eine seiner Schwestern, die älteste; sie hieß F. und war so alt wie Jacqueline. Eine andere Schwester von ihm schrieb mir daraufhin: »Meinen Sie nicht, Françoise, daß wir uns wiedersehen sollten? Wir hatten so schöne freundschaftliche Momente zusammen. Uns tat es sehr leid. Wir mochten Sie sehr gern. Diese unglückliche Geschichte, das ist doch Schnee von gestern. Wir sind heute inzwischen Großmutter oder Großvater geworden. Warum sollten wir uns also nicht sehen?« – »Nein! Vorbei ist vorbei!«

Sind die Leute vielleicht durch Ihr Buch »Enfances« auf die Idee gekommen...?

Es ist durchaus möglich, aber ich weiß nicht einmal, ob sie wissen, daß ich Dolto heisse. Wer weiß? Sie hatten was gegen die Medizin und gegen die Psychoanalyse: das Wort Psychoanalyse brachte sie auf die Palme!

Aber immerhin haben sie versucht, den Kontakt zu Ihnen wiederherzustellen!

Nun gut. Aber ich glaube, sie taten es eher wegen des Todes der Schwester. Ich weiß es nicht. Wie dem auch sei, ich bin dem nicht nachgegangen. Für mich hatte es keinen Sinn mehr, sie wiederzusehen. Vielleicht kommt es Ihnen merkwürdig vor, aber was zu Ende ist, ist eben zu Ende.

Nein, nein, überhaupt nicht! Ich finde es gut.

Von Nostalgie – keine Spur!

Das beweist, daß es wirklich zu Ende war.

Ja, aber ich habe nichtsdestotrotz eine sehr gute Erinnerung an diese Zeit behalten, die für alle Beteiligten schwer war und für ihn wohl besonders hart gewesen sein muß. Für ihn ist es bestimmt schrecklich gewesen, denn ich war wirklich seine erste Liebe; außerdem war ich fast so alt wie seine älteren Schwestern. Ich war für ihn sicherlich sehr phallisch, eine Person, die man respektiert, er hat mich sehr vergöttert, sehr idealisiert. Sonst hätte er es doch gewagt, mich irgendwann zu küssen!

Er erzählte mir unentwegt, daß er mich lieben würde und las mir aus seinem Tagebuch vor. Und ich sagte ihm: »Aber was geht mich das an, daß Sie jeden Tag schreiben, daß Sie mich lieben? Ich finde es scheißlangweilig!« Vielleicht hätte ich dieses Wort nicht benutzen sollen, aber wir langweilten uns wirklich! »Merken Sie nicht, wie langweilig es ist, daß wir uns dauernd sagen, daß wir uns lieben? Gehen wir doch ins Konzert, gehen wir irgendwo spazieren! – Nein, ich bin müde; außerdem möchte ich lieber bei Ihnen sein. Es ist mein gutes Recht, denn wir sind ja verlobt. – Es ist durchaus Ihr gutes Recht, also bleiben wir hier!«

Und wir lasen ewig aus seinem persönlichen Tagebuch, in dem er nur noch von mir erzählte! Es war sehr seltsam! Ich weiß überhaupt nicht, wie dieser Junge damit fertiggeworden ist. Es war für ihn seine erste, idealisierte Liebe; für mich aber war es ein plötzliches Eingesperrtsein, nur wegen des juristischen Wortes »verlobt«, das keine Bedeutung mehr hat, wenn man sich mit jemandem langweilt, der seine Liebe beteuert, während es einem selbst völlig egal ist.

Natürlich war es für mich auch schmeichelhaft, seine Liebeserklärungen zu hören, aber nur fünf Minuten! Was kulturelle Anregungen betraf, war diese Beziehung sehr schön. Durch den Kontakt zu dieser Familie hat sich mein Horizont erweitert: ich habe Musik gehört, die ich bis dahin nicht kannte, Bücher entdeckt, die ich nicht gelesen hatte, ein Leben, das Landleben der Provence kennengelernt, das voller Gerüche, Farben und Stille war.

Ich kam mit dem Protestantismus in Berührung. Denn sie waren alle protestantisch. Das war für Mutter sehr wichtig. Sie waren sogar sehr protestantisch; die Lieder aus dem 17. Jahrhundert, die sie in ihrer Kirche sangen, konnte ich nicht richtig ernst nehmen; sie selbst fanden sie lustig. Aber für mich hatten sie nichts mit der Liturgie zu tun. Eher erinnerten sie mich an Kinderchoräle, die man am Tag der ersten Kommunion singt. Aber es waren Erwachsene, die sie sangen. Natürlich hatte die römische Liturgie im Vergleich dazu einen ganz anderen Charakter! Es ging dort ganz sozial, ganz nett zu, aber es fehlte die Mystik. Die Dimension des Mystizismus fehlt bei den Protestanten völlig. Ich machte also interessante Erfahrungen und lernte dabei eine Menge. Es war für mich die erste Familie, mit der ich wirklich befreundet war. Bis dahin war ich nie, aber auch nie aus dem Eingesperrtsein herausgekommen.

Es bedeutete für Sie Öffnung sozialer Art...

Absolut!

... bzw. eine Öffnung hin zur Kultur.

Ganz genau: eine soziale und kulturelle Öffnung. Bis dahin interessierte ich mich für die Medizin und hatte etwas über die Psychoanalyse gelesen; für sie war es wie Chinesisch. Sie lachten sich schief, wenn ich ihnen sagte, daß ich die Medizin spannend fand, daß ich mich dafür interessierte. Für sie war die Medizin eine tierärztliche Kunst: sie hatten überhaupt kein Interesse dafür! Wenn ich mit ihnen über den Einfluß der Leidenschaften auf den Menschen diskutierte, interpretierte ich Racine und die Klassiker von ganz anderem Standpunkt aus. D. bereitete sich auf seine »agrégation« vor und kannte sich bei den Klassikern sehr gut aus. Ich sagte, daß Phaedra nicht einschlafen konnte, weil sie sich in einem leidenschaftlichen Zustand befinden würde, daß sie aber mit Schlafmitteln vielleicht besser schlafen und Hippolyte weniger lieben würde. Ich sagte alles mögliche, was mir durch den Kopf ging, alles was man eben erzählt, wenn man noch ein Kind ist: denn ich war im Grunde zwölf Jahre alt, und nicht dreiundzwanzig. Von der Reife her war ich zwölf. Ich war gefangen in den Wörtern, in den verschiedenen Glauben, in der aufgeblasenen Sprache der Jugend: Das Ideal war großgeschrieben! Der Sonnenuntergang, das war Gott! Es waren zwar nur optische Wahrnehmungen, aber das machte nichts. Wir malten uns alles in unseren jugendlichen Köpfen aus. Dieser oder jener Dichter würde es so sagen, dieser oder jener Maler würde es so malen, diese oder jene Epoche würde darüber so oder so denken. Sie kannten sich, was die Malerei, Musik, Fremdsprachen, Dichtung usw. betraf, sehr gut aus. Wir rannten in der Heide, wir kletterten nachts auf die Bergspitzen von Montmirail. Im Vaucluse sehen die Felsen nachts aus wie die Zeichnungen Victor Hugos, die den Mondschein darstellen. Wir waren eine ganze Gruppe und kletterten auf diese Felsen. Es ging darum, wer von uns als erster die Spitzen von Montmirail erreichen und im Mondschein sein würde. Wir hatten ein bißchen Angst, weil es stockfinster war und Tiere gab, die überall herumliefen... Es war schon spannend!

Und die Lerche des Verdon?

Die Lerche des Verdon ist eine unsterbliche Erinnerung! Eine singende Lerche flog aus den Schluchten des Verdon hoch, fast senkrecht, sie verließ den Schatten des Verdon, um sich im Licht einem unbeschreiblich schönen Gesang hinzugeben. Ich werde es nie vergessen. Und all diese Erlebnisse fanden in der Atmosphäre der jugendlichen Gruppe statt, denn wir waren zusammen ungefähr zehn junge Leute. Wenn wir zum Verdon oder auf die Spitzen des Montmirail gingen, schlossen sich auch andere junge Leute unserer Gruppe an. Es war sehr, sehr nett.

Als Sie einmal von der Lerche des Verdon sprachen, haben Sie gesagt: »Dieser Gesang der Lerche hat mich dazu gebracht, an Gott zu glauben.

Ja, es stimmt. Es war wirklich ein jungfräulicher Sonnenaufgang wie am Anfang der Welt. Die Schöpfung... Alle schliefen noch. Es war sehr früh am Morgen. Ich war wach und habe diesen Anblick gesehen, ganz allein...

Aber um auf diese alte Freundin zurückzukommen, die so gut zu mir war, weil sie meine Verzweiflung mitbekam, als ich jung war. Sie sagte mir:

«Weißt du, deine arme Mutter ist im Moment in einer schwierigen Phase. Außerdem mußt du dir immer wieder sagen, daß du in dieser Familie nie so gewesen bist, wie die anderen. Als du auf die Welt kamst, habe ich mir gedacht: ›Aber was hat dieser Frosch im Ententeich zu suchen‹ (oder diese Ente im Froschteich, ich weiß nicht mehr genau, wie sie sagte); denn du warst immer fröhlich, du lachtest dauernd . Du warst unwahrscheinlich wach, als du klein warst, manchmal waren wir verlegen, wenn du uns anschautest. Ich schämte mich meiner fast, ich schämte mich dessen, was du an meinem Gesicht ablesen konntest, wenn du mich angeschaut hast.»

Sie sprach von der Zeit, als ich zwei oder drei Jahre alt war.

Diese Frau hatte Kinder, die so alt waren, wie die Kinder meiner Mutter. Ihr Mann, der ein Kommilitone von Vater an der »Ecole Polytechnique« war – sie waren vom gleichen Jahrgang –, war sehr früh gestorben. Er hinterließ drei Kinder. Sie machten beide, der Mann und die Frau, Musik. Meine Mutter, die Klavier spielte, mochte diese Leute gern, weil sie mit ihnen ins Konzert ging und zusammen musizierte – sie veranstalteten kleine Konzerte, so wie es bei uns zu Hause üblich war. Dieses tägliche Musizieren jeden Abend bei uns, das gab der Familie einen Zusammenhalt.

Es gab nicht nur der Familie einen Zusammenhalt, sondern es machte die Sprache des Stammes, die gemeinsame Sprache aus.

Die gemeinsame Sprache.

Es war wohl der einzige Augenblick, wo Sie alle die gleiche Sprache sprachen.

Nein! Es war die »mamaische« Sprache, die Sprache von Mutter, weil mein Vater in der Musik nicht sehr bewandert war, auch wenn er sie sehr gern mochte.

Spielte er kein Instrument?

Nein, aber er hatte eine wunderschöne Stimme, er sang richtig, er konnte alles singen. Meine Mutter begleitete ihn auf dem Klavier, und mein Vater sang alle möglichen Operetten, die Melodien von Duparc, die Melodien von Strauss. Er hatte eine natürliche Stimme. Und ich hockte unter dem Klavier, um freudestrahlend die Stimme von Vater und das Klavier von Mutter zu hören.

Hinsichtlich der Musik waren Sie also weder anders, noch verrückt, noch ausgestoßen.

Nein, überhaupt nicht! Die Musik war das Gemeinsame. Es war etwas, was stimmte: wir stritten uns nicht. Die Musik war im Familienleben sehr wichtig. So lud meine Mutter zu wichtigen Geburtstagen immer Musiker ein. Nach dem Abendessen wurde der Geburtstagskuchen aufgetragen; da wurden die Glastüren zum Wohnzimmer aufgemacht, und das Konzert zur Ehre der Person, die an dem Tag Geburtstag hatte, begann.

Ich erinnere mich an den dreiunddreißigsten Geburtstag des Onkels Pierre, der im Krieg gefallen ist- er war der ödipale Onkel, der Bruder meiner Mutter[91]. Während seines letzten Urlaubs von der Armee fand ein prächtiges Konzert bei uns statt: es spielten ein Pianist, ein Cellist und ein Geigenspieler eine bis anderthalb Stunden für ihn, um ihm zum Geburtstag zu gratulieren. Als ich zwölf Jahre alt wurde, wurde auch für mich ein Konzert veranstaltet. Es war also später, Jacqueline war am 30. September gestorben und ich bin am 6. November das Jahres darauf zwölf geworden. Mutter hatte wahrscheinlich Schuldgefühle mir gegenüber, weil sie mich sehr unterdrückte. Da sie kein fröhliches Fest für mich veranstalten wollte, hat sie ein Fest mit Musik organisiert, um mir zum zwölften Geburtstag zu gratulieren, denn zwölf Jahre war eben ein wichtiges Alter! Ein Pianist und ein Geigenspieler haben für mich mehrere Duette gespielt – aber ich weiß nicht mehr, von wem. Es war sehr wichtig, denn bei dieser Gelegenheit wurde man als Mensch, und nicht als Kind geehrt. Es gab in dieser Erziehung aristokratischer

Art – wie an einem kleinen, fürstlichen Hof – sehr gemischte Elemente...

Auf der anderen Seite gab es bei uns auch andere Arten von Konzerten: zum einundzwanzigsten Geburtstag von Pierre oder von Jean- ich weiß es nicht mehr – wurde Yvette Guilbert mit ihren schwarzen Handschuhen eingeladen...

Wissen Sie, daß sie eine Freundin von Freud war?

Ja, aber damals wußte ich es nicht[92]. Yvette Guilbert ist also bei uns abends eingeladen worden, um bei der Feier von Pierres' einundzwanzigstem Geburtstag – es war tatsächlich Pierre – zu singen; Mutter hatte Freunde eingeladen. Sie sang »Sie hatte einen Bauchnabel wie eine Brust«, Sie kennen es sicherlich...

Nein, es tut mir leid, ich kenne es nicht...

»Sie hatte einen Bauchnabel wie eine Brust; eine andere hätte damit angegeben, sie hätte sich gehalten für... Aber Frau Sowieso, sie fand es ganz natürlich, einen Bauchnabel zu haben, wie eine Brust, und sie machte kein Hehl daraus! Alle konnte ihn sehen, ihren Bauchnabel, wie eine Brust... Sie hielt sich deshalb nicht für eine außergewöhnliche Frau« usw.

Und dann sang sie sämtliche Lieder ihres Repertoires, die sie reizend interpretierte. Sie war schon ziemlich alt und etwas dick, aber ganz präsent und sie besaß solch einen intelligenten Ausdruck! Sehen Sie, es ist ziemlich merkwürdig: auf der einen Seite lebten wir ziemlich zurückgezogen, auf der anderen Seite gab es auf eine bestimmte Art diese kulturelle Öffnung hin zur Welt.

In manchen Familien ließ man auch Porträts malen. War es in Ihrer Familie auch der Fall?

Nein, aber ich malte welche.

Hat kein berühmter Künstler aus der damaligen Zeit Ihr Porträt gemalt?

Nein! Man hat nur Maler gesucht, die das Porträt von Jacqueline nach ihren Photos anfertigen sollten; aber sie haben nur schreckliche Arbeiten abgeliefert.

Hat niemand danach Ihr Porträt gemalt? Kein Künstler?

Nur ich! Der Bildhauer, der die Büste, die Sie da sehen,[93] modelliert hat, war Lipchitz, der später ein bekannter Bildhauer geworden ist. Als er die Büste machte, war er noch Student, es war vor dem Krieg 1940.

Er war Analysand von Spitz. Und Spitz hatte mich gefragt, ob ich nicht für ihn Modell stehen wollte, weil er kein Geld hatte. Er war sehr arm und brauchte Modelle. Ich war einverstanden. Als der Krieg dann ausbrach, begann die Zeit der Massenauswanderungen, und da er Jude war und wußte, daß er verhaftet werden könnte, ist er nach Amerika emigriert. Spitz war schon in Amerika und hat ihm geholfen, über Lissabon zu fliehen. Er ist einer der großen modernen Bildhauer geworden. Aber mit der Büste hier hat er eine naturalistische Studie angefertigt.

Und Sie? Haben Sie Selbstporträts gemalt?

Ich habe mehrere Male mein Selbstporträt gemalt, wenn ich gerade nicht wußte, was ich malen sollte. Im Grunde malte ich Interieurs und Stilleben sehr gern, in Aquarell oder Öl; aber ich habe nie ernsthaft daran gearbeitet. Ich habe Plakate gemalt. Ich hätte gern an Malkursen teilgenommen, aber meine Mutter hatte Angst, daß ich dort irgendwelche Künstler kennenlerne. Sie hatte seit meiner Kindheit immer Angst um mich. Sie sagte:

»Was wird aus ihr werden, wenn man die Zügel locker läßt?«
Diese alte Freundin sagte mir auch:

»Deine Mutter hat immer Angst um dich gehabt, weil du bereit warst, dich für alles zu interessieren. Deine arme Mutter, sie hatte so bornierte Ideen!«

Und wenn Sie nicht Psychoanalytikerin geworden wären, was wären Sie gern geworden?

Ich weiß nicht... Bestimmt Kunsttöpferin. Ich töpferte sehr gern, ich war mit den Händen sehr geschickt und habe einige Keramikarbeiten angefertigt. Ich habe sogar welche ausgestellt. Aber meine Mutter – um auf sie zurückzukommen – sagte mir, daß ich monströs wäre. Und sie sagte es mir – wie würde ich sagen? – natürlich nicht mit Liebe, sondern mit Resignation. Genau, mit Resignation. Sie schaute mich an und nach zwei Minuten fragte ich sie: »Ist irgend etwas, Mutter?« – »Ich schaue mir dich an, du bist monströs, ganz einfach. Du kannst nichts dafür, du bist einfach so.« Ich sagte: »Aber es ist nicht sehr angenehm, was du mir da sagst!« Sie antwortete: »Es ist halt so, du kannst nichts dafür. Es ist weder angenehm noch unangenehm. Du bist nun mal monströs!« Ich wußte nicht, was sie damit meinte.

Es war sicherlich wahr. Weil ich nicht so dachte, wie sie. Wenn sie mir eine Freude machen wollte – das war sehr komisch –, sagte sie mir: »Ich habe für dich etwas ausgesucht, was ich am häßlichsten fand. Ich hoffe aber, daß ich das ausgesucht habe, was du am schönsten findest, da deine Ideen den meinigen grundsätzlich entgegengesetzt sind.« Das tat sie wirklich, um mir eine Freude zu machen! Manchmal traf sie übrigens genau das Richtige, weil sie einen Stoff ausgesucht hatte, den ich wunderschön fand, während sie ihn für absolut häßlich hielt. Manchmal waren es aber auch Dinge, die ich genauso häßlich fand wie sie. Es ist komisch, nicht wahr? Wie kann man das verstehen? Denn gleichzeitig liebte sie mich sehr.

Es waren dabei viele Elemente im Spiel. Einerseits mußte sie Ihnen gegenüber grenzenlose Schuldgefühle haben, sonst hätte sie nicht diese Angst um alles, was Ihnen passieren könnte. Andererseits drückt ihre Angst um alles, was Sie unternehmen könnten, aus, daß sie Angst davor hatte, Sie würden ihre eigenen Wünsche an ihrer Stelle realisieren.

Das hat sie mir auch gesagt. Als ich mit Dolto offiziell verlobt war und kurz vor der Heirat stand, besuchte mich meine Mutter und sagte zu mir: »Sag mal, was war das damals für eine Geschichte mit D.?« – »Es gab keine Geschichte zwischen D. und mir. Nichts.«

Und ich erzählte ihr, was wir zusammen machten. – »Aber warum hast du dich dann verlobt?« – »Weil du mir nicht erlaubt hattest, ihn wiederzusehen, wenn wir uns nicht Verlobte nennen «. – «Natürlich, denn ein Mädchen, das mit einem Jungen ausgeht, muß verlobt sein. Wenn sie ihn drei- oder viermal gesehen hat, müssen sich beide entweder verloben, oder sich eben trennen.« – »Warum?« – »Weil zwischen Mann und Frau keine Freundschaft existiert.« – »Aber hör mal, sie existiert doch zwischen Bruder und Schwester! Ich habe fünf Brüder und ich bin mit ihnen sehr gut befreundet. Wir sind uns nicht ähnlich, wir haben verschiedene Meinungen, aber ich schätze sie sehr und würde alles tun, ihnen zu helfen, wenn sie mich brauchen. Das verstehe ich unter Freundschaft, mit dem sexuellen Begehren hat sie nichts zu tun.« Schließlich sagte sie: »Ich werde dich nie verstehen! Als ich zehn Jahre alt war, träumte ich nur noch davon!« Und sie erzählte mir dann – es ist merkwürdig –, daß sie mit zehn Jahren einen Philipp M.A.R.E.T.T. ohne E am Ende kennengelernt hatte, dessen Eltern Engländer und Protestanten waren; seine Mutter war eine Freundin von ihrem Vater. Und sie flirtete mit ihm, sie betatschten sich, masturbierten, wo sich die Gelegenheit dazu ergab, und sie fand das ganz normal. Sie fügte hinzu: »Ich habe nie geahnt, daß du mit sechszehn Jahren die Sinnlichkeit nicht kanntest!«

Hat sie die Naivität besessen, das zu sagen?

Ja, ja! Aber ich habe ihr geantwortet: »Ich hatte es dir doch gesagt. Du hattest mich gefragt, was ich mit D. treibe. Ich sagte dir: nichts! Er macht mir dauernd Liebeserklärungen und ich finde sie scheißlangweilig! Das habe ich dir gesagt. Aber du hast mir geantwortet: «Ich glaube dir nicht! Du bist eine Heuchlerin!« – »Ob du mir glaubst oder nicht, das ändert gar nichts! Ich möchte ihn am Sonntag nicht mehr wiedersehen. Wir können uns schreiben, aber ich möchte mich nicht mehr mit ihm treffen! Die Perspektive, ihn zu sehen, freut mich zwar, aber die Realität geht mir furchtbar auf die Nerven. Und er verstand es überhaupt nicht: er wußte nicht einmal, was er in mir auslöste, da ich es mit Worten nicht ausdrücken konnte.«

Als ich Mutter das sagte, sagte sie: »Was? Es ist doch verrückt! Du hast ihn tatsächlich nicht mehr gesehen?« – »Ich habe ihn nicht mehr gesehen, weil du mir sagtest, ich hätte kein Recht mehr dazu, ihn zu sehen! Außerdem, was soll's, ich langweilte mich mit ihm! Aber wenn wir uns nicht verlobt hätten, hätten wir uns weiterhin gesehen, wie früher. Und vielleicht hätten wir uns sogar eines Tages verlobt.« – »Ich habe dich nie verstanden, und ich werde dich nie verstehen. Und mit Dolto, ist es vielleicht dasselbe?« – »Mit Dolto ist es etwas ganz anderes. Er ist wirklich mein Liebhaber.« – »Was heißt das, er ist dein Liebhaber? Und du sagst es mir einfach so?« – »Ja, sonst würde ich ihn nicht heiraten!« – »Ich verstehe dich nicht. Und das gegebene Wort? Es gibt kein Wort mehr, wenn ihr schon zusammen seid!« – »Ich werde schon mein Wort geben am Tag des Herrn Bürgermeisters und des Herrn Pfarrers, mach dir keine Sorgen, Mutter!«

Ich verstand sie nicht, und sie verstand mich nicht. Wahr daran war, daß sie die sexuellen Kinderspielchen, die sie mit ihrem Philipp Marett gehabt hatte, für bare Münze hielt. »Wie du siehst, war ich schon mit zehn Jahren einem Marett(e) zugesprochen!« hatte sie gesagt.

Boris und ich hatten zusammen ausgemacht, daß wir im Mai heiraten. Mutter hätte Zeit gehabt, die Vorbereitungen für die Hochzeitsfeier ihrer Tochter zu treffen. Aber Boris beschloß plötzlich, daß er nicht länger warten konnte! Er war furchtbar eifersüchtig, unwahrscheinlich! Erst später habe ich gemerkt, daß er sich sein Leben lang zusammengenommen hatte! Beinahe hätten wir uns deswegen getrennt. Meine alte Freundin, von der vorhin die Rede war, hatte mir gesagt: »Beende diese Beziehung zu ihm. Ein Mann, der dermaßen eifersüchtig ist, wird so sehr leiden, daß er dich unglücklich machen wird; es kann euch das Leben verderben.«

An dem Tag, als wir uns trennen sollten, haben wir uns endgültig verlobt – wie es so oft vorkommt! Ab diesem Moment hat er sich zusammengenommen. Mir war es gleichgültig, denn ich verstand es nicht! Ich habe es nie verstanden! Ich bin nie eifersüchtig gewesen.

Der Affekt ist Ihre Sache nicht, wirklich nicht! Ich kannte, glaube ich, noch nie eine Person, die so ungewöhnlich affektlos ist, wie Sie!

Affektlos? Komisch!

Ich meine ohne psychologisches Pathos.

Vielleicht… Aber es ist ungeheuerlich, was Sie da sagen!

Hören Sie mal, Sie streiten sich nicht, Sie sind nicht eifersüchtig: wo bleiben denn Ihre Affekte?

Im Grunde machte es mich schon traurig, wenn er versuchte, mich eifersüchtig zu machen, aber ich sagte mir: »Ich genüge ihm nicht; es ist auch nicht erstaunlich, er ist als Mann so vollkommen, so vielseitig, daß eine einzige Frau wie ich ihm nicht genügen kann. Zum Glück gibt es andere! Er ist in der Lage, mehrere glücklich zu machen. Er nimmt mir nichts weg, wenn er eine andere liebt.« Und das traf auch zu. Manchmal sagte er mir: »Heute abend komme ich nicht nach Hause… Du fragst mich nicht, wohin ich gehe?« – »Ich denke, daß du dahin gehst, wo du hingehen sollst. Ich glaube nicht, daß es die Ehefrau immer angeht, wo der Ehemann hingeht. Du bleibst frei. Ich bin deiner sicher: ich liebe dich, du liebst mich. Du tuest, was du tun sollst. Wenn du eines Tages denkst, daß du es mir sagen mußt, wirst du es mir sagen. Warum sagst du mir, daß ich dich nicht frage, wohin du gehst? Muß ich dich fragen? Also gut, ich frage dich jetzt: Wohin gehst du?« – »Und wenn ich zu einer Frau ginge?« – »Das würde mich nicht erstaunen, weil alle Männer ihre Frauen betrügen. Ich sehe nicht ein, warum ausgerechnet ich eine Ausnahme darstellen soll. Vielleicht werde ich von dir betrogen. Handelt es sich übrigens wirklich um Betrug? Und was heißt überhaupt betrügen? Du hast mir nicht gesagt, daß du treu sein würdest. Aber das heißt nicht, daß du einer anderen Person gegenüber nicht treu sein könntest. – «Und du?« – »Bei mir ist es etwas anderes! Ich habe dich gewählt. Ich habe dir gesagt: Ich möchte mit dir sein und mit niemand anderem, und zwar für immer. «Denn als ich ihn kennenlernte, war ich zwei Jahre lang keusch gewesen, weil ich zu viele Männer gekannt hatte, die Selbstmord begehen wollten! Wir schliefen zusammen, das klappte wunderbar, und dann wollten sie Selbstmord begehen, weil ich sie nicht heiraten wollte! Und das nur, weil wir fünf- oder sechsmal zusammen geschlafen hatten, und weil es toll war! Wenn man analysiert wurde, weiß man, daß achtzig Prozent der Frauen mit achtzig Prozent der Männer zusammen sein können. Man fühlt ganz genau, wenn es nicht klappt, dann geht es eben nicht.

So ist es mit der Jugend: man ist jung, das ist ganz normal! Außerdem kann man nicht immer nur sprechen, es ist nicht immer interessant! Zusammen schlafen ist immer interessant, das bringt etwas Neues mit sich. Aber ich tat es nicht mehr, weil ich von den Selbstmordgeschichten die Nase voll hatte! – «Aber wieso denn? Es geht sehr gut zwischen uns, warum sehen wir uns nicht wieder?» – »Es geht gut, um zusammen zu schlafen oder miteinander Liebe zu machen, oder um miteinander essen zu gehen, aber wir haben keinen einzigen Sonntag miteinander verbracht!« – »Weil Sie es nicht wollten. « – «Ja, ich wollte es nicht, weil ich mich mit Ihnen gelangweilt hätte.» Das sagte ich auch ganz ehrlich. Sie sagen, daß ich keine Affekte habe, aber ich hatte doch welche!

Eben, nur wenn man keinen – oder sehr wenig – Affekt hat, kann man so deutlich sprechen. Der Affekt, das ist das Pathos, in das man sich verstrickt, von dem man nicht loskommt: z. B. Streitereien beim Kartenspiel, Eifersucht, Rivalitäten, Karrierismus, all diese Dinge...

All das interessiert mich überhaupt nicht! Für mich ist das vergeudete Zeit.

Sie haben recht, es ist weder interessant, noch bereichernd... aber gleichzeitig impliziert der Affekt einen gewissen Respekt vor dem sozialen Zusammenleben, eine bestimmte Art, nicht zu kraß zu reden.

Nicht auszudrücken, was man fühlt...

Genau! Jemand, der seinem Affekt ausgesetzt ist, ist jemand, der z. B. dazu fähig ist, eine fürchterliche Szene in seiner Ehe zu veranstalten und dabei unglaubliche Dinge von sich zu geben, und gleichzeitig von reizender Höflichkeit zu sein und in einem anderen Zusammenhang nicht zu sagen, was er fühlt und wirklich denkt...

Beschreiben Sie hier eine Person ohne Affekt?

Nein! Eine Person mitten im Affekt!

Ich versuche nur, das zu begreifen, verstehen Sie... Ist es eine Struktur, die Affekte hat?

Sie sind wirklich von unglaublicher Vitalität[95]...!! Aber der Affekt ist tatsächlich nicht das, was Sie bewegt, überhaupt nicht!

Nein, überhaupt nicht!

Also, nachdem ich beschlossen hatte, Boris zu heiraten, hat er immer wieder versucht, mich eifersüchtig zu machen, aber es hat nie geklappt. Ich habe sogar eine seiner Freundinnen gekannt, die sicherlich seine Geliebte war, eine bemerkenswerte Frau, die ich sehr gut verstand. Sie ist jetzt schon tot. Sie war eine wunderbare Krankengymnastin und Ärztin, sehr intelligent, ein bißchen lesbisch, ein bißchen beides, und sie wollte unbedingt wissen, ob ich wußte, daß Boris mit ihr schlief. Ich habe ihr zu verstehen gegeben, daß es mich nicht interessierte: »Hör zu, was zwischen dir und Boris ist, ist eure Sache, das betrifft eure Freundschaft, eure Liebschaft oder sonstwas, was ihr miteinander habt. Ich bin seine Frau, und habe es nicht nötig, davon zu erfahren. Es würde mich nicht erstaunen, daß er dich genauso glücklich macht wie mich.«

Das ist doch wahr. Es ist ein »matter of fact«, wie die Engländer sagen; auf Englisch sagt man es am besten. Im Französischen kann man es nicht so gut ausdrücken. Fakt ist fakt.

Sie sind eine Realistin, Françoise.

Ja, ja. Und diese Realität kann ich nicht zudecken. Ich habe unter den Wünschen und Bedürfnissen von Boris, mit anderen zusammenzusein, durchaus gelitten. Ich habe darunter gelitten, aber es war für mich trotzdem kein Grund, auf die anderen böse zu sein. Ich fühlte, daß ich für ihn die einzige Frau war. Ich sagte es ihm auch: »Ich kann nicht eifersüchtig sein, weil ich weiß, daß nur ich deine Frau sein kann. Du brauchst mich, ich brauche dich; und selbst wenn du andere hast, du bist mein Mann, und das ist alles.« Er sagte: »Es stimmt überhaupt nicht, ich bin dir ziemlich egal!« Die letzten vierzehn Tage seines Lebens waren außergewöhnlich intensiv: es war wie eine letzte Kommunion der Liebe. Erstaunlich. Er hat mir gesagt: »Es ist also wahr, du hast mich nie betrogen?« Es war unglaublich! »Wie hätte ich es glauben können? Eine Frau wie du! Ich reichte dir nicht bis zum Knöchel!« Daraufhin sagte ich: »Ich reichte dir nicht bis zum Knöchel! Du kannst es dir nicht vorstellen!« Es ist sehr merkwürdig, dieses Leben. Aus diesen Gründen kann ich mir nicht vorstellen, ihm nicht wieder zu begegnen, wenn ich tot sein werde. Deshalb macht mich das Sterben genauso froh wie das Leben.

Wenn ich lebendig bin, bin ich mit den Kindern sehr glücklich. Wenn ich tot sein werde, werde ich von den Kindern auch nicht getrennt sein, wir werden zusammen sein. Ich bin davon überzeugt, es ist eine Chance. Vielleicht falle ich auf die Schnauze. Aber ich hätte wenigstens glücklich gelebt; außerdem hoffe ich, daß ich die Kinder, die es noch brauchen, weiterhin unterstützen kann.

Es kommt mir zwar etwas dumm vor, wenn ich es ausspreche, aber es ist meine tiefste Überzeugung: ich glaube an das ewige Zusammensein der Menschen, die sich geliebt haben. Für mich war dieser Mensch Boris Dolto, der mein Liebhaber und mein Alter ego war; da ist etwas, das in aller Ewigkeit unersetzlich ist; da ist etwas, das Raum- und Zeitlos ist, und ewig gegenwärtig. Warum sollte ich nicht diesem ewig Gegenwärtigen begegnen können jenseits dieser Anhäufung von vibrierenden Atomen – Staubkörnern im Lichtschein gleich –, die man Mensch nennt? Wir wissen, daß wir aus Atomen bestehen, die so voneinander getrennt sind, daß sie ensprechend den Brownschen Bewegungen vibrieren und dadurch einen Körper schaffen mit seinen Knochen, seinem Eingeweide usw. Das Wichtigste ist die Beziehung zwischen den Lebewesen, die sich für Menschen halten, und die eines Tages keine Menschen mehr sind. Wo sind sie dann? Man weiß es nicht, aber sie haben die Beziehung nicht verlassen.

Diese Überzeugung – so wie ich sie verstanden habe – trennen Sie wohl nicht von Ihrem Dasein als Psychoanalytikerin. Ich habe sogar das Gefühl, daß sie noch tiefer, noch fundamentaler ist...

... als Psychoanalytikerin zu sein? Ja, wahrscheinlich! Wahrscheinlich! Sie ist fundamentaler. Für mich ist das Leben mit den Unsichtbaren, die ich nicht kenne – und ich versuche nicht, mir auszudenken oder vorzustellen, wie sie sind – ebenso wichtig, wie das Leben mit den Sichtbaren. Und manchmal sage ich mir: »Ich weiß überhaupt nicht, wer diejenigen sind, die um mich herum sind, aber sie sind nicht böse, sie wollen mir nichts antun. Aber warum halten sie sich bei mir auf?« Und dann geht es vorbei. Es war nur ein kurzer Augenblick, wo ich von ganz vielen, undurchsichtigen Dingen umgeben war... Dann stelle ich mir mich vor, ich stelle mir mich mit mir vor und sage mir: »Könnte Boris nicht wie eine ganze Sippschaft sein, die mit dir ist?« Und dann geht es vorbei, weil ich an etwas anderes denke und im Leben beschäftigt bin.

Ich bin ein bißchen verrückt, ich gebe es zu. Auf jeden Fall im Vergleich zu anderen Leuten. Ich sage es Ihnen, weil wir hier in dieser intimen Atmosphäre zusammen sind, und weil ich nicht mehr lange leben werde. Vielleicht ist auch dies wichtig für einen Psychoanalytiker: Wenn er nicht weiß, was es ist, sagt er nicht, daß es das nicht gibt. Er sagt, daß er Wahrnehmungen hat, die wahrscheinlich Phantasmen sind, warum auch nicht? Und deshalb fühle ich auch, daß ich, indem ich die Methode angewandt habe, alles getan habe, was ich tun konnte. Was dann passiert, ist nicht mehr meine Sache. Wenn die Leute ab und zu am Ende einer Sitzung in einem Zustand weggehen, der mich erschüttert, entlastet es mich manchmal zu denken: Jetzt ist es die Sache der Unsichtbaren: »Kümmern Sie sich um ihn, weil ich mich jetzt um jemand anderen kümmern muß.« Und ich habe mir niemals um die Patienten Gedanken gemacht, nie! Weil ich eine unsichtbare Welt beauftragt habe, für sie zu sorgen. Mit ihrer eigenen Methode. Ich habe nur meine Methode, meine ganzen Erklärungen: ich kann nichts anderes tun, als das…

Ich beauftrage die Patienten, daß sie für sich selbst sorgen, weil ich nicht an diese unsichtbare Welt glaube.

Ja, aber es handelt sich um dasselbe! Es geht um das gleiche: bei der ehrlichen Anwendung der Methode geht es darum, die Vorstellung von unserer Macht aufzugeben.

Genau! Wir haben eine Funktion zu erfüllen, und dann hört es irgendwo auf.

Ganz genau.
Aber ich möchte noch einmal auf die Hochzeit zwischen Boris und mir zu sprechen kommen: schließlich haben wir den Termin vorverlegt. Statt im Mai haben wir am 12. Februar geheiratet. Wir hatten davor acht Tage im Wald von L'Aigle verbracht. Die Normandie ist im Winter wunderschön! Wir hatten die Adresse eines Försters bekommen, der ein kleines Haus mitten im Wald besaß, das er im Sommer an Leute aus Paris vermietete. Den Tip hatte ich von Catherine R. bekommnen, einer Studienkollegin von mir, denn die R. hatten dieses Häuschen schon mal gemietet. Sie hatte mir gesagt: »Wissen Sie, Sie könnten bei den B. in dem Wald von L'Aigle im Winter wohnen, sie werden bestimmt einverstanden sein. Sie werden dort Hühner und Kaninchen um sich haben.« Es war während des Krieges. Als wir von dieser kleinen »Hochzeitsreise« – wenn ich es so nennen darf – zurückkkamen, sagte mir Boris: »Wir werden nicht bis Mai warten, um zu heiraten« – » Aber was ändert das? Wir leben doch zusammmen.« – »Nein, nein, wir werden nicht länger warten, weil ich mit Ihnen unter einem Dach wohnen möchte. Ich möchte nicht, daß wir getrennt wohnen.« Normalerweise ging ich immer zu ihm; aber er wollte, daß wir uns eine Wohnung suchen. »Wir können eine Wohnung suchen , ohne ver-

heiratet zu sein. Wir können im Mai zusammenzuziehen.« – »Nein, nein, es ist besser, wenn wir offiziell verheiratet sind.« Ich sagte: »Also gut, von mir aus! Wann also heiraten wir?« Er rechnete herum und sagte: »Anfang Februar.« Ich antwortete: »Haben Sie es so eilig?« – »Und wie!« – »Und warum?« – »Weil ich Sie ganz für mich habe will!« Merkwürdig, nicht wahr? Ich habe meinen Eltern Bescheid gesagt: »Die Hochzeit wird viel früher stattfinden, vor dem Mai.« Mutter sagte mit Kennermiene: »In Ordnung, ihr müßt es ja wissen…« Und nach einer kurzen Pause fügte sie hinzu: »Und wann kommt das Baby?« – »Welches Baby denn?« – »Wieso, bist du nicht schwanger?« – »Nein!« – »Warum heiratet ihr dann früher?« – »Weil Boris möchte, daß ich seine Frau bin.« – »Er ist vielleicht ein komischer Kauz!«

Als Jean später auf die Welt kam, besuchte Mutter mich in der Klinik. Boris hatte mich gefragt: »Möchtest du, daß deine Mutter bei der Geburt dabei ist?« – »Bloß nicht! Was hilft mir denn das?«

Es war früher tatsächlich üblich, daß eher die Mutter als der Mann bei der Geburt dabei war.

Ja, wahrscheinlich war es auch in Rußland so. Aber ich habe Boris gesagt: »Es muß nicht mehr wie bei Tschechow zugehen! Warum auch? Mutter ist nicht mehr in Paris, es ist Krieg. Wie sollte sie denn kommen? Die Metro fährt nicht mehr, sie müßte viel laufen. Sie wird ängstlich sein. Das lohnt sich nicht. Du sagst ihr Bescheid, wenn das Kind da ist.« Boris hat sie also benachrichtigt. Mutter ist gekommen und dann stand sie da vor ihrem Enkel, ganz schüchtern. Ich hatte das Baby auf dem Arm und sagte ihr: »Willst du es nicht nehmen? – «Ich traue mich nicht.« – »Aber warum denn?« – »Ich denke, du willst nicht, daß ich dein Kind anfasse.« – »Aber hör mal! Du bist doch seine Großmutter!« – »Ja, es stimmt!« Ich habe nicht verstanden, warum sie so gedacht hat. Ich war doch so glücklich, ihr einen Enkel gegeben zu haben. Es ist schon merkwürdig!

In diesem Zusammenhang fällt mir eine andere komische Geschichte mit meiner Mutter ein. Wir waren hier bei mir. Sie kam jeden Donnerstag mit Vater zu mir zum Mittagessen. Einmal war sie nachdenklich geworden und schließlich sagte sie: »Je mehr ich sehe, wie ihr zusammenlebt, desto mehr bin ich davon überzeugt, daß du, armes Kind, nicht weißt, was es bedeutet, verheiratet zu sein.« Ich sagte: »So! Und warum denn?« – »Weil dein Mann wunderbar ist!« – »Muß ein Ehemann fürchterlich sein?« – »Du weißt wirklich nicht, was ein Ehemann ist! Dein Mann ist wunderbar, er liebt dich, er kümmert sich um dich.« – »Ja, aber Vater war auch so mit dir!« – »Er war verschlossen, so verschlossen; er sprach kaum.« Dann explodierte sie. Das machte ihn kleiner. Aber er liebte sie so.

Wenn Boris mit den Kindern schimpfte, ließ ich ihn gewähren; irgendwann sagte ich nur: »Hör auf! Du hast ihnen gezeigt, wer hier der Familienvater ist, jetzt ist aber gut!« Er sagte mir: »Ja, du hast recht«, und dann war es auch gut, wir sprachen nicht mehr darüber. Er schmollte nicht, weil ich so zu ihm gesprochen hatte. Er akzeptierte es. Er hatte getan, was er tun mußte, er hatte gebrüllt wie ein Bär gegen seine jungen Bären, danach war es vorbei, wir konnten über etwas anderes reden.

Es ging sehr lebendig zu. Mutter sagte: »Er kümmert sich um seine Kinder.« – »Es ist auch ganz normal, sie sind seine Söhne!« – »Ja, aber dein Vater überließ mir diese Aufgabe ganz. Außerdem verlangt dein Mann von dir keine Abrechnungen über den Haushalt.«

Es stimmt, meine arme Mutter mußte früher immer alles aufschreiben, was sie ausgegeben hatte: »Lammkeule… Socken… Waschfrau usw.« Und sie notierte irgendwelche Zahlen. »Aber warum schreibst du irgendeine Zahl auf?« – »Damit die Rechnung insgesamt stimmt, sonst ist dein Vater nicht zufrieden. Im Grunde sind mir die Rechnungen der Waschfrau völlig egal, aber meine Gesamtrechnung muß stimmen.« – »Aber Mutter, du machst dir das Leben zur Hölle damit! Warum sagst du ihm nicht, daß du nicht mehr aufschreiben willst, oder daß die Rechnungen eben so sind, wie sie sind, oder daß du soundsoviel ausgegeben hast, aber du wüßtest nicht mehr, wofür, daß du sowieso nichts für dich gekauft hast. Er weiß übrigens ganz genau, daß alles für uns ist!« – »Aber dein Vater ist nicht so, er würde es nicht einsehen. Die Rechnungen müssen bis auf den Pfennig stimmen, sonst müßte ich stundenlang überlegen, für was ich das Geld ausgegeben habe.«

Es war schon so. Aber sie machte mit, was er verlangte, anstatt ihm von vornherein zu sagen: »Das mache ich nicht mit. Ich schreibe nicht alle Rechnungen auf, ich bin keine Köchin!« Aber nein! Und er selbst war zwanghaft in bezug auf seine Rechnungen. Er kaufte die Zeitung, holte gleich sein Heftchen aus der Tasche heraus und schrieb auf: »Zeitung: 0,20 F«. Ich lachte darüber. Ich sagte ihm: »Mußt du wirklich schreiben: Zeitung: 0,20 F?« – »Man muß immer wissen, wofür man das Geld ausgegeben hat, so vermeidet man, es zu vergeuden!«

Einerseits war er sehr sparsam – er sparte sogar mit Streichhölzern – aber andererseits machte er uns oft luxuriöse, unnötige Geschenke. So war Vater eben. Wenn ich »unnötige Geschenke« sage, denke ich z. B. daran, daß er kein schönes Reiseköfferchen mit Luxusaccessoires wie Flaschen mit geschliffenen Deckeln, Elfenbeinbürsten usw. sehen konnte, ohne es für uns kaufen zu müssen. So bekamen wir alle zwei Jahre ein Reiseköfferchen geschenkt, das wir nie benutzten! Wir konnten es nicht gebrauchen. Aber für ihn war es das Geschenk, das man einer Frau macht, die man liebt: man muß ihr ein Reiseköfferchen schenken. Als Mutter starb, fanden wir sechs Reiseköfferchen, die sie im Laufe der Jahre bekommen hatte. Seit meinem zwölften Lebensjahr hatte ich selbst drei davon.

Außerdem schenkte er seiner Frau gern Schmuck: Er brachte ihr gern Perlenketten oder einen Ring mit. Er überraschte sie damit, was bei Mutter eine ambivalente Reaktion auslöste. Ich kann mich erinnern, daß er ihr einmal sagte: »Ich habe einen tollen Ring gesehen.« Sie bat ihn, den Ring zu beschreiben. Am Abend brachte er ihr den »tollen« Ring. Daraufhin sagte Mutter: »Ich hätte ihn mir lieber selber ausgesucht. Vielleicht gab es bei Heurgeon einen anderen, der mir besser gefallen hätte... Der arme Mann war ganz geknickt. Und tatsächlich brachte sie es fertig, am nächsten Tag mit ihm zu Heurgeon zu gehen; sie tauschte den Ring um, oder eben nicht...

So also war ihre Beziehung: eine Beziehung von zwei Leuten, die sich liebten, aber auf eine sehr komplizierte Art und Weise. Mich wunderte es sehr, doch sagte ich mir: «Es liegt wahrscheinlich daran, daß sie von ihrem Vater verheiratet wurde.« Wenn ihr Vater ihr die freie Entscheidung überlassen hätte, hätte sie trotzdem meinen Vater geheiratet. Aber ihr Vater hatte so stark insistiert, daß sie schließlich aus Liebe zu ihrem Vater meinen Vater geheiratet hatte. Mein Vater, der mit vier Jahren seinen Vater verloren hatte, liebte seinen Schwiegervater sehr, der in ethischer und kultureller Beziehung einen großen Einfluß auf ihn ausgeübt hat.

Vater war von seinem fünften bis zu seinem einundzwanzigsten Lebensjahr im Internat des lycée Michelet gewesen. Er kam sonntags zu seiner Mutter, um ihr beim Haushalt zu helfen, Fenster zu putzen usw., um sie ein bißchen zu entlasten. Denn er war mit vier Jahren Halbwaise. Sein Vater war ein großer Architekt des spanischen Hofes, der Architekt der Avenue Kléber. Er hatte mit seinem Bruder ein Architektenbüro. Einer hieß Henry Marette, mein Großvater, der andere Charles Marette, der Bruder, der nach ihm kam. Sie haben die ersten Mietshäuser von Paris gebaut. Ensprechend dem Haussmann-Plan um L'Etoile haben sie die Place des Etats-Unis gebaut; man kann dort heute noch ihren Namen lesen: »Die Brüder Marette.«

Dann starb mein Großvater bei einem Zugunfall neben Levallois-Clichy, Richtung Aisnières. Er wohnte in Aisnières, wo er Stadtrat war. Er war ein sehr wertvoller Mann. Er ist mit zweiundvierzig Jahren gestorben, nachdem er fünf Frauen unter den Trümmern von brennenden Eisenbahnwagen das Leben gerettet hatte. Er hatte noch versucht, eine sechste Frau zu retten, aber er kam nie wieder zurück. Man hat ihn tot gefunden, er war erstickt. Ich habe hier noch Zeitungsausschnitte aus der Zeit, in denen über die Heldentat des Herrn Henry Marette berichtet wird, der fünf Müttern das Leben gerettet und dabei sein Leben geopfert hatte. Man hatte ihm gesagt: »Es ist zu riskant«, als er zu dem brennenden Wagen zurückgehen wollte… Später fand übrigens ein ähnlicher Unfall genau an derselben Stelle statt. Ich glaube, dieser Unfall ereignete sich im Jahr 1878[96]. Auf jeden Fall steht für mich dieser Unfall in der Familiengeschichte im Zusammenhang mit dem »Déjeuner sur l'herbe« von Manet, weil die letzte Erinnerung meines Vaters an seinen Vater eine schmerzhafte und schreckliche Erinnerung war. Es war während eines Picknicks, als mein Vater vier Jahre alt war. Meine Großeltern picknickten gern. Mein Großvater vergötterte seine Frau, meine Großmutter, eine reizende und sehr intelligente Frau, die aber nicht »standesgemäß geboren« war. Für die Familie war das furchtbar. Sie war die Tochter eines Arztes, aber dieser war kein »richtiger« Arzt, denn er war Geburtshelfer, der zwar den Arzttitel hatte, aber mit einer Hebamme verheiratet war. Er war also kein »richtiger« Arzt, weil er keine »standesgemäße« Frau geheiratet trug. Sie war lebendig, aber nicht »richtig« geboren. Er vergötterte diese junge Frau, meine Großmutter, deren Bild sie dort sehen[97], und er lebte als junger Architekt sehr modern für die damalige Epoche, ganz im Stil von Monet und Manet, die seine Freunde waren. So machten sie sehr oft Picknicks im Gras (déjeuners sur l'herbe).

Die dramatische Erinnerung meines Vaters bezieht sich auf das letzte Picknick im Gras. Wie oft hat unser Vater uns diese Geschichte erzählt! Dabei unterbrach er immer wieder seine Erzählung mit dem lapidaren Satz, der seinem Vater galt: »Alle Architekten sind Idioten!« Mein Vater konnte nie einfach so über einen Architekten sprechen. Lernte er jemanden kennen, fragte meine Mutter :»Wer ist er?« Wenn es jemand war, den er nett fand, sagte er: »Er ist in Ordnung, für einen Architekten nicht zu dumm.« Sonst hieß es: »Das soll was heißen, er ist Architekt, also ist er ein Idiot!« Ich hörte das und wußte dabei, daß mein Großvater Architekt gewesen war... Aber er sagte nicht am gleichen Tag, daß sein Vater ein Idiot war. An einem Tag erzählte er von den Architekten, die alle Idioten wären, am nächsten Tag von seinem Vater und seiner schrecklichen Erinnerung. »Es ist furchtbar, solch eine letzte Erinnerung an seinen Vater zu haben wie ich. In dieser Erinnerung war ich ein dummer Kerl, aber was für ein dummer Kerl! Was für ein dummer Kerl!«

Wenn er von seinem Vater sprach, sagte er, er wäre ein Idiot, aber von sich selbst sagte er, daß er ein dummer Kerl war! Er erzählte mit einer sehr angespannten Stimme: »Verstehst du, ich war vier Jahre alt. Ich war mit vier Jahren ein dummer Kerl, wie man erzählt. Ich weiß nicht, wie man mit vier Jahren sonst ist. Ich mochte die Picknicks sehr gern, es war schön, im Gras zusammen zu sitzen und zu essen – ganz im Stil des «Déjeuner« von Manet. Es war eine fröhliche Stimmung. Meine Eltern waren sehr fröhlich. Aber beim letzten Mal hat mir mein Vater gesagt: »Henri, es ist deine Aufgabe, den Wein kühl zu stellen. Tue den Wein in den Bach!« – weil sie sich immer einen Platz neben einem Bach aussuchten. Ich habe den Wein genommen und ihn in den Bach gegossen. Und als es so weit war, den Wein zu servieren: »Henri, hol den Wein!«, bin ich zum Bach gegangen, aber ich konnte natürlich nichts zurückbringen. »Also, wo bleibt denn der Wein?« Ich kam nicht zurück, weil der Wein… weg war! Da schaute mein Vater nach: alle sechs Flaschen waren leer! »Was soll das? Ich hatte dir gesagt, den Wein kühl zu stellen!« – »Nein, du hast mir gesagt, den Wein in den Bach zu tun!« – »Meine Güte ist er ein Idiot, was für ein dummer Kerl!«

Man kann sich die Situation dieses vierjährigen Kindes gut vorstellen, wie es dastand vor diesen Männern, die auf ihr gutes Picknick verzichten mußten, und vor diesen Frauen mit ihren kleinen Hütchen auf dem Kopf, eingeschnürt in ihre Korsetts! Für ihn war es die Schande seines Lebens, daß er von seinem Vater vor allen Leuten als dummer Kerl bezeichnet wurde, und dabei wirklich ein dummer Kerl gewesen ist. Das hat bei ihm Spuren für sein ganzes Leben hinterlassen. Das war die Geschichte der Beziehung meines Vaters zu seinem Vater.

Als er seinen zukünftigen Schwiegervater kennenlernte, der ihn sofort schätzte, obwohl er nichts Besonderes zu bieten hatte (außer seinem Titel als ehemaliger Schüler der Ecole Polytechnique, aber das war wirklich alles), war er sofort einverstanden, für ihn zu arbeiten; denn in den anderen Firmen, bei denen er sich vorgestellt hatte – erst später hat er erfahren, warum –, bekam er immer wieder die Antwort: »Wir werden sehen, wir werden sehen, wir haben ihren Namen notiert« – aber man kam nie auf ihn zurück. Mutter hat ihn darauf gebracht, was der Grund dafür war. Das erste Mal, als er bei meinem Großvater zum Essen eingeladen wurde, hat sie sich über ihn lustiggemacht. Herr Marette, wiederholen Sie: »Les chaussettes de l'archiduchesse sont-elles sèches?«; denn er lispelte. Mein Vater lispelte wie ein Kind, aber wußte nicht, daß er lispelte. Niemand, weder seine Mutter noch irgendein Arzt noch seine Lehrer hatten ihm jemals in seinem Leben gesagt, daß er lispelte und anders sprechen müßte. Also lispelte er weiter. Hinzu kam, daß er kurzsichtig war, er trug einen Zwicker mit dicken Gläsern.

Er hatte also überhaupt nicht verstanden, was das junge Mädchen, das ihn einschüchterte, damit sagen wollte. Er hatte nicht verstanden, aber natürlich mitbekommen, daß sie sich über ihn lustigmachte. Er wurde knallrot vor Scham, und Suzanne wurde von ihrem Vater gescholten: »Hör mal, man kann einen Sprachfehler haben, aber deshalb ist man noch lange kein dummer Kerl. Ich verbiete dir, dich über Henri Marette lustig zu machen.« Also hat sie sich ihr Lachen verkneifen müssen. Aber es hat bei ihm gewirkt, wie er uns später erzählte: Als er wieder in Montbard war, betrachtete er sich täglich im Spiegel, konnte aber nichts an sich entdecken . Schließlich hat er dann seinen zukünftigen Schwiegervater gefragt:» Habe ich irgend etwas Besonderes an mir?« – »Aber Marette, Sie haben ein Haar auf der Zunge, wie man so schön sagt. Hat das Ihnen noch keiner gesagt?« – »Nein! Ich wußte es nicht!« Dann sagte ihm mein Großvater: »Versuchen Sie, vor dem Spiegel zu üben, vielleicht können Sie diesen Sprachfehler noch korrigieren.« Das tat er auch. Als er acht Tage später wieder kam, lispelte er nicht mehr. Das hat meiner Mutter sehr imponiert. Er hat ihr gesagt: »Pour qui sont ces saucisses-ci?« Und mein Großvater hat schallend gelacht und gesagt: »Bravo! Unglaublich! In acht Tagen haben Sie Ihren Sprachfehler korrigiert!« – »Aber wenn man es mir rechtzeitig gesagt hätte, hätte ich mich viel früher korrigiert! Ich wußte es nur nicht.«

Ich muß Ihnen unbedingt die Geschichte der Kurzsichtigkeit meines Vaters erzählen, die ich immer sehr interessant fand. Meine Mutter hatte sie mir schon mal erzählt, aber nachdem ich analysiert worden war, wollte ich sie von ihr noch einmal hören. Auch mein Vater hat mit mir darüber gesprochen. Er wurde mit sieben oder siebeneinhalb Jahren angeblich kurzsichtig; das hatte mit einer Freundschaft zu tun (aber er hatte beide Dinge nicht in Zusammenhang gebracht), die er mit einem »Aufseher« des Lycée Michelet geschlossen hatte, wo er seit seinem fünften Lebensjahr im Internat war. Als er etwa sieben Jahre alt wurde, hat sich einer dieser »Aufseher«, ein Kunststudent der Beaux-Arts, für diesen Jungen interessiert, den er intelligent fand. Wie es so kommt, kannte dieser junge Mann – er war Kupferstecher und kam aus Reims – die Mutter und die Familie meines Vaters; er wurde später der Verlobte und der Mann einer Schwester meines Vaters. Dieser Mann trug eine Brille. So fand dieser kleiner Junge, der mein Vater damals war, es todschick, eine Brille zu tragen.

War es die Identifikation mit einem Vaterersatz?

Bestimmt! Das war es sicherlich. Aber erst viel später hat er es erkannt, als er mir die Geschichte erzählte. Als er also siebeneinhalb oder acht Jahre alt war, ist man mit ihm – auf den Rat dieses Aufsehers hin, der mit seiner Mutter einmal darüber sprach, als sie zur Schule kam, um ihren Sohn abzuholen – zum Augenarzt gegangen, der behauptet hat, er wäre kurzsichtig. Seitdem trug er bis zur Geburt seines Sohnes Pierre, seines zweiten Kindes, eine Brille. Er war so kurzsichtig, sagte er – und meine Mutter hat es bestätigt –, daß er morgens vor dem Aufstehen seine Brille mit der Hand suchte, um sie aufzusetzen, weil er sonst angeblich auf die Nase gefallen wäre. Seit Beginn seines Studiums an der Ecole polytechnique trug er einen Zwicker; den trug er noch, als er auf der Artillerieschule war. Auch als er heiratete, hatte er noch seinen Zwicker. Als seine älteste Tochter auf die Welt kam, trug er ihn immer noch.

Und dann hatten meine Eltern eines Tages drei freie Tage vor sich – was sehr selten vorkam. Denn normalerweise hatten sie nie das ganze Wochenende frei, sondern nur den Sonntag, der ihr Ruhetag war. Bei der Geburt meines Bruders Pierre hatten sie also drei freie Tage vor sich. Und meine Mutter, die sehr impulsiv war, hat ihm gesagt: »Du willst mir ja eine Freude machen (er schenkte ihr einen sehr schönen Ring zu jeder Geburt), aber weißt du, ich möchte diesmal keinen Ring haben, ich möchte nur, daß du deinen Zwicker nicht mehr trägst.« – »Wie stellst du dir denn das vor? Ohne ihn kann ich nichts erkennen!« – »So stelle ich es mir vor!« Sie nahm seinen Zwicker und zerbrach ihn. Und da die Geschäfte am Wochenende geschlossen waren, war er gezwungen, drei Tage ohne Zwicker auszukommen. Es tat ihm leid, aber gleichzeitig war er sehr glücklich, diesen Sohn zu haben, der von der ganzen Familie gefeiert wurde. Alle Leute sagten ihm, daß er ohne seine Brille viel schöner aussah!» – «Es mag sein, aber ich sehe nichts!« Und nach drei Tagen merkte er, daß er sie ... überhaupt nicht mehr brauchte! Am dritten Tag hat er dann gesagt:»Ich kann sehr gut sehen, ich brauche keine Brille!« So wurde er seine Brille los, sonst hätte er sie sein ganzes Leben behalten, weil er sich für kurzsichtig hielt.

Dank einer Interpretation von Ihrer Mutter, seiner Frau.

Ja.

Sie hat sein Symptom so interpretiert, daß es keinen medizinischen Grund gab ...

Den gab es tatsächlich nicht! Meine Mutter war nur impulsiv, und dieser Zwicker störte sie schon lange. Sie sagte: »Es ist nicht lustig, verstehst du, jemanden zu küssen, der eine Brille trägt.«

Er wollte seiner Frau eine Freude machen.

Er wollte ihr damit keine Freude machen, er mußte einfach mit der Tatsache fertigwerden, keine Brille mehr zu haben! Er hatte keine andere Wahl. Die Geschäfte waren zu, er konnte sich vor drei Tagen keine neue Brille machen lassen, er mußte also drei Tage ohne Brille leben; er war sehr verärgert, aber gleichzeitig sehr glücklich, weil die Geburt meines älteren Bruders, der am 31. Dezember 1903[98] auf die Welt kam, gefeiert wurde.

Die Geschichte der Geburt meines älteren Bruders ist auch sehr lustig: er ist also am 31. Dezember gegen 21 Uhr auf die Welt gekommen. Mein Vater, der sehr stolz war, seinen Sohn beim Standesamt anzumelden, ist sofort zum Rathaus gegangen. Durch dieses Ereignis habe ich übrigens erfahren, daß man damals eine Geburt beim Standesamt auch nachts anmelden konnte. Ich weiß nicht mehr, welches Familienmitglied Zeuge war und ihn begleitet hatte (denn man brauchte einen Zeugen.) Dort sagte ihm der zuständige Standesbeamter: »Nein, mein Herr, Sie haben keinen

Sohn, der heute geboren wurde.« – »Wie bitte?! Ich komme hierher, um meinen Sohn anzumelden!« – »Nein, mein Herr, ich kann die Anmeldung Ihres Sohnes heute nicht annehmen, ich werde sie heute nicht annehmen.« Mein Vater schaut ihn an, völlig verstört. Dann sagte der andere: »Hören Sie zu, mein Herr: wenn Sie in zwei Stunden wiederkommen, geben sie Ihrem Sohn ein Jahr mehr, bevor er zum Militär muß. Kommen Sie also in zwei Stunden wieder, und das Geburtsdatum Ihres Sohnes wird am 1. Januar sein.« Meine Eltern waren einverstanden. So wurde er am 1. Januar 1904 in das Personenstandsregister eingetragen – das ist sein offizielles Geburtsdatum –, während er am 31. Dezember 1903 geboren wurde.

Das ist schon lustig. Und mein Vater kam nach Hause für die Feierlichkeiten mit den Onkeln, Tanten und allen Familienmitgliedern zur Ehre des ersten Sohnes von Suzanne. Unter solchen Umständen hat er also aufgehört, eine Brille zu tragen. Er hat dann sein Leben lang sehr gut gesehen. Sogar ausgezeichnet. Interessant dabei ist die Tatsache, daß seine angebliche Kurzsichtigkeit die Ursache dafür war, daß er den Beruf nicht ergriffen hat, den er sich gewünscht hatte: er wollte eigentlich nicht zur Ecole polytechnique, sondern zur Marine.

Auch hier ist in bezug auf den Ödipus-Komplex etwas Interessantes zu erwähnen. So, wie er durch das Lispeln das Kind seiner Mutter bleiben konnte – der Vater war tot, es war niemand für die Mutter da, er war der einzige Sohn –, so brauchte er die Brille in Identifikation mit dem Mann der Schwester seines Vaters. Aber sein sehnlichster Wunsch war, zur Marine zu gehen. Diese Perspektive ließ seine Mutter verzweifeln. Dahinter steckte wahrscheinlich die Angst, daß er dann unterwegs und sehr lange von ihr getrennt sein würde. Er hat mir gesagt: »Es ist so schade! Wenn ich gewußt hätte, daß ich nicht kurzsichtig bin, wäre ich zur Marine gegangen...«

Das Symptom hat ihm zusätzlich als Ausrede gedient, um bei seiner Mutter zu bleiben; damit ist er ihrer Bitte nachgekommen.

Erst als er viel später mit mir sprach – ich hatte meine Analyse schon hinter mir –, verstand er die Zusammenhänge. Es hat ihn übrigens sehr interessiert, daß man diese ganze Geschichte mit der Kurzsichtigkeit als ödipale Vorsichtsmaßnahme begreifen kann. Denn durch die Brille war die Sache mit der Marine völlig unmöglich geworden: jemand, der nicht richtig sieht, kommt halt nicht zur Marine.

Und wie hat Ihre Mutter reagiert, als sie Ihnen die Geschichte erzählte? Was dachte sie über ihre Intervention und das Resultat, das sie erzielt hatte?

Sie dachte, sie habe richtig gehandelt. Sie war sehr froh. Sie hat mir gesagt: »Mir tat es am nächsten Tag leid, weil er völlig unbeholfen war. Aber als ich das Resultat sah, habe ich mir gesagt, daß ich richtig gehandelt habe!« Sie ist einfach impulsiv gewesen und hat damit etwas erreicht.

Aber Sie haben mir mehrere Male gesagt, daß sie der Psychoanalyse gegenüber völlig verschlossen war…[99]

Völlig verschlossen!

…jedoch hatte sie in diesem Fall ein frappierendes und beweiskräftiges Beispiel dafür bekommen, wie das Unbewußte arbeitet. Hat sie dadurch ihre Meinung nicht geändert?

Nein, überhaupt nicht!

Jedenfalls hat sie doch nicht etwa geglaubt, daß sie im medizinischen Sinn eingegriffen hätte! Seine Genesung erfolgte nicht auf dem medizinischen Weg, sondern es waren andere Dinge im Spiel.

Für sie handelte es sich um keine Genesung, sondern um eine einfache Tatsache: er brauchte seine Brille nicht; er hatte sie getragen, um sich mit ihrem Schwager zu identifizieren. Sie war nicht offen für die Dimension des Unbewußten, im Gegensatz zu meinem Vater, der Philippe und mir ermöglicht hat, eine Psychoanalyse zu machen.

Durch die Begegnung mit seiner zukünftigen Frau, der Tochter seines Arbeitgebers und zukünftigen Schwiegervaters – dieses Arbeitgebers, der offenkundig...

Eine Vaterrolle spielte.

... die Rolle des Vaters spielte –, befreite er sich nach und nach bei ihm und bei ihr von infantilen Elementen...

Von gebliebenen infantilen Elementen.

... von infantilen ödipalen Elementen, in Form von Symptomen, die sein Leben zwar beeinträchtigten, mit denen er aber offensichtlich leben konnte: sein Lispeln und die Kurzsichtigkeit.

Es sind Beeinträchtigungen, die immerhin störend sind.

Insofern, als sie Elemente der Kindheit waren, die überlebt hatten.

Genau.

Und in diesem Fall sich somatisch äußerten.

Und zu seiner Person gehörten. Sehen Sie, für mich sind das die Strukturen, in denen man verrückt ist. Er hatte einen Sprachfehler, der eine Verrücktheit war, die sich in der Zunge manifestierte. Komisch war zu beobachten, was bei meinem Vater passierte, wenn er mit einer manuellen Tätigkeit beschäftigt war, die seine ganze Aufmerksamkeit beanspruchte. Vater arbeitete nicht gern mit den Händen. Er konnte wunderbar erklären, was man alles machen mußte, tat es aber nicht selbst. Sehr früh habe ich gelernt, die Dinge an seiner Stelle zu tun. Ich war sehr flink und immer bereit, mich zu melden, wenn etwas zu tun war. Meine Brüder waren begeistert: »Wer will dies oder jenes tun?« – »Ich! Ich! Ich!« Daraufhin sagte Vater: »Warum eigentlich nicht sie? Man kann doch eine Sicherung auch als Mädchen wieder einsetzen. Also steig' auf die Leiter. Siehst du?« Und er erklärte mir, was ich tun mußte: »Drück dieses kleine Ding herunter.« Ich tat es.»Und jetzt mußt du die Sicherung so umdrehen, und dann kannst du sie wieder einsetzen; das war's dann.« Ich tat es nach seinen Anweisungen, und er war sehr zufrieden. »Das ist nichts für Mädchen!« sagte mein ältester Bruder. – »Mach'es doch selber!« – »Ich will aber nicht!« – »Und warum machst du es nicht, Vater?« – »Weil ich möchte, daß ihr lernt, Kinder, wie man mit so etwas umgeht. Es sind nützliche Dinge in einem Haus.«

Wenn mein Vater mit solchen Dingen beschäftigt war, hatte ich gemerkt – denn ich merkte ja alles –, daß er auf seine Zunge biß. Ich fand es witzig. Und wenn ich sah, daß er auf seine Zunge biß, sagte ich mir, daß er wohl an etwas Wichtiges dachte. Manchmal tat er das, wenn er allein war oder seine Zeitung las. Ich sagte mir: »Sieh mal an! Es muß etwas sein, was ihn nachdenklich macht.« Komisch. Er hatte es mit seiner Zunge, vielleicht deswegen, weil er gesprochene Worte nicht verstanden hatte: »Den Wein in den Bach tun.« Die schmerzhafte Erinnerung an seinen Vater hatte seine Erzählung in zwei Teile gespalten: auf der einen Seite war er wegen dieser Geschichte ein dummer Kerl, sein Vater wußte, daß er ein dummer Kerl war, und auf der anderen Seite wußte er, daß die Architekten Idioten sind. Aber beide Dinge sagte er nie zur selben Zeit und am selben Tag.

Analog dazu besaß er im täglichen Leben zwei getrennte Seiten: eine ernsthafte und eine spaßige. Als er seinen zukünftigen Schwiegervater, meinen Großvater, kennengelernt hat, schätzte er diesen jungen Mann sehr, weil er äußerst »korrekt« war. Zum Beispiel war es für meinen Großvater ganz neu, daß ein Ingenieur die zwei Nachtrunden in der Fabrik machte. Zwar mußten theoretisch alle Mitarbeiter die zwei Runden machen, aber keiner hielt sich daran: sie notierten in ein kleines Heft, daß sie nur eine Runde gemacht hätten, weil alles in Ordnung wäre, und sie von daher keine Notwendigkeit sehen würden, eine zweite Runde zu machen. Aber Henri Marette machte seine zwei Runden pünktlich, er schrieb die Uhrzeit auf, wann er sie gemacht hatte, als ob er sein Tagebuch schreiben würde: »Halle 3, alles in Ordnung; Halle 4, alles in Ordnung. Nichts zu melden.« Mein Großvater fand es toll, denn alles wurde für den Chef sorgfältig aufgeschrieben. »Sie sind doch der Chef! Sie haben das Recht, alles zu erfahren, was in Ihrer Fabrik geschieht«, sagte ihm mein Vater. Also konnte mein Großvater keinen besseren Ingenieur haben. Er war unglaublich gewissenhaft.

Doch mein Vater hatte auch eine andere Seite. Zunächst einmal möchte ich erzählen, wie sich mein Vater vergnügte, als er gerade verheiratet war. Erst mal machten Vater und Mutter ihr »kleines Geschäft« zusammen, wie Mutter es ausdrückte – sie erzählte mir das, als ich verheiratet war; und weiter: »Dein Vater erfand dann eine Mathe-Aufgabe, er lachte viel dabei, er amüsierte sich sehr...!« Mein Vater fuhr mit der Erzählung fort, indem er die Sache noch detaillierter schilderte: »Ja, es waren witzige Aufgaben! Ich versuchte z.B., die Kurve zu berechnen, die ein Kochtopf, der am Schwanz einer Katze befestigt wäre, beschreiben würde und herauszufinden, in welchem Augenblick der Topf auf den Boden aufschlagen und – entsprechend der Beschaffenheit des Metalls des Kochtopfes – welcher Klang dabei entstehen würde.« Das waren also seine Mathematik-Aufgaben! Er setzte das ganze in Formeln um und verbrachte einen Teil der Nacht damit – als jungverheirateter Mann! – bizarre Mathematik-Aufgaben zu lösen, die er selbst erfand. Als ob er Bilder von Benjamin Rabier[100] in Mathematik-Formeln umwandeln würde. Und er sagte: »Die Mathematik ist eine spannende Sache! Man langweilt sich nie! Man braucht sich bloß eine Aufgabe zu stellen und schon hat man eine stundenlange Arbeit vor sich, an der man seinen Spaß hat.« Für seine jungverheiratete Frau war das weniger spaßig!!

Denn Mutter hatte schließlich in der Familie allerhand zu tun. Sie mußte sich auch um ihren Vater, ihre Tanten und Onkel kümmern. Es war eine sehr große Familie: Mutter hatte elf Onkel und Tanten. Sie hatte also immer viel zu tun, weil diese starben, trauerten, krank waren usw. Sie war sehr beschäftigt mit ihrer Familie, und dann natürlich mit ihren Kindern, die sie lange gestillt hat. Während-dessen beschäftigte sich mein Vater mit seiner Arbeit und vergnügte sich andererseits mit seinen bizarren Mathematik-Aufgaben.

Das war's also mit den ganzen Familiengeschichten. Und jetzt möchte ich, um zum Schluß zu kommen, über die Technik sprechen, die mir Laforgue beigebracht hat.

11
Die Technik Laforgues

Die Technik, die Laforgue an einem bestimmten Punkt meiner Analyse angewendet hat, hat auch mir ein- oder zweimal später genutzt, aber doch in ganz besonderen Fällen.

Wie ich Ihnen bereits sagte, hatte ich meine Psychoanalyse in einem verzweifelten und traurigen Zustand begonnen; vor allem war ich von Schuldgefühlen geplagt, gegenüber D. und gegenüber meiner Mutter, die meinetwegen immer deprimierter wurde. Aber ich wußte nicht, wie ich es ändern konnte. Laforgue hatte mit mir nie über die Schuldgefühle meiner Mutter gesprochen. Er sprach nur über meine eigenen Schuldgefühle. Er führte überhaupt alles auf mich zurück, meine ganzen Schwierigkeiten, auch meine Schuldgefühle.

Ich sprach über alles, was zwischen meiner Mutter und mir stattfand, mit meiner Freundin, von der ich Ihnen schon erzählt habe, und natürlich auch mit meinem Analytiker. Es machte mich traurig, zu sehen, in welchem Zustand meine Mutter sich befand. So lud sie zum Beispiel, wenn ich für eine Prüfung lernen mußte, Gäste mit der Absicht ein, mich beim Arbeiten zu stören, weil sie sich wünschte, daß ich bei der Prüfung durchfalle. Sie versuchte alles mögliche, um mich daran zu hindern, mein Studium zu beenden, obwohl sie zunächst damit einverstanden war, daß ich studierte, wenn ich einen Beschützer hätte. Andere Male verfolgte sie mich bis ins Treppenhaus in der Hoffnung, daß ich meinen Bus verpassen würde. Sie verfolgte mich, um mir tausend unangenehme Dinge zu sagen, Beleidigungen, dummes Zeug! Ich habe in dieser Phase meiner Analyse, die schon ziemlich fortgeschritten war, furchtbar gelitten, obwohl ich eigentlich eine klare Vorstellung davon hatte, was ich machen wollte. Ich hatte Mitleid mit Mutter, war aber gezwungen, alles über mich ergehen zu lassen.

Also sprach ich mit Laforgue darüber. Eines Tages sagte er mir folgendes: »Merken Sie nicht, daß Sie die Neurose Ihrer Mutter dadurch anstacheln, daß Sie ihr keine Antworten geben und stattdessen alles über Sich ergehen lassen, was sie Ihnen an den Kopf schmeißt? Nichts ist schlimmer für Zwangsneurotiker, als zu merken, daß der andere sich ihren Zwängen und Zwangsideen unterwirft.« – »Aber, was soll ich denn tun?« – »Sie sollten Ihrer Mutter die Stirn bieten, ihr eine Szene machen. An dem Tag, an dem Sie den Mut dazu haben werden, und ihr sagen: «Schluß jetzt, ich verbiete dir, mit mir so zu reden, von nun an höre ich dir nicht mehr zu, wenn du so mit mir sprichst« – werden Sie das Problem gelöst haben.» – «Ich kann ihr das nicht antun! Sie ist doch meine Mutter.« Ich hatte, was meine Rolle als ihre Tochter betraf, großen Respekt. – »Dann wird ihre Beziehung eben unverändert bleiben. Wenn Sie aber reagieren, würden Sie damit Ihrer Mutter einen Gefallen tun, denn es würde ihr Erleichterung verschaffen.« In vielen Sitzungen habe ich mich mit seinem Vorschlag auseinandergesetzt, weil ich ihn verstehen wollte. Und dann habe ich ihm eines Tages gesagt: »Vielleicht haben Sie recht.« Denn die gegen mich gerichtete Wut meiner Mutter wurde immer größer, und ich konnte nichts dagegen tun. Schließlich sagte ich zu Laforgue: »Also gut, ich habe beschlossen, ihr bei der nächsten Szene die Stirn zu bieten.« Und so geschah es auch. »Ich verbiete dir, so mit mir zu reden. Dazu hast du kein Recht. Ich habe nie etwas getan, was für dich eine Schande dargestellt hätte. Ich bin eine ehrliche und arbeitsame Tochter. Ich weiß, was ich will, und das ist vom Gesetz her nicht verboten. Ich habe das Recht dazu, daß du mich nicht wie eine Hure behandelst – denn so sprichst du vor anderen Leuten von mir.« Das habe ich meiner Mutter gesagt. Sie erzählte nämlich meinen Brüdern, daß sie mich nicht sehen dürften, weil ich eine Hure wäre, daß sie Auskünfte über mich eingezogen hätte, daß ich wie eine Schlampe im Quartier Latin leben würde, und lauter solchen Unsinn. Sie erzählte mir dauernd diese Geschichten, sie hörte nicht auf, sie kippte ihre ganze Scheiße auf mich, wenn ich zu zur Uni ging, zu meinen Vorlesungen. Ich habe ihr also eine Szene gemacht. Aber ich hatte dabei Herzklopfen, weil ich noch nie mit meiner Mutter in diesem Ton gesprochen hatte! Danach bin ich schnell weggegangen. Als ich am Abend nach Hause kam, war meine Mutter wie verwandelt! »Hast du einen schönen Tag verbracht? Alles in Ordnung?« – »Ja.« Ich konnte es nicht fassen! Sie war unglaublich nett, mehr noch: sie war richtig lieb. Ich sagte mir: »Diese Umkehrung ist unwahrscheinlich! Laforgue hatte recht: es handelt sich um eine Zwangsneurose. Mutter braucht jemanden, der stärker ist als sie, weil sie von der leidenschaftlichen und – wie würde ich sagen – eitrigen Energie, die in ihr steckt, übervoll ist; sie bewirkt, daß sie sich selbst zerreißt, indem sie alles herauskotzt – wobei sie im Grunde kein Wort davon glaubt. Sie ereifert sich nur, aber was sie sagt, denkt sie nicht.«

Sie blieb fast zwei Monate in dieser guten Verfassung. Dann fing sie wieder an, den Ton zu erheben und mir zweideutige Sätze zu sagen: »Es gibt Töchter, die gegenüber ihrer Mutter völlig gleichgültig sind!...« Oder: »Die Ehre einer Familie kann in den Dreck gezogen werden!...« Sie sagte irgend etwas! Sätze, die einfach so ins Leere gesprochen wurden, die sich wieder verselbstständigten und die nur aggressiv gegen mich gerichtet waren. Einmal habe ich ihr dann gesagt: »Mutter, möchtest du, daß ich dir wieder eine Szene mache?« Sofort sagte sie: »Du weißt doch nicht, was du sagst!« Daraufhin nahm sie irgendwelche Gegenstände mit und ging in ihr Zimmer.

Kurz danach sagte mir mein Vater: »Hör zu! Du wirst das Haus verlassen müssen; ich hatte viel Hoffnung, weil es in letzter Zeit deiner Mutter besser ging, aber jetzt fängt sie wieder an...« Ich habe ihm erklärt, warum sich ihr Zustand verbessert hatte. »Ach so! Ich wußte überhaupt nicht, was zwischen euch stattgefunden hatte. Aber es stimmt schon, sie war in den letzten Monaten viel ruhiger; aber jetzt fängt sie wieder an. Ich glaube, daß sie aus alledem nicht herauskommen kann, solange sie mit dir konfrontiert ist. Du mußt von zu Hause weggehen. Was meinst du dazu?« – »Warum auch nicht? Wenn es ihr guttut! Aber ich habe kein Geld!« – »Ich werde dir deine Aussteuer in regelmäßigen Abständen auszahlen und eine Wohnung suchen.« Und er hat für mich eine kleine Wohnung im Erdgeschoß in der Rue Dupuytren gefunden, in der ich von November 1936 bis Juli 1937 wohnte, bis ich mein Studium beendet hatte[101]. Seit anderthalb Jahren war ich Praktikantin im Krankenhaus[102] und verdiente neun Francs pro Tag, meine Miete wurde von meinem Vater bezahlt. Es war wenig und es war sehr hart, aber... Das war die Zeit, als ich nur am Sonntag nach Hause ging, Avenue du Colonel-Bonnet, wo meine Mutter je nachdem ruhig oder angespannt war und Jacques verboten hatte, mit mir zu sprechen...

Die Technik, die Laforgue mir eingeschärft hatte, bestand darin, zu verstehen, daß der Neurose meiner Mutter eine Grenze gesetzt werden muß, weil sie sonst durch ihre analen und phallischen Triebe »übergelaufen« ist, die in Wutanfällen zum Ausdruck kamen, die niemand im Zaum halten konnte. Diese Technik anzuwenden war für mich sehr schmerzhaft, öffnete mir aber die Augen, was den Charakter der Neurose betraf. Ich hatte verstanden, daß man Leute noch verrückter und noch neurotischer machen kann, als sie sind, wenn man alles »überlaufen« läßt, statt Einhalt zu gebieten. Aber diese Reaktion zu zeigen hatte mich übermenschliche Kraft gekostet, weil sie den Anforderungen meines Überichs hinsichtlich des Respekts der Tochter gegenüber der Mutter, entgegengesetzt war. Ich erinnere mich, daß ich gedacht hatte: »Sie ist nicht meine Mutter! Sie ist eine Geisteskranke oder zumindest krank in ihren Gefühlen. Sie ist eine Neurotikerin.« Und ich hatte ihr gesagt: »Mutter, du solltest zu Laforgue, oder zu einem anderen Psychoanalytiker gehen, damit es dir besser geht. Du würdest sehen, du würdest ruhiger sein und diese Probleme nicht mehr haben (sie litt unter zu hohem Blutdruck). Ich bin sicher, daß dein erhöhter Blutdruck von daher kommt, daß du nicht alles sagen kannst, was du sagen willst, weil du zu leidenschaftlich und zu heftig bist.«

Um auf die Technik zurückzukommen, die mir Laforgue empfohlen hatte: ich habe sie bei einem Jungen angewendet, der bei mir eine Analyse machte. Er stotterte. Er stotterte, wie ich es selten erlebt habe, er stotterte total! Er wollte zu mir in die Analyse, um sein Stottern loszuwerden. Er besuchte die dreizehnte Klasse und stand vor seinem Philosophie-Abitur. Er fing als Kind an zu stottern, als er zwei oder zweieinhalb Jahre alt war – in seiner Analyse brachte er es zum Ausdruck, und seine Mutter hat es auch bestätigt.

Einmal in der Woche nahm die Mutter seinerzeit den Jungen mit, wenn sie sich mit ihrer Schwägerin, der Schwester ihres Mannes, traf, um mit ihr zusammen Tee zu trinken. Sie gingen in eine Teestube, die sich in einem großen Geschäft befand, und dort bekam das Kind ein Eis. Eines Tages saßen sie an einem Tisch in dieser Teestube, als der Junge plötzlich unter dem Tisch verschwand. Anstatt sitzen zu bleiben, ist er unter dem Tisch verschwunden, und niemand hat verstanden, warum. Die Bedienung ist vorbeigekommen, hat das kleine Kind vom Boden genommen und es wieder auf seinen Stuhl gesetzt, den man etwas höher gestellt hatte, damit es an den Tisch herankam; und auf einmal stotterte es! Mit zweieinhalb Jahren hat er also zu stottern angefangen. Seit dem hat er immer gestottert, bis er mit achtzehn Jahren zu mir kam.

Was war geschehen? Im Laufe seiner Analyse kam alles heraus: seine Mutter und ihre Schwägerin machten sich aus irgendeinem Grund über den Vater des Kindes lustig und lachten sich dabei kaputt. Beide Frauen machten sich also über den Vater des Kindes lustig, indem sie seine Fehler nachahmten; und beide lachten sich schief und krumm; sie hatten offensichtlich einen riesigen Spaß daran, gemeinsam über den Mann bzw. Bruder herzuziehen. Als man sich über seinen Vater lustig machte, fühlte der zweieinhalbjährige Junge, daß er sich nicht mehr halten konnte und verlor dabei die Kontrolle über seine Sitzhaltung: er konnte nicht mehr sitzen bleiben. Er hat sich langsam auf seinem Stuhl ausgestreckt, bis er unter dem Tisch verschwand (ich habe dieses Verhalten übrigens oft beobachtet – nicht in der Analyse, sondern im täglichen Leben). Jedesmal, wenn mir eine solche Geschichte erzählt wurde, habe ich festgestellt, daß diese Geschichte während eines Gespräches stattfand, in dem der Vater heruntergemacht wurde.

Dieser Verlust der Möglichkeit, sitzen zu bleiben, dieser Verlust des Muskeltonus' des Sitzens ist schon sehr merkwürdig. Man muß sein Körperbild durch Strecken phallisch machen, weil man nicht mehr sitzen bleiben kann, sonst würde man auf den Boden fallen.

Dieser Junge war also im Philosophiekurs. Wenn er Aufsätze in der Schule oder in Klassenarbeiten schrieb, hatte er sehr gute Noten. Ihm lagen die Geisteswissenschaften sehr. Aber wenn er Philosophieaufsätze als Hausaufgabe schreiben mußte, zwang ihn sein Vater – das hatte er die Jahre davor auch bei den Französischaufsätzen getan –, die Aufsätze abzugeben, die er, d.h. der Vater, ihm diktiert hatte. Bei den Klassenarbeiten hatte der Junge immer sehr gute Noten, während seine Noten bei den Hausaufgaben unter dem Klassendurchschnitt lagen! Es machte ihm schon etwas aus. Aber wenigstens hatte er in seinen Klassenarbeiten gute Noten. Wenn er nach einer Klassenarbeit nach Hause kam, wollte sein Vater den Rohentwurf seines Aufsatzes sehen. Er zeigte ihn ihm. Das Resultat war, daß der Vater ihn den ganzen Abend beschimpfte, ihm Ohrfeigen gab und ihn anbrüllte, daß es völlig idiotisch wäre, was er da geschrieben hätte, usw. Der Junge bekam aber eine gute Note für seinen Aufsatz, was den Vater noch ärgerlicher werden ließ: »Dein Lehrer ist der letzte Idiot usw.« Der Vater reagierte paranoid, und der Sohn mußte die Schläge einstecken. Er wurde nicht mehr damit fertig. Dieser Junge, der damals im zweiten Trimester des Schuljahrs vor dem Abitur war, wurde von seinem Vater sogar mit Leibriemen geschlagen, als er eines Tages nicht die Hausaufgabe abgegeben hatte, die ihm sein Vater diktiert hatte, sondern die Arbeit, die er selber gemacht hatte. Er hatte dafür eine gute Note bekommen, und sein Vater hatte ihm gesagt: »Haha! Ich habe diesmal eine gute Note bekommen! Zeig mir die Aufgabe noch mal!« Und er merkte natürlich sofort, daß es nicht der Text war, den er ihm diktiert hatte. Daraufhin hat der Vater ihm eine fürchterliche Szene gemacht und ihn wie einen Hund geschlagen. Der Junge kam in Tränen aufgelöst zu seiner Sitzung und fragte mich, was er tun sollte. Ich habe ihm gesagt: »Hören Sie zu: Sie werden erst darauskommen, wenn Sie sich dazu in der Lage fühlen, Ihrem Vater die Stirn zu bieten. Sie sind doch stärker als er?« – »Ja, ich bin jetzt fast ein Kopf größer als er.« – »Ich verstehe schon, daß Sie Ihren Vater, für den Sie Respekt empfinden, nicht schlagen wollen, aber wenn Sie dieses Risiko nicht eingehen, werden Sie nie aus dieser Situation herauskommen.« Sein Vater war Arzt bei der Armee, nachdem er »Reis-Brot-Salz« gewesen ist, d.h. in der Armeeverwaltung tätig war. In Wirklichkeit wollte er bei der Infanterie Karriere machen, als er von der Militärakademie Saint-Cyr kam, konnte aber nicht Offizier der Infanterie werden, weil er stotterte, wenn er einen Befehl geben mußte. Das haben wir im Laufe der Analyse erfahren, da die Mutter mit dem Sohn einmal darüber gesprochen hatte. Er war also gezwungen, sich auf eine Verwaltungstätigkeit herabzulassen, weil er unfähig war, Befehle zu geben, ohne zu stottern. Das hatte ihn zutiefst gekränkt. Da er aber eine Frau mit Geld geheiratet hatte, konnte er Medizin studieren: beim Militär war er jedoch wegen seiner Vorliebe für die Hierarchie geblieben. Bemerkenswert war, daß er im täglichen Leben überhaupt nicht stotterte; er stotterte nur dann, wenn er als Offizier einen Befehl geben mußte. In Saint-Cyr hatte man ihm gesagt: »Es ist unmöglich, daß Sie Offizier der Infanterie werden, weil man als Offizier Befehle geben muß, man muß richtig losbrüllen können; und jedesmal, wenn Sie losbrüllen müssen, fangen Sie an zu stottern. Ein Offizier, der stottert, wenn er Befehle gibt, ist nicht tragbar.« So kam es, daß er in die Verwaltung ging. Aber das war für diesen Mann, der sich auch für sehr gebildet hielt, eine tiefe Kränkung gewesen. Der Sohn hat also schließlich so gehandelt, wie ich damals in der Auseinandersetzung mit meiner Mutter. Erst hat er das Problem hin- und herüberlegt, wie er seinem Vater gegenüber handeln würde. Dann bekam ich eines Tages einen Telefonanruf von ihm: »Es ist so weit!« – »Was denn?« – »Es ist so weit! Es ist mit meinem Vater passiert! Kann ich jetzt zu Ihnen kommen?« – »Können Sie nicht bis morgen warten?« – »Nein! Nein! Ich werde nicht schlafen können, wenn ich Sie nicht gesehen habe.« – »Also gut, kommen Sie vorbei!« Er kam und erzählte mir, was geschehen war: Er hat die Handgelenke seines Vaters, der den Riemen hielt, festgehalten und ihm gesagt: »Nein, jetzt ist es Schluß, du wirst mich nie wieder schlagen; denn es ist eine Schande für dich, wenn du mich schlägst. Ich bin dein Sohn, ich bin kein Hund.« Und er fügte hinzu: »Es war fürchterlich! Mein Vater hat sich vor mir auf die Knie fallen lassen, er hat mir die Füße geküßt und dabei geschluchzt: ‹Mein kleiner Junge! Mein kleiner Junge! Mein Schatz! Schlag mich! Ich flehe dich an, schlag mich! Schlag mich! Nimm den Riemen, schlag mich!‹ Und er beendete seine Erzählung mit den Worten: »Ich wußte nicht, was ich tun sollte. Ich bin abgehauen. Darum habe ich Sie angerufen.« Danach war es endgültig vorbei. Er hatte seinen Vater besiegt. Aber er verstand überhaupt nichts mehr! Auf jeden Fall haben wir über dieses Problem gearbeitet, und er stotterte nicht mehr. Auch das war vorbei. Es ist unwahrscheinlich! Das war die Technik von Laforgue, die er mir weitergegeben hatte. Diese neurotische Krankheit, bedingt durch die Beziehung des Vaters zu seinem Sohn – wahrscheinlich auch schon durch die Beziehung des Vaters zu seinem eigenen Vater–, konnte auf diese Weise überwunden werden.

Das Ende der Geschichte war auch sehr merkwürdig: der Vater hat mir nie bezahlen wollen! Das störte den Jungen sehr. Der Vater betrachtete mich wie eine Kollegin, und damals war es üblich, daß man von einem Kollegen weniger Geld verlangte. Aber zwei Jahre Behandlung waren überhaupt nicht vergleichbar mit drei Sprechstundenbesuchen bei einem Kollegen! Schließlich wollte der Vater mit mir sprechen. Ich hatte ihn davor nie gesehen. Ich hatte nur den Sohn gesehen, der mit achtzehn Jahren zu mir kam, aber ich hatte weder den Vater noch die Mutter gesehen. Alles hatte zwischen dem Sohn und mir allein stattgefunden. Manchmal sagte ich ihm: »Sie müssen langsam Ihre Sitzungen bezahlen! Sie hatten mir gesagt, daß Ihr Vater einverstanden war.« – »Ja, aber es ist unmöglich, unmöglich, von ihm Geld zu bekommen. Wenn ich ihn darum bitte, mir einen Scheck zu unterschreiben, lehnt er es ab. Es ist mir peinlich.« – »Hören Sie, versuchen Sie, so gut Sie können, etwas Geld zu verdienen, Sie werden mir geben, was Sie geben können, aber Sie müssen etwas geben. Sie mögen der Sohn eines Arztes sein, aber ich kann Sie wirklich nicht umsonst behandeln. Es ist nicht möglich, und es wäre für Sie auch nicht gut.« Er gab sich also Mühe, er ging bei Gibert arbeiten oder lieferte Blumen aus usw. Und er gab mir, was er verdient hatte: »Diese Woche habe ich fünfzehn Francs bekommen.« – »Es ist prima!«

Eines Tages kam also der Vater zu mir: »Ach! Ich will nicht so lange bleiben. Ich habe Ihnen nicht viel zu sagen! Natürlich, mein Sohn stottert nicht mehr. Ich verstehe nichts von der Psychoanalyse; ich glaube, daß es eine zwielichtige Methode ist, die die dunklen Seiten der Menschen zu erhellen versucht. Aber schließlich hat mein Sohn damit Erfolg gehabt.« Ich sagte ihm: »Wissen Sie, daß ich seit zwei Jahren Ihren Sohn behandle, und Sie mich nie dafür bezahlt haben? Sie haben für ihn nichts bezahlt.« Er antwortete: »Aber hören Sie mal! Sie sind doch eine Kollegin. Unter Ärzten läßt man sich nicht für die Behandlungen, die man sich gegenseitig leistet, bezahlen.« – »Aber ich brauche Ihre Behandlung nicht, ich bin nicht beim Militär!« Worauf er mir sagte: »Ich finde sehr peinlich, was Sie da sagen. Es ist überhaupt nicht kollegial und entspricht auch nicht unserem Berufsethos.« – »Ich sehe es nun einmal so! Wie dem auch sei, Ihr Sohn ist kuriert worden, das dürfte das Wichtigste sein.« Er fing daraufhin an, am ganzen Körper zu »stottern« und zog aus der kleinen Tasche, die er bei sich hatte, eine Flasche heraus: »Ich habe Ihnen eine Flasche Banyuls mitgebracht, als Dank für die Behandlung meines Sohnes.« Und er überreichte mir die Flasche Banyuls... Dann ging er weg, das war's gewesen, eine Flasche Banyuls als Bezahlung für zwei Jahre Behandlung!

Lustig war es, als ich den Jungen zwei oder drei Jahre später wiedertraf, der mir in der Zwischenzeit einen seiner Kamaraden geschickt hatte, der bei mir eine Analyse machen wollte. Ich wußte übrigens nicht, daß der Junge mir diesen jungen Agrégé mit seinen Ticks geschickt hatte; er stotterte nicht, sondern bellte, er bellte beim Sprechen. Da er Lehrer werden wollte, in den Vorlesungen aber bellte, war es wirklich störend! Mein ehemaliger Patient hatte ihm gesagt: »Hör mal, ich habe mein Stottern loswerden können, indem ich zu Frau Dolto in die Analyse ging, vielleicht kann sie dich auch von deinem Bellen kurieren.« Er hatte einen Tick, der in der Speiseröhre lokalisiert war. Dieser Junge ist ihn sehr schnell losgeworden, aber ich erinnere mich überhaupt nicht mehr an seinen Fall.

Lustig bei diesem Wiedersehen mit dem Jungen war also, daß er, als er mich in der Rue Le Goff[103] sah, sofort mir zurief: »He! Frau Dolto! Ich freue mich, Sie zu sehen!« Dabei stieg er in die Gosse – ich blieb auf dem Bürgersteig –, obwohl wir uns beide auf dem Bürgersteig begegnet waren. Ich sagte ihm: »Aber wenn Sie sich freuen, warum steigen Sie in die Gosse?« Er lachte: »Ja! Warum? Ich weiß es nicht.« – »Wie geht es Ihnen denn?« – »Gut, ich bereite mich auf die «agrégation» vor. Es klappt ganz gut. Ich bin letztes Jahr durchgefallen, aber ich denke, daß ich es dieses Jahr schaffe.»

Und wieder stieg er in die Gosse. Ich sagte ihm: «Also, immer müssen Sie in der Gosse stehen! Vielleicht deswegen, weil Ihr Vater mich nur mit einer Flasche Banyuls bezahlt hat?« – »Wie bitte? Er hat Sie nie bezahlt? Mir hat er aber erzählt, daß er Sie mit einem Scheck bezahlt hätte und Ihnen viel mehr gegeben habe, als er hätte bezahlen müssen.« – »Also, behalten Sie es für Sich, was ich Ihnen gesagt habe, denn er ist sicherlich davon überzeugt, daß er mir mehr bezahlt hat, als er brauchte. Aber wenn Sie durch die Psychoanalyse kuriert worden sind, ist es lange kein Grund, daß Sie Ihr ganzes Leben in der Gosse neben mir stehen! Sie sind mir völlig gleichberechtigt, das müssen Sie sich ein für allemal sagen! Sie sind bald Dozent an der Sorbonne oder anderswo, auf jeden Fall Agrégé in Geschichte, was ich Ihnen sehr wünsche.« Wir haben einen Augenblick zusammen gelacht, dann haben wir uns verabschiedet. Ich habe ihn seit dem nie mehr gesehen. So ist es eben…

Ich wollte damit sagen, daß ich nie diese Technik bei ihm angewendet hätte, wenn Laforgue mir nicht den Schlüssel dafür gegeben hätte – im Grunde hatte er sie mir suggeriert, und ich war überzeugt, daß ich sie anwenden mußte, wenn ich konsequent mit meiner Entdeckung der Psychoanalyse war. Ich mußte verstehen, daß ich meiner Mutter auf diese Weise helfen konnte, auch wenn ich ein Verhalten an den Tag legen mußte, das mir wie eine Majestätsbeleidigung vorkam, ein Vergehen gegen den Respekt, den ein Kind seiner Mutter schuldet. In Wirklichkeit hat dieser Schritt dem Schmerz und dem neurotischen Leiden meiner Mutter Erleichterung verschafft, so daß sie in ihrem letzten Lebensabschnitt sehr charmant wurde. Wirklich sehr charmant.

So, meine Freunde. Ich glaube, daß ich Ihnen gesagt habe, was ich Ihnen auf meine Weise vermitteln wollte.

Anmerkungen

1 S. »Enfances«, Paris. Ed. du Seuil, »Points Actuels«, 1986, S.50–52.
2 Hier geht es um den Garten der Klinik von Doktor Blanche, die gegenüber lag, und über die später ausführlich berichtet wird.
3 S. »Enfances«, op. cit. S. 19–22.
4 »Le Sans-Fil« (Der Drahtlose), eine Wochenzeitung mit Bildern, die ab 1913 erschien, Boulevard Poissonnière 20. Eine Ausgabe kostete 5 Centimes.
5 Die Leuchtreklamen von Citröen in Buchstaben von dreißig Metern datieren von der Zeit der großen Überlandfahrten von Citröen, die 1922–1923 in der Sahara begannen und 1934 mit der Durchquerung Nordamerikas zwischen Chicago und Alaska zu Ende waren.
6 Charles Richet, Physiologe und Denker, 1850 in Paris geboren, 1935 in Paris gestorben, Sohn des berühmten Chirurgen Alfred Richet. Seine wichtigsten Arbeiten schrieb er über die tierische Wärme, das Serum und vor allem die Anaphylaxie (Allergie gegen eine wiederholt eingesprizte, artfremde Substanz in einen Organismus, die erst beim zweiten Einspritzen auftritt), deren Ursachen er zusammen mit Paul Portier entdeckte. Ansonsten hatte er vielelei Interessen: er war Wegbereiter der Luftfahrt, militanter Pazifist, Anhänger der Parapsychologie und sogar des Okkultismus. Er war 1913 Nobelpreisträger der Medizin.
7 Wie Françoise Dolto in »Enfances«, S.108 berichtet, ist Jacqueline an Knochenkrebs gestorben. Dr. Philippe Marette hat uns erklärt, daß diese Krankheit damals nicht nur unheilbar, sondern auch schwer zu diagnostizieren war. Wir wollen hier auf die Umstände des Todes von Jacqueline, die bislang nirgends berichtet wurden, kurz eingehen. Im Sommer 1920 fragten Herr und Frau Marette, die bereits wußten, daß ihre Tochter unheilbar krank war, Jacqueline, wo sie ihre Ferien verbringen möchte. Sie entschied sich für den See von Annecy, und Henri Marette mietete für den Sommer das alte Benediktinerkloster von Talloires, das damals leerstand – heute ist es eine berühmte Auberge.
Frau Marette verbringt mit ihren Kindern dort die Ferien. »Fräulein«, ein Chauffeur und ein Arzt, der sich um Jacqueline kümmert, begleiten sie.

Da der Gesundheitszustand Jacquelines sich immer mehr verschlechtert, beschließen sie, mit dem Zug von Annecy nach Paris zurückzufahren. Auf Grund des Gesundheitszustandes von Jacqueline empfiehlt der Arzt, statt mit dem Auto mit einem Pferdewagen von der Auberge nach Annecy zu fahren...! Frau Marette, Jacqueline und der Arzt fahren also mit dem Pferdewagen vor, der Rest der Familie fährt etwas später mit dem Auto nach. Auf dem Weg nach Annecy überholt das Auto den Pferdewagen, der am Straßenrand hält. Man hält an, alle Leute steigen aus, und Frau Marette teilt ihren Kindern mit, daß Jacqueline gerade gestorben ist. Sie wird daraufhin ins Krankenhaus von Annecy gefahren; dort wird eine Autopsie vorgenommen, weil Jacqueline auf einer öffentlichen Straße gestorben ist. Sie wird dann im Sarg nach Paris zurückgebracht, wo sie im Familiengrab von Bourg-la-Reine begraben wird.

8 Der erste private französische Radiosender war die Gruppe CFS-SFR (elektrische Rundfunkfabrik), die am 20. Februar 1922 die Erlaubnis bekam, einen privaten Radiosender zu gründen.
Die ersten regelmäßigen Sendungen sind am 6. November 1922 von Marcel Laporte eröffnet worden, der sich so vorstellte: »Hier hören Sie Ihren Diener, Radiolo!« Wir zitieren hier aus: »Histoire de la radio en France« (Geschichte des Rundfunks in Frankreich), Alain Moreau 1980. Am 6. November 1922 war der vierzehnte Geburtstag von Françoise Marette!

9 Die SDN oder »Société des Nations« (»Heilige Allianz«). Sie war, infolge des Wiener Kongresses von 1815, die erste politische Organisation, die sich den Weltproblemen widmete und versuchte, durch Verhandlungen die Konflikte zwischen den verschiedenen Nationen zu lösen.
Kurz nach dem ersten Weltkrieg wurde 1919 der »Völkerbund« gegründet, der sich zum Ziel setzte, den kleinen wie den großen Nationen die gegenseitige Garantie politischer und territorialer Unabhängigkeit zu gewährleisten« (Wilson, Botschaft vom 8. Januar 1918).
Mit dieser Institution war ein erster Schritt zur Aufhebung der exklusiven Souveränität des Staates getan. Der zweite Weltkrieg setzte sie faktisch außer Kraft und gründete im nachhinein die UNO, die Vereinten Nationen.

10 Folgende Zusammenfassung haben wir aus «Le Grand Livre des inventions« (Das große Buch der Erfindungen), Club France-Loisirs, 1986, S.40, und aus dem Kapitel »Elektronik-Industrie« in »Encyclopaedia universalis« 870 c zusammengestellt: Ende des 19. Jahrhunderts wird die Kommunikation aus großen Entfernungen durch unterseeische Kabel möglich, dabei werden Morsezeichen gesendet. Marconi erfindet die Möglichkeit, eine Verbindung zwischen einem Schiff und der Erde herzustellen. Dafür benutzt er einen Wellengenerator (Funksender), der

eine in Morsezeichen kodierte Botschaft sendet, die, von einem Detektor empfangen, ein empfindliches Galvanometer verändert. Dieser Detektor – oder dieses Empfangsgerät – war der erste Radioapparat, der als Detektor (galène) funktionierte; er wurde 1906 von zwei Amerikanern, Dunwoody und Pickard, gebaut. »Galène« ist von einem griechischen Wort abgeleitet, das »Blei« bedeutet; dieses Material wurde als Sulfat für den Bau des Apparats benutzt.

Außerdem war die erste Radiolampe, die in Betrieb gesetzt wurde, die Lampe TM (»triode militaire« – militärische Triode), eine Lampe mit drei Elektroden, die u. a. von dem General Ferrié gebaut wurde. Durch sie konnten Verstärker gebaut werden, die in Verbindung mit einem Detektor ab 1915 in der französischen Armee eingesetzt wurden.

11 Man muß sich die Situation folgendermaßen vorstellen: die Avenue du Colonel-Bonnet und die Rue Singer sind Parallelstraßen, sie beginnen beide Rue Raynouard, die mit beiden einen rechten Winkel bildet. Vom ersten Wohnhaus – alle Häuser entlang der Avenue du Colonel-Bonnet sind auf beiden Seiten absolut identisch – Avenue du Colonel Bonnet Nr. 2, blickt man auf alle drei Straßen; und da auf jedem Stockwerk nur eine Wohnung ist, blickt man von jeder Wohnung auf diese drei Straßen.

12 Hier der genaue Text, der immer noch an dem Haus- Ecke Rue Raynouard und Rue Singer- zu lesen ist; folgender Text, vertikal geschrieben, steht auf einer geteilten Wandfläche zwischen dem vierten und dem zweiten Stock: »Hier stand ein Pavillon, Nebengebäude des Hotel de Valentinois / Von 1777 bis 1785 bewohnte ihn B. Franklin, der auf dessen Dach den ersten Blitzableiter, der in Frankreich gebaut wurde, installieren ließ / Der historischen Gesellschaft von Auteuil und von Passy von C.L. Charley gewidmet, Anno 1910«
Darunter steht ein ovales Medaillon mit dem linken Profil von Benjamin Franklin.

13 Françoise Dolto meint wahrscheinlich den berühmten Vers von Alfred de Musset, in »Poésies nouvelles«, Pléiade, 1951, Rolla, I, Vers 55, S.282.
Hier drängen sich uns zwei Bemerkungen auf: beim Zitieren gibt F.D. dem Vers einen ganz anderen Sinn; außerdem kommt in dem Vers davor eine Äußerung vor, die der Position F. Doltos völlig entgegengesetzt ist!
»Je ne crois pas, o Christ, à ta parole sainte:
Je suis venu trop tard dans un monde trop vieux.«
(Ich glaube nicht, o Christus, an Dein heiliges Wort:
Ich bin in eine zu alte Welt zu spät gekommen.»

14 Die Zehnzimmer-Wohnung besitzt vierzehn Fenster; vier Avenue du Colonel-Bonnet, vier Rue Raynouard, sechs rue Singer.

15 Wir haben diese Daten, die aus dem Gedächnis zitiert wurden, überprüft: sie sind richtig, bedürfen jedoch einiger Erläuterungen.

Guy de Maupassant wurde am 7. Januar 1893 in der Klinik von Dr. Blanche wieder aufgenommen, nachdem er versucht hatte, Selbstmord zu begehen – er wollte sich mit einem Brieföffner die Kehle durchschneiden. Guy de Maupassant stirbt am 6. Juli des gleichen Jahres in der Anstalt.

Antoine-Emile Blanche (1820–1893) wird am 15. November 1852 Leiter der Anstalt von Passy – am Tag des Todes seines Vaters Esprit-Sylvestre Blanche (1796–1852), der 1846 diese Klinik in den Räumen des ehemaligen Privathotels der Prinzessin de Lamballe gegründet hatte. Er wird bis zu seinem Tod dort arbeiten.

Emile Blanche stirbt tatsächlich am 15. August 1893 und Jean-Martin Charcot... am 16. August 1893!

Man muß dazusagen, daß Emile Blanche zu seinen Lebzeiten vor allem durch sein mondänes Leben bekannt ist. Er lief immer mit Frack und Zylinder herum und sorgte im kulturellen Leben durch seine berühmten «Abendessen der Philosophen» jeden Samstag abend für Unterhaltung; an den Abenden nahmen wichtige Persönlichkeiten wie Lamartine, Renan, Berlioz, Gounod, Michelet, Pasteur, die Havély, George Sand, Pauline Viardot, Turgenjew, die Castiglione, die Prinzessin Mathilde usw.teil. Er war auch Mitbegründer der Konzerte Colonne.

Im September 1913 zieht die Familie Marette in Passy ein, Avenue du Colonel-Bonnet 2 (damals noch Avenue Mercedes).

Emile Blanche arbeitete bis zu seinem Tod in seiner Klinik, die er jedoch 1872 an einen gewissen Dr. Meuriot verkaufte; die Nachkommen Meuriots lassen nach dessen Tod 1901 das Gelände parzellieren. Die Klinik bleibt jedoch in Betrieb bis 1925–1926. Im Jahre 1927 zieht sie in die Rue de Charonne 161, dann in Villeneuve- Saint-Georges um, ein Stadtteil, das heute zu Crosne gehört. Zu Unrecht schreibt also Dr. Jean-Max Lavollay in einem Artikel, der im Heft 3 der Zeitschrift »L'Evolution psychiatrique« 1988 unter dem Titel »Die Anstalt des Dr. Blanche« erschienen ist (S.623): »Viel später wird die Familie Françoise Doltos in der Nähe wohnen, und die kleine Françoise hätte von ihrem Fenster aus die Bewegungen der Insassen der Anstalt, die die Klinik von Dr. Blanche wurde, beobachten können, wenn die Klinik damals nicht in Villeneuve-Saint-George schon umgezogen wäre.«

16 Die vererbte Syphilis (hérédosyphilis) ist die Syphiliserkrankung, die von der Mutter auf den Fötus übertragen wird.

17 Guy de Maupassant ist ledig und ohne offiziell anerkannte Kinder gestorben. Er scheint jedoch drei Kinder von Joséphine Litzelmann als seine eigenen anerkannt zu haben: Lucien, Lucienne und Marguerite. Lucien (1883–1947) war zwar verheiratet, aber kinderlos geblieben. Er kann also nicht der Sohn von Maupassant sein, von dem Françoise Dolto hier spricht.

Folgender Auszug aus der Erzählung »Un fils« (Ein Sohn) vom 19.

April 1882 kann jedoch auf autobiographische Daten hinweisen. Ein Mitglied der Académie française spricht mit einem Senator: »Man kann wohl annehmen, daß wir vom achtzehnten bis zum vierzigsten Lebensjahr – wenn man die flüchtigen Begegnungen und die Kontakte einer Stunde mitberücksichtigt – intime Beziehungen mit zweihundert oder dreihundert Frauen gehabt haben (…) Sehen Sie, mein Lieber, es gibt kaum einen Mann, der nicht irgendwo Kinder besitzt, Kinder von «unbekannten Vätern«, die sie aber gezeugt haben, wie der Baum Früchte trägt, fast unbewußt.«

18 Buckel (gibbosité): unnormale Krümmung der Wirbelsäule, die sich durch einen Vorsprung des Brustkorbes bemerkbar macht, die bei der Wirbeltuberkulose vorkommt.

19 Die Stadt von Berck im Pas-de-Calais ist seit dem 19. Jahrhundert ein berühmter Seekurort gegen die Knochentuberkulose. Die dort behandelten Patienten behielten dann den Namen «Berckois« (Bercker).

20 Jacques Hillairet macht in seinem »Dictionnaire historique des Rues de Paris« (Historisches Lexikon der Pariser Straßen), 1985, Ed. de Minuit, folgende Angaben: »Die Avenue du Colonel-Bonnet ist 170 m lang und 15,05 m breit. Die avenue ist 1909 unter dem Namen Mercedes eröffnet worden. 1931 bekam sie den Namen Colonel-Bonnet, der im November 1914 in Soissons gefallen ist.«

21 Die Eisenbahnbrücke existiert nicht mehr am Ende der Rue du Ranelagh; stattdessen gibt es heute eine Unterführung, etwas versetzt Zur ehemaligen Brücke, an deren Stelle ein asphaltierter Fußgängerweg gebaut wurde, der die Gleise bedeckt und mit einem Gitterzaun versehen ist.
Von der kleinen Eisenbahnlinie sind nur noch die Schienen und Schwellen übriggeblieben. Aber erstaunlicherweise existiert heute immer noch an der gleichen Stelle – selbst wenn die Brücke nicht mehr da ist und die Züge nicht mehr fahren – ein hübscher kleiner Laden, ganz weiß angestrichen und noch sichtbarer wie früher, auf dessen Fassade in großen grünen Buchstaben geschrieben steht: SCHUHMACHEREI.

22 Anspielung auf das Werk Maeterlincks, Märchen in sechs Akten und zwölf Bildern, das nach der Moskau-Reise des Autors 1908 in Paris ab dem 2. März 1911 auf der Bühne des Theaters Réjane aufgeführt wurde.
Das dritte Bild zeigt Tyltyl und Mytyl, die ins »Land der Erinnerung« gehen, das in einem »dichten Nebel« eingehüllt ist, dessen Licht »milchig, diffus, undurchdringlich ist«. »Bald entdecken wir in einem immer klarer werdenden Licht unter einer Wölbung von grünen Bäumen ein fröhliches, mit grünen Kletterpflanzen bewachsenes Bauernhäuschen. (…) Neben der Tür steht eine Bank, auf der ein alter Bauer und seine Frau, in tiefem Schlaf versunken, sitzen; es sind der Großvater und die Großmutter von Tyltyl und Mytyl.«

23 Beeindruckender Humor! Denn zu der Zeit des Gespräches wurde Françoise Dolto auf Grund ihrer Lungenfibrose, an der sie sterben sollte, durch assistierte Beatmung behandelt.
Die Lungenfibrose besteht in einer Fasernverdichtung aller Elemente der Alveolarwand, die die Sauerstoffzufuhr behindert und somit eine Ateminsuffizienz hervorruft. Diese autoimmune Krankheit, die kein Krebs ist, kann durch einen Virus ausgelöst werden.

24 Es ist vielleicht nicht uninteressant zu notieren, daß Suzanne Demmler an einem 4. Oktober geboren wurde – Namenstag vom Heiligen Franz von Assisi. Dieser Zufall wird immer wieder in den persönlichen Notizbüchern Françoise Doltos hervorgehoben.

25 Françoise Dolto zeigte uns ein Photo, das sich im Bücherschrank ihrer Praxis, gegenüber ihrem Stuhl, befand.

26 Es existiert heute noch ein internationales Institut für Parapsychologie, das jeden Dienstag nachmittag an dem place Wagram 1, Paris 17, Sitzungen abhält.

27 Jacques Marette unterbricht 1942–1943 sein Studium, um sich der Résistance zu widmen. Er wird P2, das heißt permanenter Agent vom BCRA von London, bzw. Leutnant im Widerstandsnetz »Vélites-Thermopyles«.
Auf der anderen Seite erzählte uns Dr. Philippe Marette folgende Geschichte: Mit zwanzig Jahren mußte Jacques in den STO (service du travail obligatoire) – es war ein obligatorischer Arbeitsdienst für die deutsche Industrie, der von den Deutschen für alle arbeitsfähigen Männer der Besatzungszonen eingeführt wurde. Philippe Marette, der selbst in der Résistance an der nationalen Front engagiert war, versucht, seinen Bruder zu überzeugen, nicht nach Deutschland zu fahren und erklärt sich bereit, ihn im Notfall zu verstecken. Es gelingt ihm aber nicht! Verzweifelt begleitet er ihn und einen gemeinsamen Freund, Rémy Morin, zum Bahnhof. Völlig niedergeschlagen schaut er zu, wie sein Bruder wegfährt. Vierzehn Tage später wird Rémy Morin festgenommen, deportiert, und stirbt im Konzentrationslager.
Erst viel später erfuhr Philippe, warum sein Bruder unbedingt in den STO gehen wollte: er trug mit einer unglaublichen Kühnheit in seinem Gepäck einen Rundfunksender, der für deutsche Widerstandskämpfer bestimmt war. Dank der Beziehungen seiner Familie zur deutschen Industrie, versuchte er, mit den deutschen Widerstandskämpfern Kontakt aufnehmen, was ihm auch gelang! Nachdem sein Arbeitsdienst zu Ende war, kam er nach Paris zurück, um als ständiger Kämpfer in der Résistance zu arbeiten.
Auf der anderen Seite verläßt Pierre, der älteste Bruder, der Berufssoldat war, beim Waffenstillstand die Armee, um in der Résistance mitzuarbeiten. Er wird dort Direktor des Geheimdienstes der Luftfahrt. Er arbeitet auch im Untergrund wie Jacques, während Philippe weiterhin

als Psychiater in Sainte-Anne tätig ist. Nach der Befreiung beauftragt de Gaulle Philippe Marette, das Luftfahrtministerium wiederaufzubauen; er wird als Generalleutnant der Luftfahrt nominiert und wieder in die Armee aufgenommen.

Die drei Brüder Marette haben sich also unabhängig voneinander für die Résistance engagiert, dabei hat keiner bis zur Befreiung von den Aktivitäten der anderen gewußt!

28 Friedrich Fröbel, 1782–1852. Deutscher Pädagoge, der sich vor allem für Vorschulkinder interessierte; er war berühmt, weil er 1837 den ersten Kindergarten gründete. Er ließ sich von Jean-Jacques Rousseau und Pestalozzi inspirieren und förderte in der Erziehung der Kinder Übungen und Spiele im Freien, die mit Liedern begleitet wurden.

29 »Les Babouches de Baba Hassein«, H.Balesta, Paris, Ed. Delagrave, 1902, mit Illustrationen von J.Geoffroy. Es ist ein Sammelband mit Kurzgeschichten, der den Titel der ersten Geschichte trägt (S.5–49). In »La Cause des enfants«, Paris, Ed. Robert Laffont, 1985, erzählt Françoise Dolto ausführlich, wie sie lesen gelernt hat (im zweiten Teil »Un étre de langage«, Kapitel 1: »L'initiation«, S.159–169). Sie spricht sehr viel von dem Werk, das sie unbedingt lesen wollte, und das sie »Les Babouches d'Aboukassem« nennt. Wir haben diesen Titel sorgfältig überprüft und können mit Sicherheit sagen, daß dieser Titel nicht existiert und durch den Titel ersetzt werden muß, den wir angeben.

30 Kurz nach der Kapitulation Deutschlands wurde Jacques Marette Korrepondent für Osteuropa für »France-Soir« und »Combat«, deren Gründer er in der Résistance kennengelernt hatte. Sein Hauptsitz war zunächst Berlin, dann Warschau und Prag. Er bekleidete sehr schnell mehrere Ämter und wurde auch Korrespondent des französischen Rundfunks.

31 Sohn von Grégoire Dolto.

32 Am 3. November 1936, in die Rue Dupuytren.

33 »Enfances«, op.cit., S.88–94.

34 Der Aufenthalt bei den D. hatte unter anderen Bedingungen stattgefunden, aber das ändert nichts an dem Sinn und der Wichtigkeit dieses Ereignisses für Françoise Dolto: sie war nämlich damals allein von Paris hingefahren und allein nach Paris zurückgekommen; der Aufenthalt dauerte gute zwei Wochen.

Folgende Notizen fanden wir im persönlichen Notizbuch Françoise Doltos von 1931 – wir haben die Erlaubnis von Dr. Dolto-Tolitch, Testamentsvollstrecker ihrer Mutter, bekommen, sie hier abzudrukken:

»Montag,den 21. September 1931. Mistral von 22 Uhr. Ankunft in G. durch P. Vaucluse.

Dienstag, den 22. um 8 Uhr 30. Herr und Frau D sind da und F., C., T. und E. (F., C., und T. sind die drei Schwestern von E.)

Mittwoch, den 23. Mistral und schönes Wetter. Der dicke Leon und sein Sohn François zum Mittagessen. Erstaunlich, dieser dicke Leon! Hat sich über England ereifert. Nicht über Medizin geredet. François ganz in Ordnung.

Donnerstag, den 24. Abfahrt von Hernn D. Weinernte.

Freitag, den 25. Auf Felsen geklettert. Le Grand Turc beim Mondschein auf den Spitzen von Montmirail.

Samstag, den 26. Mondfinsternis. Aquarell-Zeichnung. Mandeln gesammelt.

Sonntag, den 27. Zu Fuß zum Gottesdienst in P. mit F. und C. Zurück mit dem Auto. Aquarell auf Terrasse beendet. Versteckspielen. Ball.

Montag, den 28. Ausflug Hügel über P.

Dienstag, den 29. Karte von Jean. Brief von Philippe. Pflücken von Brustbeeren. Ich gehe nach P. Telegramm von Mutter: es sind elf Jahre her!

Mittwoch, den 30. Schwüler Tag. Regen kündigt sich an. Traubenernte. F. kocht Quittenmarmelade. Angenehmer Abend. Mit F. eine halbe Stunde unter den Pinien gelaufen.

Donnerstag, den 1. Sturm. Wind S.O. Den ganzen Tag Regen. Brief von Mutter bekommen. Spaziergang mit F. Lesen. Proust: «Les Plaisirs et les Jours».

Freitag, den 2. Schönes Wetter trotz der miesen Vorhersagen. Spaziergang auf den Bergesspitzen. Le Grand Turc bei Tag. Rückkehr durch den Süden.

Samstag, den 3. Schreibe an Mutter. Spaziergang alle zusammen. Schreibe am Abend an Mutter. Zeitänderung.

Sonntag, den 4. Heiliger Franz von Assisi. Mutters' Geburtstag. Leider bin ich nicht dabei, um sie zu umarmen. Abfahrt zur Messe um 8 Uhr. Nach Nimes um 10 Uhr. Mittagessen beim Pont-du-Gard. Stierkampf mit tödlichem Ende.

Montag, den 5. Auf der Treppe der Terasse mit Herrn S. über Maschinen gesprochen. F. kommt in mein Zimmer.

Dienstag, den 6. Vor dem Abendessen interessantes und freundschaftliches Gespräch mit C.

Abfahrt mit dem Auto mit E. und F., um Tante E. in Dieulefit an der Drome abzuholen. Unvergeßliche Reise. Tante E., eine wundervolle Künstlerin jenseits von Zeit und jeglichen Konventionen. Pascal, ihr Hund.

Mittwoch, den 7. Rückkehr nach G. Schlechtes Wetter. Ein paar Tropfen, in Lyon regnet es Kübelweise. Abfahrt mit dem Auto mit F. und Tante E. nach Avignon. Zug 12 Uhr 12, 22 Uhr 40 in Paris. Papa auf dem Bahnhof.»

Dieser Text bedarf einiger Erläuterungen:

– Der «dicke Léon« ist natürlich Léon Daudet.

– »Dienstag, den 29. Telegrammm von Mutter: es sind elf Jahre her!«
Das bezieht sich auf den Todestag von Jacqueline, die am 30. September
1920 gestorben ist.

– Der »Stierkampf mit tödlichem Ende«: In einem Brief an ihre Mutter
erfahren wir den Namen der Stierkämpfer – Chicuelo, Villalta und La-
landa- und einige Gedanken Françoise Marettes über den Stierkampf:
»Eine Stunde und zwanzig Minuten Schlachterei«. Und weiter: »Was
für ein seltsames Schauspiel, dieses erregte und brüllende Volk vor diesem Tier, das für dessen Vergnügen lebt und leidet, bis das Leben diesem
armen, vor Wut und Schmerz erschöpften Körper mit Gewalt entrissen
wird! Dasselbe Volk begeistert sich für das Boules-Spiel...«

– »Tante E« war eine Schwester von Frau D. Sie veröffentlichte ein
Gedichtbändchen, »La Nuit claire« (Paris, Delesalle, 1912), das eine
Auflage von 300 Exemplaren hatte.

35 Wir haben in den Archiven von Françoise Dolto Ausstellungskataloge
aus dieser Zeit wiedergefunden, die ihr sicherlich von D. geschenkt
wurden. Darunter waren u.a. »Ausstellung italienischer Zeichnungen
vom 14., 15. und 16. Jahrhundert«, Musée de l'Orangerie, November-
Dezember 1931; »Manet 1832–1883«, Vorwort von Paul Valéry, Musée
de l'Orangerie, 1932.

36 PCN: Certificat d'études physiques, chimiques et naturelles» (Zertifikat
für Physik, Chemie und Biologie). Obligatorisches Studium- und Aus-
bildungsjahr vor Beginn des Medizinstudiums. Das Bestehen der Prüfung am Ende dieses Jahres war die Voraussetzung, um mit dem ersten
Studienjahr der Medizin beginnen zu dürfen. Doch konnte ein Kandidat
diese Prüfung unbegrenzt wiederholen, bis er sie bestanden hatte.

37 In Wirklichkeit – wie uns die Verwaltung der HEC-Schule bestätigte –
war damals das ganze Abitur erforderlich, wenn man sich für das Vorbereitungsjahr für die Aufnahme in HEC einschreiben wollte.
Die Situation war folgende: Der Industrieleiter des Familienunterneh-
mens Henri Marette hatte einen zweiten Sohn, Jean, der schon sein
Diplom von «Centrale« (entspricht etwa der Technischen Hochschule)
hatte und die technische Leitung des Unternehmens hätte übernehmen
können – was er übrigens später auch tat. Für den Vater war jedoch die
Perspektive, daß ein weiterer Sohn eine Leitungsfunktion in der Verwaltung haben könnte, sehr verlockend und »natürlich« – aber dies
entsprach nicht dem Wunsch des künftigen Arztes und Psychoanalytikers Philippe Marette. Dieser bestand am 23. Oktober 1931 sein Abitur.

38 Folgendes steht in ihrem Krankenschwesternzeugnis: »Françoise Marette hat am 6. Juni 1930 das einfache Diplom bestanden. Fräulein
Marette hat sich per Vertrag, den sie am 6. Juni 1930 unterzeichnet hat,
verplichtet, in Kriegszeiten ihre Funktion als Krankenschwester in Sa-
nitätseinrichtungen der Armee oder der Gesellschaft auszuüben und

sich an den Bestimmungen, die von der Gesellschaft festgelegt wurden, zu halten.«

39 Angelo Hesnard, La Psychanalyse, Paris, Ed. Stock, 1924 (119 S.); 2. Auflage, 1928 (223 S.).

40 Zur Psychopathologie des Alltagslebens, Mschr. Psychiat. Bd. 10 (1), S.1, und (2), S. 95; in Buchform: Berlin, 1904. G.S., Bd.4, S.3; G.W., Bd.4; Standard Ed., Bd.6.

41 Vorlesungen zur Einführung in die Psychoanalyse, Wien. G.S., Bd.7; G.W., Bd.11; Studienausgabe, Bd. 1, S.33; Standard Ed., Bd. 14, S.309.

42 Anspielung auf die Sendung »Apostrophes«, die am 2. Januar 1986 nur Françoise Dolto gewidmet war.

43 Colette Yver, Princesses de science, Paris, Ed. Calmann-Lévy, 1907; neue Auflage 1940. Unter diesem Pseudonym machte die Frau des einflußreichen Literaturkritikers Auguste Huzard eine aufsehenerregende Karriere zwischen den beiden Weltkriegen.Sie wurde 1874 in Rouen geboren und kam 1903 mit ihrem ersten Manuskript nach Paris. Hier heiratete Auguste Huzard Antoinette de Bergevin, und half ihr bei dem Aufbau ihrer Karriere. Der schnelle Tod Huzards (1911) unterbrach nicht die Produktion seiner Frau, die sich durch ihre Ambivalenz besonders hervorgetan hat: Sie war dafür bekannt, für die Frauen einzutreten und für ihre Rechte zu kämpfen, auf der anderen Seite war sie strikt dagegen, daß die Frauen einen Beruf ausüben bzw. freiberuflich tätig sind, weil sie dadurch... die Arbeitslosigkeit bei den Männern verschlimmern würden!! Sie ging sogar so weit, 1935 die Ausnahmegesetze, die in diese Richtung gingen und von Hitler erlassen wurden, zu begrüßen! Ihre Werke wurden von 1940 bis 1944 mehrere Male neuaufgelegt.

44 Die Summerhill-Schule wurde von S.Neill 1921 in dem Dorf von Leiston in Suffolk in England gegründet. Diese Schule war eine von »normalen« Kindern zwischen 5 und 16 Jahren, Buben und Mädchen aus verschiedenen Nationalitäten – es waren ungefähr 50 Schüler – selbstverwaltete Schule.
Die Geschichte dieser Schule wurde von ihrem Gründer in einem Buch erzählt, das einen ungeheuren Erfolg in der ganzen Welt gehabt hat. Es wurde 1960 in New York veröffentlicht. Die deutsche Ausgabe heißt »Erziehung in Summerhill, das revolutionäre Beispiel einer freien Schule«, Szczesny Verlag, München 1965.

45 Marc Schlumberger war der Sohn des Schriftstellers Jean Schlumberger, einer der Gründer der Gruppe NRF, die von Gide geleitet wurde. Bei seiner Hochzeit waren André Gide und Philippe Marette seine beiden Zeugen.

46 Am Dienstag, den 24. November 1931. Françoise Marette ist unter der Nummer 914 eingeschrieben.

Das Ergebnis des Examens am Ende des Jahres ist in dem Notizbuch von 1932 unter Samstag, den 2. Juli eingetragen: »Ergebnisse PCN. Ich bin die erstbeste von der Gruppe B mit 90 Punkten, zweitbeste der gesamten PCN-Prüfung. Philippe bestanden.«

47 CGS: Centimètre, gramme, seconde (Zentimeter, Gramm, Sekunde). Äquivalenzsystem von Maßen, das früher in der Physik benutzt wurde. Es ist heute durch das System MKSA – mètre, kilo, seconde, ampère (Meter, Kilo, Sekunde, Ampere) – ersetzt worden.

48 Colles (Tests): Mündliche Kontrolltests in den verschiedenen Fächern zur Vorbereitung des Examens am Ende des Jahres; sie wurden in den Vorbereitungsklassen für die »grandes écoles« und in manchen Fakultäten durchgeführt.

49 Das heißt im Schuljahr 1932–1933.

50 Im Notizbuch von 1934 steht folgendes:
Donnerstag, den 15. Februar. Papa geht zu Laforgue. Kommt zurück und spricht einige Minuten sehr freundlich mit mir. Papa ist lieb.
Samstag, den 17. Februar. 7 Uhr 15 erstes Gespräch.
Dienstag, den 20. Februar. 4 Uhr 30 L.
Freitag, den 23. Februar. 4 Uhr L.
Montag, den 26. Februar. 4 Uhr L.

51 Dr. Philippe Marette hat uns bestätigt, daß er seine Psychoanalyse bei Laforgue im November 1932 begonnen hat, und daß diese zwei Jahre gedauert hätte. Sie war – nach seiner Erinnerung – bestimmt zu Ende, als er zwischen dem 4. März 1935 (Tag der Hochzeit seines Bruders Jean) und dem 14. desselben Monats (Datum seines Geburtstags) ins Sanatorium ging. Er wird nichtsdestotrotz Ende August-Anfang September einen Aufenthalt in La Roquebrussane (s. Fußnote 60) haben – wie es der Methode von Laforgue entsprach. Dieser, der zunächst den Wunsch geäußert hatte, Philippes Tuberkulose durch die Psychoanalyse zu kurieren, meinte dann, daß er seine Kur nicht mehr weiterzuführen bräuchte, weil er sein Elternhaus bereits verlassen habe.

52 Folgende Eintragung findet man im Notizbuch über die endgültige Trennung von D., die Françoise schon in einem Brief vom 24. September 1933 angekündigt hatte: Sonntag, den 11. Februar 1934: »Plötzlich, um viertel nach sechs, sagt mir D., daß er heute beschlossen habe, die Beziehung zu mir zu beenden.«
An jenem Tag war er in Paris, er hatte gerade Urlaub von der Armee; er machte damals seinen Militärdienst in Saumur.
Sechs Tage später beginnt Françoise ihre Psychoanalyse.

53 Marie Bonaparte, Prinzessin Georges von Griechenland, eine der Gründer der SPP – Société psychanalytique de Paris (Psychoanalytische Gesellschaft von Paris) – im Jahre 1926.
Auf Empfehlung von Laforgue hatte Marie Bonaparte 1925 eine Analyse bei Freud gemacht.

54 Die Notizbücher Françoise Doltos ermöglichen uns noch einmal, die Daten exakt wiederzugeben. Bis Ende Juni 1936 werden drei Sitzungen pro Woche eingehalten. Im August tägliche Sitzungen in La Roquebrussanne vom 11. bis zum 30. August (s. Fußnote 60). Wiederaufnahme der Sitzungen am Montag, den 8. Oktober: von nun an hat sie nur noch eine Sitzung pro Woche – bis zum 12. März 1937, Tag der letzten Sitzung.

Was den Preis der Sitzung betrifft, erinnert sich Dr. Philippe Marette, den wir darüber befragten – er war in diesem Punkt kategorisch –, daß eine Sitzung damals bei Laforgue... 300 francs kostete!

Das INSEE hatte zwischen Dezember 1936 und Dezember 1988 einen Prozentsatz von 2,75 % beschlossen, was ein Preis von 70 francs pro Sitzung (laut Françoise Dolto), bzw. 800 francs pro Sitzung (laut Philippe Marette) bedeutete!

Nach unseren Kenntnissen war Laforgue DER große Psychoanalytiker der Vorkriegszeit; er war Großbürger des sechzehnten Arrondissements und seine Sprechstunden waren sehr teuer. Zum Vergleich: Jacques Lacan – sehr bekannt für seine hohen Honorare – verlangte 1980 zwischen 500 und 600 francs pro Sitzung.

Auf der anderen Seite – andere Zeit, andere Sitten – verlangte Laforgue von seinen Patienten, die noch Medizinstudenten waren, den halben Preis.

55 Hier ein Auszug aus einem sehr interessanten Brief an ihren Vater, der sich auf diesen Aspekt der psychoanalytischen Kur Françoise Doltos bezieht:

»La Roquebrussanne, Var, 16. August 1936.

(...) Ich bin sehr froh, daß ich hierher gekommen bin. Ausgezeichnete Arbeit mit Laforgue. Ich bin im Vergleich zum letzten Jahr, als ich in dieser Region war, wirklich viel weiter. Gleichzeitig habe ich eine ganz andere Haltung zur Psychoanalyse bekommen.

Letztes Jahr – und sogar vor einigen Monaten noch – betrachtete ich diese Situation als minderwertig, als eine Situation der Abhängigkeit sozusagen. Jetzt arbeite ich gleichberechtigt mit Laforgue zusammen. Es ist eine richtige Zusammenarbeit. Es ist übrigens eine langweilige Phase der Analyse, d.h. diese Phase würde langweilig sein, wenn wir jetzt nicht in Ferien wären, denn ich habe den Eindruck, daß ich voll und ganz wieder bei mir bin; aber diese letzte Arbeit, oder vielmehr diese zusammenfassende Arbeit ist unentbehrlich, wenn man sich vor nachteiligen Mängeln, die sich auf andere auswirken könnten, schützen will (vor allem nach ein paar Jahren). Der Beruf des Analytikers, den ich anvisiere, verlangt meiner Meinung nach ein noch tieferes Verständnis seiner eigenen Schwierigkeiten, wenn man frei genug sein will, um den Finger auf die Schwierigkeiten der Patienten zu legen.

Aber jetzt – und Laforgue ist auch meiner Meinung – ist es nicht mehr nötig, zahlreiche Sitzungen hintereinander zu haben. Das beste ist, einfach zu leben und ab und zu ein paar Kompaktsitzungen zu haben, um sich über manche Dinge mehr Klarheit zu verschaffen.

56 Die letzte Sitzung, die im Notizbuch von 1937 eingetragen wurde, fand am Freitag, den 12. März um 18 Uhr statt. Unter dem Samstag, den 20. März, lesen wir folgendes: «Besuch bei L. anderthalb Stunden.« Françoise Dolto wohnte bereits in der rue Dupuytren 7.

57 Françoise und Philippe Marette machen gleichzeitig ihre Analyse bei Laforgue – zwischen Februar und Dezember 1934.

58 Passy ist eine Kommune der Haute-Savoie, die vom Fluß Arve überquert wird; sie besitzt auf dem Plateau von Assy, das 1000 Meter hoch ist, einen Luftkurort. Dieser war als Heilstation zur Behandlung von Lungenkrankheiten – u. a. Tuberkulose – sehr bekannt; beim damaligen Stand der Medizin war die Behandlung nur: Ausruhen, gesunde Ernährung, frische Luft und Pneumothorax.
Heute ist diese Station in ein Sanatorium für Rekonvaleszenz und Behandlung von langwierigen Krankheiten umfunktioniert worden.
Man kann in diesem Zusammenhang noch erwähnen, daß die Fakultät den Patienten aus Paris eine allmähliche Rückkehr in die Stadt empfahl, die sich durch eine Zwischenstation in Saint-Germain-en-Laye realisieren ließ – ein Ort, der als Kurort zur unterstützenden Therapie allmählich bekannt wurde.
Dr. Philippe Marette erzählte uns, daß auch er diesen Weg gegangen sei.

59 Philippe Marette bleibt zwei ganze Jahre in Passy, er kommt nur ab und zu nach Paris, um seine Prüfungen abzulegen.

60 La Roquebrussanne ist das kleine Dorf im Var, wo Laforgue ein Grundstück mit Weinbergen besaß. Laforgue wünschte, daß seine Patienten im Laufe ihrer Analyse mindestens einmal im Sommer einen Aufenthalt in La Roquebrussanne hatten; dort hatten sie täglich eine psychoanalytische Sitzung. Die Patienten wurden in einer Pension namens »La Loube« untergebracht, die die Bewohner des Dorfes allmählich »Le club des piqués« (den »Klub der Bekloppten«) genannt hatten…

61 Alain Cuny, den wir darüber befragten, erinnert sich nicht mehr an diese erste Begegnung. Die Geschichte fand er zwar sehr attraktiv, aber er beteuerte, nie eine Schußwaffe bei sich getragen zu haben… Sollte man hier sein damals schon aufkommendes Talent loben, wodurch er die komische Illusion so gut herstellen konnte?
Wie dem auch sei, wir möchten ihm danken, daß er uns ermöglicht hat, die Regel der Anonymität, die wir sonst eingehalten haben, zu durchbrechen.

62 Hier sind die täglichen Anmerkungen, die wir in den Notizbüchern von 1935 und 1936 gefunden haben:
Samstag, den 14. Dezember 1935.

Beginn der Vertretung in Maison-Blanche.

Abfahrt von Paris 6 Uhr 20, Ankunft 8 Uhr 15.

Erster Besuch allein mit Baudoin. Arbeit, Konferenz.

Drei Einweisungen. Ich beginne um 15 Uhr 10 die Prüfungen. Ich brauche anderthalb Stunden.

Ich komme erst um 18 Uhr 30 in Paris an, völlig kaputt und mit den Nerven fertig.

Eine Aphasie im Anfangsstadium (?).

Eine alte Melancholikerin, der man mit Strafe drohen muß, damit sie spricht.

Eine Zyklothymie-Kranke, die völlig unruhig wiederkommt.

Sonntag, den 15. Dezember 1935.

Schnee. – 1 Grad.

Kofferpacken.

Verlasse das Haus, Vater haßt mich und leidet darunter.

Mutter zutiefst unangenehm.

Pierre fährt mich zur Maison-Blanche in seinem 402.

Meine Einrichtung ist katastrophal!

Montag, den 16. Dezember 1935.

Erstes Aufwachen in Maison-Blanche.

Keine Einweisungen.

Praktikum. Vulpian.

Anmerkungen:

– Das psychiatrische Krankenhaus »Maison-Blanche« liegt im Pariser Vorort Neuilly-sur-Marne.

– Im Notizbuch von 1936 sind die Daten der Autopsien eingetragen: 9. Januar, 10. Januar usw.

– Das genaue Datum des Endes des Praktikums ist nicht eingetragen worden. Die Vertretung durch Françoise Marette ist nicht in den Archiven des Krankenhauses festgehalten worden.

63 Jenny Aubry (1903–1987). Als Jenny Weiss geboren, wurde sie durch ihre Heirat erst Jenny Roudinesco, dann Jenny Aubry. Sie war die zweite Frau in Frankreich, die 1939 als Ärztin im Krankenhaus übernommen wurde. Sie war Neurologin. Nach dem Krieg – sie war im Krieg in der Résistance engagiert – beginnt sie eine Psychoanalyse, um jungen Psychotikern auf einer Station der öffentlichen Fürsorge für verlassene Kinder helfen zu können.
Als Analytikerin in der Ausbildung bei der SPP (Société psychanalytique de Paris) war sie das Sprachrohr der Studenten gegen die Reformen von Nacht bei der Spaltung der Société im Jahre 1953. Sie verließ die SPP, um sich Lacan, Dolto und Lagache bei der Société française de psychanalyse anzuschließen.
1964 trat sie in die Ecole freudienne de Paris, die von Lacan gegründet wurde, ein.

Sie blieb Mitglied dieser Schule bis zu deren Auflösung (1980), die sie mit Françoise Dolto zusammen bekämpfte. Außerdem leitete sie die Kinderstation des Krankenhauses »Enfants-Malades«, in dem sie die erste psychoanalytische Sprechstunde in Frankreich einrichtete.

64 Im Grunde war es ein Vortrag im Rahmen des Seminars von John Leuba über den Fall eines von ihm kontrollierten Patienten. Der Vortrag hieß: »Ein Fall von Charakterneurose auf der Basis von Selbstbestrafung.« Dieser Vortrag wurde am Montag, den 25. April 1938 um 22 Uhr gehalten und in der Revue française de psychanalyse 1938, Bd.X, Nr.4 veröffentlicht. Danach wurde Françoise Marette am 20. Juni 1938 als Mitglied aufgenommen.
Trotz der Nachforschungen von Frau Mac Lean, Bibliothekarin der Société psychanalytique de Paris, war es nicht möglich, die Unterlagen aus den Archiven von der Zeit 1939–1945 wiederzufinden. Diese waren aus Sicherheitsgründen in verschiedenen Teilen aufbewahrt und nie wieder zusammengestellt worden. Von daher läßt sich das genaue Datum nicht feststellen, wann Françoise Marette als ordentliches Mitglied gewählt wurde. Ihrer Erinnerung nach war es am 12. oder am 13. Juli 1939.

65 Hier der Wortlaut des Briefes von Jean Rostand an Françoise Dolto: 30. Juli 1939.
Sehr geehrte Frau Dolto!
Herzlichen Dank, daß Sie daran gedacht haben, mir Ihre wunderbare Doktorarbeit »Psychoanalyse und Kinderheilkunde« zuzuschicken. Mich interessieren die Fragen sehr, die Sie mit soviel Tiefe und Scharfsinn behandeln; und ich zweifle nicht daran, daß ein solches Werk, in dem die Wissenschaft des Psychologen stets mit der Beobachtung des Klinikers einhergeht, manche Geister aufzuklären vermag, die durch unberechtigte und hartnäckige Vorurteile noch benebelt sind. Ihr Werk wird mächtig dazu beitragen, im medizinischen Milieu die wesentlichen Lehren jener »affektiven Physiologie« zu verbreiten, die all denjenigen vertraut sein sollten, die sich zum Ziel gesetzt haben, etwas von der menschlichen Seele zu verstehen.
Ich gratuliere Ihnen von Herzen und verbleibe, sehr verehrte Frau Dolto, mit respektvollen Grüßen. JEAN ROSTAND.«
In Wirklichkeit ist Françoise Dolto hier zu bescheiden, denn trotz der tragischen Umstände gab es eine ganze Reihe von Psychoanalytikern, die ihr schriftlich für Ihre Arbeit gratulierten. All diese Briefe sind aufbewahrt worden, wir haben sie wiedergefunden.

66 Hier wollen wir den Leser, der mit der Geschichte der Psychoanalyse weniger vertraut ist, daran erinnern, daß Sophie Morgenstern die erste Psychoanalytikerin in Frankreich war, die vor Françoise Dolto Kinder behandelte.

67 Wir haben die Liste mit dem Namen derjenigen wiedergefunden (es waren 118 Namen), an die ein Exemplar der Doktorarbeit zugeschickt worden war.

68 Sie beschloß, Selbstmord zu begehen, als die Nazis in Paris einmarschierten.

69 XVIII. Kongreß der «Association psychanalytique internationale«, der 1953 stattfand; der Präsident war Hartmann.

70 XXIII. Kongreß der »Association psychanalytique internationale«, der 1963 stattfand. Präsident: Maxwell Gitelson.

71 Autocritique. La psychanalyse, idéologie réactionnaire«, in »La Nouvelle Critique«, Nr. 7, Juni 1949, S.52–73.
Dieser Text wurde von neun Personen unterschrieben, darunter acht Ärzten. Aber diese Zurücknahme war kein isolierter Akt, wie man es in dem internen Brief der SPP vom 16. Juni 1953 nachlesen kann, in dem Lagache, J. Favez-Boutonnier und F. Dolto ihre Gründe darlegen, warum sie ihre Mitgliedschaft zurückziehen: »Vor drei Jahren hat die Société in einer Sitzung über Verwaltungsangelegenheiten abgelehnt, einen Antrag auf Mitgliedschaft zu berücksichtigen, weil die Person, die den Antrag stellte, eine öffentliche Erklärung mit dem Titel «Die Psychoanalyse, eine reaktionäre Ideologie« (…) unterschrieben hatte. Aber diese Erklärung war von einem ordentlichen Mitglied der Société ebenfalls unterschrieben worden; nachdem dieser Herr während der Sitzung kein Wort gesagt hatte, gab er auch keine Stellungnahme ab, als die Person wegen der Unterschrift angegriffen wurde! Und dieses ordentliche Mitglied wird danach nicht nur in der Société toleriert, sondern bekommt wichtige Aufgaben zugeteilt, was beweist, daß man ihm vertraut. Handelt es sich hier nur um Inkohärenz oder um Ermutigung zur Heuchelei?«

72 Um die Beziehung zwischen Lebovici und Françoise Dolto zu erläutern, veröffentlichen wir hier unverändert diesen Text, den wir in den Archiven von Françoise Dolto gefunden haben:
Den 31. Mai 1953.
Ich sollte nicht zur Sitzung gehen, weil wir am Sonntag mit den Kindern einen Ausflug machen.
Am Samstag, den 30. ruft übrigens Lebovici bei uns an, Boris ist am Apparat. Er richtet ihm für mich folgendes aus: Es ist unnötig, daß Ihre Frau morgen zur Sitzung kommt; sie glaubt vielleicht, daß sie eingeladen wurde, aber es handelt sich um eine Sitzung von Schülern.
Da ich auf die Einladung schriftlich geantwortet hatte, hatte ich nicht vor, zu der Sitzung zu gehen. Aber da es am 31. sehr stark regnet, bleibe ich in Paris. Um 11 Uhr Anruf von? (Guitton, glaube ich), er sagt mir: «Kommen Sie bitte zum Institut, wenn Sie es einrichten können, denn Lebovici, Diatkine, Benassy und die ordentlichen Mitglieder, die eine ganz andere Richtung vertreten, wie Sie und die anderen, die Ihnen

geantwortet haben, sind gekommen; sie behaupten, sie wären vom Institut eingeladen worden. Kommen Sie vorbei, um Ihren Standpunkt zu vertreten.«

Ich komme gegen 11 Uhr 15 zur Sitzung, während Lebovici spricht (und mich nicht sieht) und sagt: »Ich bin hierher gekommen in dem Glauben, daß ich vom Institut für Psychoanalyse offiziell eingeladen worden bin, und sehe mich mit einer Rebellion (Meuterei, sagte er) von Schülern konfrontiert«!!! Als er fertig ist, sage ich, daß ich sehr überrascht bin, daß er gekommen ist, nachdem er mir Bescheid gesagt hatte, nicht zu kommen, weil es sich um keine offizielle Sitzung handelte – was zweifellos auch stimmte –, daß er damit nur bezweckte, eine mündliche oder schriftliche Antwort von den ordentlichen Mitgliedern über die Art der Ausbildung zum Psychoanalytiker zu bekommen.

Man kann sich denken, welche Wirkung die Bloßstellung der böswilligen Absichten von Lebovici gehabt hat.«

73 René Laforgue. Am 5. November 1894 in Thann (Oberrhein) geboren, am 6. März 1962 in Paris gestorben. Durch Geburtsort und Geburtsdatum ist er zunächst deutscher Staatsbürger und seine Muttersprache ist Deutsch.

Er studierte in Berlin, dann in Strasbourg, wo er seine Doktorarbeit «Die Affektivität bei den Schizophrenen« schrieb.

Er arbeitet 1923 in Paris als Assistent des Professors Claude, mit dem er die psychoanalytische Sprechstunde von Sainte-Anne aufbaut.

1924 nimmt er mit der internationalen Gesellschaft für Psychoanalyse und Freud in Wien Kontakt auf. Er macht bei Frau Sokolnicka, die bei Freud, Ferenczi und Hans Sachs Kontrollseminare besuchte, eine Lehranalyse.

1925 sorgt er für die Begegnung Marie Bonapartes mit Freud.

1926 ist er an der Gründung der SPP, dessen erster Präsident er wird, sowie der »Revue française de psychanalyse« und der »L'Evolution psychiatrique« zusammen mit Pichon, Codet und Minkowski beteiligt.

1942 publiziert er in Deutschland sein Werk »Psychopathologie des Scheiterns«.

1949 erscheint sein Buch über Talleyrand.

Nach dem Krieg fährt er nach Marokko. Als er wieder nach Paris zurückkehrt, nimmt er seine Tätigkeit als Analytiker wieder auf und veranstaltet Seminare in seiner Wohnung rue de la Tour.

Man muß hinzufügen, daß er nach der Befreiung auf Grund seiner Haltung während der Besatzung vor Gericht gestellt wurde. Der Prozeß wurde eingestellt.

Françoise Dolto trat im Prozeß als Zeugin auf und sagte für ihn aus.

74 Françoise Dolto macht hier eine Anspielung auf das »geheime Komitee«.

Jones hatte als erster die Idee, eine »alte Garde« von treuen Anhängern um Freud zu bilden, kurz nachdem Adler und Stekel abtrünnig wurden und als die Spannungen mit Jung begannen (Juli 1912). Ferenczi und Rank sind einverstanden. Die Idee wird in einem Brief von Jones Freud unterbreitet, welcher seine begeisterte Zustimmung äußert: die Perspektive eines geheimen Komitees, an dem er nicht beteiligt ist, findet er wunderbar. Er ernennt bald die Mitglieder des Komitees: Jones, Ferenczi und Rank, die die Initiative ergriffen haben, ferner Sachs, dem er völlig vertraut; etwas später wurde noch Abraham aufgenommen.

Die erste Sitzung findet am 25. Mai 1913 bei Freud statt. Jones ist Präsident.

Ziel des Komitees ist es, Freuds'Aufgabe in schwierigen Situationen für die psychoanalytische Bewegung zu erleichtern und langfristig die Arbeit der Bewegung nach dem Tod ihres Gründers zu sichern.

Die einzige Regel, die die Mitglieder festlegten, war folgende: Wenn einer unter ihnen den Wunsch hatte, auf irgendein grundsätzliches Prinzip der psychoanalytischen Theorie zu verzichten, mußte er mit den anderen über seine Entscheidung diskutieren, ehe er sie öffentlich bekanntmachte. Man weiß, daß weder Fereczi noch Rank sich an diese Regel gehalten haben.

Auf jeden Fall feierte Freud die erste Sitzung des Komitees dadurch, daß er allen fünf Mitgliedern einen Stein mit eingravierter griechischer Figur aus seiner persönlichen Sammlung schenkte, den jeder als Ring montieren ließ. Freud selbst trug oft einen Ring mit dem Kopf von Jupiter.

Im Oktober 1919 nahm Freud Eitingon in der Gruppe auf, dem er ebenfalls einen Stein schenkte. Die Gruppe ist jetzt vollständig: sechs Mitglieder plus Freud.

Durch diese Episode entstand der Titel eines Kapitels des Werkes von Hans Sachs »Freud, Master and Friend«: »Die sieben Ringe«.

Der interessierte Leser findet alle Details dieser Episode in dem Buch von Ernest Jones »Leben und Werk Sigmund Freuds«, Kapitel VI,»Das Komitee«.

75 Praktikum in Bretonneau vom 1.05.1935 bis zum 1.05.1936.

76 »Am 16. Juli 1942 wurden mehr als 12.000 Juden, darunter Frauen, Kinder, Kranke und alte Leute, von der französischen Polizei festgenommen.«
Jacques Adler, »Face à la persécution«, Paris, Calmann. Lévy, 1985, S.20.
Das zeitgenössische jüdische Informationszentrum macht in bezug auf diese Festnahme folgende Angaben: 3 031 Männer, 5 802 Frauen und 4 051 Kinder.

77 Am 11. November 1942 dringt die Armee der Nazis in die freie Zone ein; ab diesem Zeitpunkt ist ganz Frankreich besetzt.

78 »Je suis partout« (Ich bin überall), Wochenzeitschrift, die von dem Verlag Arthème Fayard gegründet wurde; die erste Nummer erscheint am 20. November 1930. Sie wurde von Pierre Gaxotte geleitet. Für sie schreiben u.a. Giraudoux, Rebatet, Brasillach, Claude Roy, Drieu La Rochelle. Auf Grund des immer schärfer und extremer werdenden Tons der Zeitschrift wird diese vom Verlag Arthème Fayard nicht mehr herausgegeben. Im Juni 1940 erscheint sie nicht mehr; im Februar 1941 wird sie – trotz Ablehnung Maurras – in der Besatzungszone wieder herausgegeben. Der Herausgeber ist diesmal Brasillach, der 1943 mit den Extremisten der Kollaboration nicht fertig wurde, was seine Entlassung zur Folge hatte. Diese Zeitschrift, deren Spezialität die Denunziation – meist auf Seite 2 – ist, verschwindet endgültig nach der Befreiung.

79 Wir haben diese Briefe wiedergefunden und sie gelesen. Sie bedürfen zwar einiger Kommentare, aber wir verzichten darauf, da die Briefe in einem Umschlag waren, auf dem stand: »Darf nicht mein Arbeitszimmer verlassen.«

80 Haptonomie: Wissenschaft der Affektivität und der Berührung, die die Herstellung eines vorgeburtlichen psychotaktilen Kontakts ermöglicht. Von Frans Veldmann ausgearbeitet wird sie u.a. von Catherine Dolto-Tolitch praktiziert...

81 Ich hatte Françoise Dolto versprochen, ihr zu ihrem 80. Geburtstag am 6. November 1988 ein Manuskript meiner Arbeit zu schenken... (Alain Manier).

82 Die »Infirmerie spéciale du dépot« (spezielle Krankenanstalt) wurde am 28. Februar 1872 »Infirmerie spéciale« der Polizeipräfektur. 1950 bekommt sie ihren jetzigen Namen »Psychiatrische Anstalt der Polizeipräfektur«. 1970 wird sie in an das Krankenhaus Sainte-Anne angrenzende Lokale verlegt.
Die psychiatrische Krankenanstalt ist eine geschlossene Station der Polizeipräfektur. Sie ist der Direktion für Vorbeugung und Schutz der Zivilbevölkerung unterstellt. Ihre Aufgabe besteht darin, »jede Person (ob juristisch für unmündig erklärt oder nicht), deren Geisteskrankheit die öffentliche Ordnung oder die Sicherheit der Bürger gefährdet« (Artikel L.343) aufzunehmen.
Niemand kann in die psychiatrische Krankenanstalt ohne einen »Aufnahmebefehl« vom Polizeikommissar eingewiesen werden. Niemand kann sich dort freiwillig anmelden.
Der Aufenthalt in der psychiatrischen Krankenanstalt ist auf achtundvierzig Stunden begrenzt, es sei denn, er wird durch die Genehmigung eines Stationsarztes um vierundzwanzig Stunden verlängert – die Verlängerung kann eventuell mehrere Male erfolgen.
Die Verlegung in das psychiatrische Krankenhaus des Bezirks – im Falle einer Zwangseinweisung – erfolgt durch das Krankenpersonal der

psychiatrischen Krankenanstalt.Informationen nach »L'Hopital à Paris«, 1982, Nr. 72.

83 Kirchenverwalter oder Küster: »Jedes Mitglied der Gemeindeverwaltung (Präsident, Sekretär, Schatzmeister), das dem Vorstand den Haushalt der Gemeinde vorlegt, die von ihm verabschiedeten Maßnahmen umsetzt usw.« Zit. nach »Dictionnaire général de la langue française«, Hatzfeld und Darmsteter.

84 Serge Lentz, »Vladimir Roubaiev ou les provinces de l'irréel«, Paris, Ed. Robert Laffont, 1985.

85 Rash (englisches Wort): bezeichnet einen vorläufigen Ausschlag, der meist durch eine Infektion (z. B. Pocken) oder die Einnahme eines Medikaments hervorgerufen wird.

86 Ischämie: Blutleere bzw. Blutmangel einzelner Organe und Körperteile, der eine kritische Situation darstellt und einen chirurgischen Eingriff erfordert.

87 Hier geben wir in chronologischer Reihenfolge die verschiedenen Standorte der »Maison Verte«:
1) Diese Einrichting wurde am 6. Januar 1979 Place Saint-Charles eröffnet; dort bleibt sie bis Ende des Sommers 1980.
2) Vom Herbst 1980 bis zum Sommer 1981 zieht sie provisorisch im Untergeschoß eines Hochhauses in der Rue Linois 16 um.
3) Seit Juni 1981 befindet sich der Raum in der Rue Meilhac 13.
Alle diese Adressen sind im 15. Arrondissement von Paris.

88 Am Samstag, den 21. September 1940 nimmt Françoise Dolto mit der Station vom Krankenhaus Trousseau Kontakt auf. Mit ihrer Sprechstunde in Trousseau begann sie am Dienstag, den 24. September 1940; sie hielt diese Sprechstunde bis Dezember 1978 ab – Françoise Dolto war schon über 70 Jahre alt.

89 »Maison Verte« hörte am 1. Juni 1989 mit ihrer Tätigkeit dort auf.

90 Im Jahre 1988, während des ersten Semesters. Wir haben in den Papieren Françoise Doltos diesen Brief nicht gefunden.

91 S. »Enfances«, op. cit, S. 16 und S. 52 -53.

92 Laut Ernest Jones (»La Vie et l'Oeuvre de Sigmund Freud«, Paris,PUF, 1969, Bd.III, S.155–156) haben sie sich folgendermaßen kennengelernt:
»Er war entzückt, im August 1927 ein Exemplar der Memoiren von Yvette Guilbert, der berühmten Sängerin, zu bekommen. Das Jahr davor hatte sie ihm über ihre Nichte, Eva Rosenfeld, ihr Photo geschickt, auf dem folgende Widmung stand: «Für einen großen Wissenschaftler, von einer Künstlerin.« Und er hatte ihr sofort das Kompliment zurückgegeben. Er war einer ihrer treuesten Bewunderer geworden, seitdem er auf den Rat Frau Charcots hin ihre kleinen Konzerte besucht hatte, als er sich 1889 einige Tage in Paris aufhielt. Ab 1927 verpaßte er nie die Konzerte, die sie einmal im Jahr in Wien gab, und sie wurden gute

Freunde.» Jones fügt in einer Fußnote hinzu: « Es scheint, als wäre ich Freud auf diesem Weg gefolgt; zu der Zeit, als der Kongreß von Paris im Jahre 1938 stattfand, erinnerte ich Yvette Guilbert an eines ihrer witzigen Lieder aus den Zeiten ihrer privaten Konzerte vor fünfunddreißig Jahren; sofort sang sie es mir mit ihrer charmanten Art vor.«
Es war auf jeden Fall an jenem 21. Dezember 1924 eine seltsame Begegnung: Yvette Guilbert weiß wiederum nicht, daß sie vor der zukünftigen Françoise Dolto singt, die damals noch Schülerin im Philosophiekurs ist und gerade die psychoanalytische Theorie entdeckt...!

93 Françoise Dolto zeigt uns eine Büste, die sich in ihrer Bibliothek befindet. Jacques Lipchitz (1891–1973), litauischer Abstammung, gehört der Pariser Schule an. Vor dem Krieg ist sein Werk durch den Kubismus sehr geprägt; ab 1941 wendet er sich in den Vereinigten Staaten einem starken, eigensinnigen dichterischen Ausdruck zu. Alle großen Museen der Welt besitzen Skulpturen von ihm.

94 Später teilte uns Françoise Dolto mit, daß sie alle ihre Selbstporträts zerstört habe.
Ihre Zeichnungen für Werbeplakate, die sie für irgendwelche Wettbewerbe angefertigt haben wird, haben wir dagegen wiedergefunden.

95 Es lohnt sich in diesem Zusammenhang, die Anekdote von zwei Telefongesprächen zu erzählen.
Am Sonntag, den 29. Mai 1988 klingelt um 20 Uhr 30 das Telefon. Die Tonbandaufnahme wird unterbrochen. Catherine, die ihrer Mutter guten Tag sagen wollte, ist erstaunt oder gar beunruhigt, daß sie um diese Uhrzeit noch am Arbeiten ist. Daraufhin sagt Françoise: »Mach dir keine Sorgen! Mir geht es prächtig. Außerdem bilde ich mich. Weißt du, man vermutet, daß ich von der Struktur her aufgeweicht bin!« Gelächter auf beiden Seiten der Leitung.
Am nächsten Tag rufen wir noch einmal an, da wir uns Sorgen über die möglichen Konsequenzen dieser harten Arbeit machen. Françoise nimmt sofort ab und sagt: »Ach! Ihr seid es? Ich bin froh, euch zu hören. Sagt mal, hoffentlich habe ich euch gestern mit meinen ganzen Geschichten nicht zu sehr strapaziert?« Wir sprechen eine Weile mit ihr am Telefon, dann sagt sie auf einmal: »Wißt ihr, ich habe über die Geschichte mit der psychotischen Struktur noch einmal nachgedacht. Das kann doch gar nicht stimmen, denn die Psychose ist ja «entstrukturierend« (déstructurant – Françoise Dolto sagte aber »destructurant«, was noch komischer wirkt. Anm. d. Übers.)

96 Am 3. Februar 1880 gegen sieben Uhr abends verbreitete sich auf der Straße die Nachricht, daß ein fürchterlicher Unfall auf der westlichen Eisenbahnlinie nicht weit von der Station Clichy-Levallois gerade stattgefunden habe (...)
»Um sechs Uhr fuhr der Zug ab, der in Aisnières hält (...) Natürlich fahren dieselben Züge auf denselben Gleisen ab (...) Es war dichter

Nebel (...) Ein furchtbarer Zusammenprall erfolgte...« In: »Georges
Grison, Les accidents de chemin de fer (Die Eisenbahnunfälle), Paris,
Ed. Arthème Fayard, 1882 (2. Aufl.), S. 122–124.
Bei diesem Unfall starben acht Menschen sofort, in den nächsten Tagen
noch weitere acht, darunter «Herr Marette, der Architekt der spanischen Königin, von der er vor kurzem einen Ehrentitel bekommen
hatte. Herr Marette hinterläßt eine Witwe und drei kleine Kinder.«(op.
cit., S. 129)
Dr. Philippe Marette sagte uns, daß sein Großvater durch einen Ka-
mee-Ring, den er immer trug und der heute einer Urenkelin gehört,
identifiziert worden ist.

97 Françoise Doto zeigt uns eine Stelle von ihrer Bibliothek.

98 Der 31. Dezember 1903 war ein Donnerstag.

99 Wir haben jedoch in dem Notizbuch von 1936 unter dem Datum vom
6. Mai folgende Zeilen gefunden: »Sorbonne, 80. Geburtstag von
Freud. Mit Vater, Mutter, Philippe.«

100 Benjamin Rabier (1869 – 1939), komischer Zeichner, der Tiere phan-
tasievoll gestaltete. Er fertigte auf diese Weise Illustrationen für die
Werke Beffons und La Fontaines an. Sein größter Erfolg war seine
Zeichnung der berühmten »Vache qui rit« (die Kuh, die lacht), die er im
Auftrag von Herrn Bel für eine seiner Käsesorten anfertigte. Die Zeich-
nung wird später einige Veränderungen erfahren.

101 Im Notizbuch von 1936 findet man folgendes:

102 Freitag, den 2. Oktober. Mit Alain (Alain Cuny, enger Freund von
Françoise, Anm. d. Verf.) um 14.30 Uhr in der Rue Dupuytren 7. Vater
und Mutter (!) kommen auch. Das lange Gesicht von Mutter wegen der
winzigen Wohnung. Zum Glück tröstet mich Alain.
Dienstag, den 3. November. Vormittag Frau Morgenstern. Finde Stüh-
le. Lege Teppiche. Ich ziehe in die Rue Dupuytren ein. Freude.
Freitag, den 6. November. Herrlicher Geburtstag. 14 Uhr 20 L. empfängt mich nicht. Geschenk von seinen Kliniken.
Sonntag, den 8. November. 9 Uhr abends Einweihungsfest.

103 Françoise Marette besteht die Prüfung bei dem »concours« von Dezember 1934. Im Dezember 1933 war sie durchgefallen, da sie mitten in
der Trennungskrise mit D. sich der Prüfung unterzogen hatte.
Damals verdiente ein Praktikant 9 F pro Arbeitstag, wenn er sich in die
Anwesenheitsliste morgens und abends eingetragen hatte. Das Geld
wurde am Ende des Monats ausgezahlt. Man konnte so als Praktikant
etwa 200 bis 300 F pro Monat verdienen. Ein Assistenzarzt verdiente
dagegen 800 F pro Monat. Diese Bezahlung entsprach bei dem Prak-
tikanten etwa dem Lohn einer Putzfrau, bei dem Assistenzarzt dem
Lohn eines Briefträgers oder Grundschullehrers.

104 Die Straße Le Goff ist eine kleine Straße des Quartier Latin zwischen
der Rue Soufflot und der Rue Gay-Lussac. Etwas Besonderes an dieser

Straße ist die Hausnummer 10, denn dort befindet sich das Hotel du Brésil, in dem Freud während seines Aufenthalts in Paris im Winter 1885–1886 in Pension wohnte. Von dieser Pension aus ging er jeden Tag zu Charcots'Sprechstunde in La Salpétrière.

Anhang

Henry Marette und Suzanne Demmler heirateten am 12. Juni 1901. Folgende Kinder, u. a. die spätere Françoise *Dolto*, gingen aus dieser Ehe hervor.

Jacqueline 12. August 1902 – 30. September 1920

Pierre 31. Dezember 1903 – 22. März 1981. Saint-Cyr. General.

Jean 4. Juni 1906 – 18. Mai 1985. Centrale. Ingenieur.

Françoise 6. November 1908 – 25. August 1988. Doktor der Medizin. Psychoanalytikerin.

Philippe 14. März 1913. Doktor der Medizin. Psychoanalytiker.

Andre 27. Dezember 1915. Doktor in Jura. Leitungsposition bei Philips. Direktor der Kasse der leitenden Angestellten.

Jacques 21. September 1922 – 25. April 1984. Abschluß der »Ecole des sciences politiques« (Schule für politische Wissenschaften). Senator. Abgeordneter. Postminister (PTT).

Familie von Françoise Marette-Dolto

Boris Dolto	Françoise Marette
Simféropol: 22. Juli 1899	Paris: 6. November 1908
Antibes: 27. Juli 1981	Paris: 25. August 1988

Standesamtliche Heirat: 7. Februar 1942, Standesamt des 5. Arondissement, Paris.

Kirchliche Heirat: 12. Februar, russische Katholische Kirche in Paris.

KINDER:

Jean-Chrysotome ✳ 20. Februar 1943, Paris. gen. »Carlos«.
Grégoire-Nicolas ✳ 28. November 1944, Paris. Marinearchitekt.
Catherine-Marie ✳ 5. August 1946, Le Croisic. Ärztin.

STUDIUM

– Grundschule und Gymnasium von der zweiten Klasse bis zur
Unterprima (Oktober 1914 – Juli 1924) in der Schule »cours Ma-
latret«, Rue du Ranelagh 119 (existiert nicht mehr).
– Oberprima: Philosophiekurs des Molière-Gymnasiums, Paris,
16. Arondissement (1924 – 1925)
– Diplomierte Krankenschwester am 16. Juni 1930.
– Medizinstudium
PCN: 1931–1932
1. bis 5. Studiumjahr: 1932 -1937.
Praktisches Jahr : Dezember 1934.
– Praktika
Bretonneau: 1. Mai 1935 – 30. April 1936 (Prof. Leveuf)
Vaugirard: 1. Mai 1936 – 30. April 1937 (Dr. Heuyer)
Enfants-Malades: 1. Mai 1937 – 1.Januar 1938 (Dr. Darre)
– Kontrollseminare bei: Hartmann, Garma, Loewenstein, Spitz,
Leuba und Sophie Morgenstern (für die Kinderanalyse)
– Promotion: 11. Juli 1939.
– Praxiseröffnung: 1. September 1939 (Ärztin für Allgemeinmedi-
zin und Kinderärztin).

VERSCHIEDENES

Psychoanalytische Kur vom 17. Februar 1934 bis zum 12. März
1937.
Sprechstunden:
Hopital Trousseau: 1940 – 1978.
Centre Etienne-Marcel: 1962 – 1978.
Doktor »Honoris Causa« an der Universität von Louvain
(1979).

Mitglied von folgenden psychoanalytischen Institutionen:
– Société psychanalytique de Paris (Psychoanalytische Gesell-
schaft von Paris): 1938 – 1953.
– Société française de psychanalyse (französische psychoanalyti-
sche Gesellschaft): 1953 – 1964.
– Ecole freudienne: 1964 – 1980.

DIE LETZTEN WORTE FRANÇOISE DOLTOS:

Nachdem sie den drei anwesenden Personen gesagt hatte, daß sie
sie verlassen würde, und sie gebeten hatte, sie bei denjenigen – u. a.
bei Denise Vasse – zu entschuldigen, die noch in den Ferien waren,
und deren Rückkehr sie nicht mehr abwarten konnte, murmelte sie
halb vergnügt, halb gerührt: » Die Idioten! Sie sind dort wie immer.
Aber es ist nicht wie immer, nicht wie immer.«

Auf ihrem Grab auf dem Friedhof von Bourg-la-Reine steht folgender Satz aus dem Johannes-Evangelium, wie sie es verlangt
hatte:
»Keine Angst.
Ich bin der Weg, die Wahrheit, das Leben.«

DANKSAGUNGEN:

Unsere Recherchen in bezug auf die Biographie F. Doltos sind uns durch den rührenden Einsatz all derjenigen erleichtert worden, die wir befragten, um sichere Informationen zu bekommen. Sie haben sich sehr engagiert, als sie erfuhren, daß es um die Geschichte des Lebens von Françoise Dolto ging. Folgenden Personen wollen wir unseren Dank aussprechen:

Frau Bui in den Archiven der zentralen Öffentlichen Fürsorge.

Die Beschäftigten der Krankenhäuser Maison-Blanche, Vaugirard, Bichat.

Fräulein Molitor, Bibliothekarin der Medizinischen Fakultät.

Frau Sionville von der Archiv-Abteilung der SNCF.

Die Sekretärin der Bibliothek der Telekommunikation.

Herr André-Arnaud Fourny, Journalist bei »Equipe« (zuständig für den Boxsport).

Frau Dr. Colette Schermann, Kinderärztin, die im gleichen Jahr die praktische Prüfung bestanden hat wie Françoise Dolto. Sie hatte vor F. Dolto in der Wohnung der Rue Dupuytren zusammen mit ihrem Mann gewohnt.

Danièle Auger, Konferenzleiterin für Griechisch an der Universität von Nanterre.

Frau Mac Lean, Bibliothekarin der Société psychanalytique de Paris.

Unser besonderer Dank gilt folgenden Personen:

Catherine Dolto-Tolitch, Testamentvollstreckerin ihrer Mutter, die uns ohne Einschränkung das Archiv Françoise Doltos zur Verfügung stellte – darunter die persönlichen Notizbücher F. Doltos von 1928 bis 1988, in denen die wichtigsten Ereignisse ihres Lebens tagtäglich aufgeschrieben wurden, und ihre Briefe, besonders die an ihre Eltern.

Colette Percheminier – »Coco« – die mit einer ungeheuren Hingabe fast sechs Monate damit verbrachte, das Archiv zu sortieren, auszuwerten und nutzbar zu machen. Wir haben uns immer wieder an sie gewandt, und wurden immer freundlich empfangen. Sie hat durch ihr Engagement stets vermocht, uns die Auskünfte zu erteilen, die uns in unserer Arbeit weitergebrachten.

Nadine Mespoulhès, unsere Freundin und Kollegin, die sich bereit erklärt hat, viele Stunden in diese Arbeit zu investieren – sie half uns vor allem durch ihre Überprüfung der exakten Datenquellen an der Bibliothèque Nationale.

Dr. Philippe Marette, der uns immer empfangen und sein persönliches Archiv zur Verfügung gestellt hat; er lieferte uns außerdem all seine Kenntnisse in bezug auf Daten, Orte und Personen, die wir für unsere Arbeit gebraucht haben. Als jüngerer Bruder Françoises (er ist vier Jahre jünger) hatte er dieselbe Kindheit, dieselben Eltern, an denselben Orten gelebt und war an denselben Ereignissen beteiligt. Außerdem studierte er mit ihr zusammen Medizin, hatte denselben Analytiker – zum Teil zur gleichen Zeit – und übte den gleichen Beruf aus!
Dies erklärt die Tatsache, daß Françoise ihm ihre Doktorarbeit »Psychoanalyse und Kinderheilkunde« widmete:
»Ganz besonders DIR, PHILIPPE, als Ausdruck meiner freundschaftlichen Gefühle für Dich, als Erinnerung an unsere schwierigen und fröhlichen Zeiten während unserer gemeinsamen kollegialen Ausbildung als Mediziner und Psychoanalytiker. Deine Freundschaft, Deine nachsichtige Geduld und Dein großzügiges Verständnis waren für mich in manchen Momenten von Verzweiflung und moralischer Einsamkeit eine wichtige Stütze. Du gabst mir immer die Kraft auf dem Weg des Lebens, auf dem Du mit mir Schritt für Schritt gingst, brüderlich meine Hand nahmst und mir Vertrauen schenktest.
Dir widme ich diese Arbeit, die wegen all dem genauso Deine ist, wie meine.«

Der vorliegende Text ist an zwei Tagen aufgenommen worden:
– Am Sonntag, den 29. Mai 1988 von 15.30 bis 22.30 Uhr im Arbeitszimmer von Françoise Dolto. Colette Manier kümmerte sich um die Aufnahme.
– Am Donnerstag, den 14. Juli 1988 von 11.30 bis 13.30 Uhr, um Korrekturen, Ergänzungen und Richtigstellungen vorzunehmen. Françoise Dolto führte das Gespräch von ihrem Bett aus, da sie nicht mehr aufstehen konnte.

Während dieser Gespräche hat sie uns den Namen aller Personen, die in diesem Text zitiert werden, gegeben. Wir haben sie publiziert, wenn es sich um Familienmitglieder, Psychoanalytiker und Psychiater sowie historische Persönlichkeiten handelte. Wir haben bei allen anderen Personen – bis auf zwei Ausnahmen – die Anfangsbuchstaben behalten.

Im Anhang sind zusätzliche Informationen zu finden, die dem Leser Anhaltspunkte bieten, damit er bei der Erzählung Françoise Doltos besser zurechtkommt.

Wie der Leser sicherlich bemerken wird, lag Françoise Dolto viel daran, daß alle Ereignisse, Ziele und Augenblicke ihres Lebens, denen sie eine wichtige Bedeutung zumaß, sehr genau bekannt gemacht werden.

Der aufmerksame Leser dieses Textes, der »La Cause des enfants« und »Enfances« noch im Gedächtnis hat, wird bestimmte Widersprüche – besonders in bezug auf Datenangaben – zwischen diesem Text und den vorigen Schriften feststellen.

Wir haben die hier angegebenen Daten jedoch auf ihre Richtigkeit hin sorgfältig überprüft.